Yr Erlid

YR ERLID

Hanes Kate Bosse-Griffiths
a'i theulu yn yr Almaen a Chymru
adeg yr Ail Ryfel Byd

HEINI GRUFFUDD

Cyflwynir y llyfr i Gwenllian a Greta,
Dafydd Siôn, Llŷr ac Esyllt a'u cenhedlaeth hwy.

Argraffiad cyntaf: 2012

Dymuna'r cyhoeddwyr gydnabod cymorth ariannol
Cyngor Llyfrau Cymru

Cynllun y clawr: Robat Gruffudd

Rhif Llyfr Rhyngwladol:
978 1 84771 431 2 (clawr meddal)
978 1 84771 467 1 (clawr caled)

FSC

Cyhoeddwyd ac argraffwyd yng Nghymru
ar bapur o goedwigoedd cynaladwy gan
Y Lolfa Cyf., Talybont, Ceredigion SY24 5HE
gwefan www.ylolfa.com
e-bost ylolfa@ylolfa.com
ffôn 01970 832 304
ffacs 832 782

Cynnwys

Rhagymadrodd

HANES TEULU FY MAM, Kate Bosse-Griffiths, yw hwn. Mae'r hanes ynghlwm wrth dwf Natsïaeth yn yr Almaen yn nhridegau'r ugeinfed ganrif, ac yn para drwy'r Ail Ryfel Byd.

Dioddefodd rhai teuluoedd lawer mwy na'r teulu hwn. Yng nghyflafan yr Ail Ryfel Byd, cafodd teuluoedd eu chwalu wrth i filwyr a dinasyddion gael eu lladd yn y rhyferthwy. Cafodd teuluoedd cyfan o dras Iddewig eu difa'n llwyr, heb neb i gofnodi eu hanes.

Hanes ymdrech i oroesi sydd yma, a hynny gan aelodau o deulu Almaenig a oedd o dras Iddewig. Mae'r hanes yma yn un amryliw ac amrywiol, wrth i rai aelodau o'r teulu geisio arddel eu nodweddion Almaenig i gael eu derbyn gan y gyfundrefn Natsïaidd. Nid oedd hyn yn golygu cytuno â'r drefn ymhob achos, ond roedd manteision o roi i Gesar ei eiddo. Roedd eraill yn ceisio ymdopi â byw er gwaetha'r system, ac eraill wedyn yn ei gwrthwynebu'n hunanaberthol. Byddai'r rhwyd yn hofran uwchben pawb.

Mae'n anodd dychmygu sut y daeth un o wledydd mwyaf gwaraidd a diwylliedig Ewrop yn wlad fwyaf barbaraidd y byd. Trwy olrhain gwrth-Iddewiaeth yn Wittenberg, gobeithiaf daflu peth goleuni ar sut y crëwyd amgylchiadau a groesawodd unben. I Almaenwyr ac Iddewon yr Almaen, nid oedd modd dychmygu y byddai'r wrth-Iddewiaeth yn troi'n gyfundrefn ladd.

Yr hyn sy'n gwneud yr hanes yma'n bosibl yw bod y teulu'n un cymharol lengar, a llythyrau a dogfennau teuluol yw sail yr ymchwil. Mae'n berthnasol i Gymru am fod un o'r teulu wedi ffoi i Gymru ac wedi dod yn llenor Cymraeg. Mae yma ddioddef ac arwriaeth, caru a chasáu, marw a goroesi.

Mae mil a mwy o ddalennau ym meddiant y teulu, yn llythyrau a dyddiaduron, ysgrifau a dogfennau. Detholiad ohonyn nhw yw sail y llyfr hwn. Mae dyn wedi ceisio dod â'r prif ddigwyddiadau i olau dydd, a hefyd y cefndir mwyaf perthnasol. Efallai y byddai rhywun arall wedi dethol yn wahanol. Dyna'r drwg am hanes mae'n debyg: mae'n rhwym o fod yn ddetholiad, ac er nad ydw i yma'n cynnig cymaint â hynny o ddehongli, gan ganolbwyntio ar gyflwyno a phortreadu, mae peth dehongli'n sicr o ddigwydd yn y dethol.

Mae ail anhawster, wrth gwrs, gyda dogfennau fel hyn. Mae'n siŵr nad ydyn nhw'n gyflawn, ac yn sicr ddim yn gyflawn o ran cynnwys meddyliau a gweithredoedd pawb yn y cyfnod dan sylw. Gall sylw mewn llythyr neu ddyddiadur fod yn chwiw y funud yn hytrach na bod yn farn gytbwys neu'n ddyfarniad terfynol ar bwnc. Ceir sylwadau yma ar bobl ac aelodau'r teulu: rhaid cofio mai sylwadau pobl am ei gilydd yw'r rhain, a gwyddom oll sut rydym i gyd yn meddwl am bawb yn wahanol o awr i awr neu o flwyddyn i flwyddyn. Maddeued y cwmwl tystion os bu imi ddewis yn wahanol i'w dymuniad hwy.

Fersiwn o stori sydd yma, ond rwy'n gobeithio bod prif rediad y stori'n agos at y gwir, ac mor agos at y gwir ag y mae modd. Mae'r cyfan yn gofeb i deulu a fu byw drwy flynyddoedd anoddaf yr ugeinfed ganrif.

Heini Gruffudd
Abertawe
Chwefror 2012

Diolchiadau

BU FY MAM YN casglu a threfnu dogfennau'r teulu, a mynnodd ei brawd, fy ewythr Günther o Sweden, fy mod yn mynd draw ato i lungopïo rhai cannoedd o'r dogfennau ac i gael ganddo fanylion am hanes y teulu. Nid oedd am i hanes ei genhedlaeth fynd ar goll.

Cefais wybodaeth bellach gan aelodau eraill o'r teulu, gan gynnwys Ulrich, fy nghefnder, sy'n awr yn byw yn Bielefeld, ac Ute, fy nghyfnither, sy'n byw yn Neckarhausen ger Heidelberg.

Diolch i Robat fy mrawd am ei ysgogi cyson, ac i Gwennan Higham am ymddiddori yn hanes fy mam. Mae angen diolch yn arbennig i Caryl Ebenezer o gwmni Rondo a drefnodd daith i'r Almaen – i Berlin, Wittenberg a Ravensbrück – i mi ac i'm merch Nona a Matthew ei gŵr, a'u plant, Gwenllian a Greta, er mwyn ymchwilio ymhellach i ddigwyddiadau oedd yn gysylltiedig â gwersyll-garchar Ravensbrück. Teledwyd rhaglen y daith ar S4C. O safbwynt y gyfrol, diolch i Alun Jones o wasg y Lolfa am ei awgrymiadau gwerthfawr ac i Nia Peris am ei sylw manwl.

Diolch i'm plant eraill, Efa, Anna a Gwydion, am fy annog i gwblhau'r gwaith hwn fel y bydd y cof am genhedlaeth arbennig yn hanes y teulu yn cael ei gadw.

Rhai o aelodau'r teulu

Yn yr Almaen:

Paul Bosse – llawfeddyg; o dras Almaenig; fy nhad-cu (cyfeirir ato'n aml yn y deunydd fel Opa neu Vati)

Kaethe Bosse – ei wraig; ganed Levin, o dras Iddewig (newidiwyd enw'r teulu i Ledien); fy mam-gu (cyfeirir ati'n aml yn y deunydd fel Oma neu Mutti)

Eu plant:

Dorothea (Dolly) Maier Bosse, eu merch hynaf

Kate (Käthe) Bosse-Griffiths, eu hail ferch; fy mam

Günther Bosse, eu mab hynaf

Fritz Bosse, eu hail fab

Aelodau eraill o'r teulu:

Hans Ledien, cyfreithiwr; brawd Kaethe Bosse

Erika Ledien (Schulz gynt), ei wraig

Erika (Ledien) Viezens, eu merch

Eva Borowietz, chwaer Kaethe Bosse

Willibald Borowietz, swyddog yn y fyddin; ei gŵr

Eu plant: Joachim, Wilma ac Eva Monika

Kurt Ledien, ail gefnder i Kaethe Bosse

Yng Nghymru:

J. Gwyn Griffiths, ysgolhaig, llenor a chenedlaetholwr; fy nhad

ACHAU KAETHE LEVIN (LEDIEN)

Mae'r ffigurau mwyaf amlwg yn y llyfr wedi'u nodi mewn print trwm.

Johanna Boas 1829–1901 = Adolph Levin 1826–1902

Max Levin 1856–1925 = Luise Hedwig Alexander 1863–1931

Louis Levin 1860–1922 = Gertrud Levin 1866–1965
Tri o blant:

Suzanne Levin   Ulrich Levin 1895–1990   **Kurt Ledien** = Martha Liermann
1893–1945   1894–1978
Dau o blant:
Ilse Ledien 1926–2002
Ulle Ledien 1929–

Pump o blant:

Käthe Ledien = **Paul Bosse**
1886–1944   1881–1947

Hans Ledien = Erika Schulz
1887–1963
Un plentyn:
Erika Ledien = Axel Viezens

Friedrich Ledien
1889–1916

Willy Levin
1892–1895

Eva Ledien = **Willbald Borowietz**
1896–1938
Tri phlentyn:
Joachim
Wilma
Eva Monika

Pedwar o blant:

Dorothea [Dolly] = Georg
1907–1993   1904–1986
Plant Dolly:
Georg (Tippen) 1934–1971
Peter 1936–1940
Barbara 1938–
Eckhard 1941–
Roswitha 1942–
Ute 1944–

Kate = **Gwyn Griffiths**
1910–1998   1911–2004
Plant:
Robat 1943–
Heini 1946–

Günther = **Edith**
1913–1999   1914–1976
Plant:
Ingrid 1938– = (1) Justus
Kristina 1940–
Ingegerd 1948–
Polle 1955–

Fritz = **Sophie Schnelle**
1915–1965   1913–2008
Plant:
Käthe 1946–
Ulrich 1952–

ACHAU PAUL BOSSE

Johann Friedrich Bosse = Auguste Chatarine Memminger
1759–1807   1760–1817

Elias Friedrich Wilhelm Bosse = Maria Münch
1802–?   1805–1842

Julius Heinrich Wilhelm Bosse = Pauline Waymeyer
1838–1898   1851–1914

Paul Bosse	Kurt Bosse	Willi Bosse	Else Bosse	Ella Bosse
1881–1947	1878–?	1878–?	1884–1907	1872–1901

ACHAU GWYN GRIFFITHS

Ochr y Rhos: Ochr Llansadwrn:

Ioan Griffiths = Jane Edwards   David Davies = Elizabeth Morgans
1852–1897   1855–?   1845–?   1850–?

Robert Griffiths   =   Jemimah Davies
1876–1941   1884–1969

Elizabeth = Hugh Jones	Augusta (Ogi) = Stephen Davies	**Gwyn** = **Kate Bosse**	David R. = Gladys	**Gwilym** = Edna Lewis
1905–1947 1907?–1947	1908–1991 1905–1960	1911–2004 1910–1998	1915–1990 ?–1982	1917–2002 1921–1996

Y CEFNDIR

'Iddew wyt ti?'

Dod allan o siop Debenhams oeddwn i, yn y Cwadrant yn Abertawe. Safai rabi ger yr allanfa. Am ryw reswm cyfarchodd fi.

'Shalom!'

'Shalom,' atebais dan wenu.

Wn i ddim a synnodd o gael ateb. Ond ces i fy synnu gan ei gwestiwn.

'Iddew ydych chi?'

Sut dylwn i fod wedi ateb y cwestiwn? Ces i 'nghodi gyda'r Bedyddwyr a mynd i'r ysgol Sul gyda'r Methodistiaid; mynd o bryd i'w gilydd wedyn at yr Undodiaid, a chofio am Amlyn, mab y Parch. Jacob Davies, yn hoff gyfaill coleg ac, yn dorcalonnus i ni, yn marw ar ôl ei flwyddyn gyntaf. Annibynwyr wedyn yn Nhreforys ac yn awr yn Sgeti. Iddew?

'Efallai 'mod i, roedd Mam o dras Iddewig.'

Goleuodd llygaid y rabi.

'Ry'ch chi'n Iddew cyflawn felly. Rhaid i chi ddod i'r synagog ddydd Sadwrn nesaf.'

Gwenais yn egwan, ond buan y cafodd fy rhif ffôn.

Yn ystod yr wythnos ces i dair neu bedair galwad ffôn gan arweinwyr y synagog, a doedd dim amdani ond mynd yno. Ces i wisgo siôl a hefyd gapan am fy mhen, ac eistedd gyda'r ffyddloniaid – a'r gwragedd y tu ôl i wahanfur pren. Roedd llafarganu, darllen o'r ysgrythur a phregeth, a'r rabi'n llawen ei fod wedi dod o hyd i ddarpar aelod newydd.

'Gwylia dy hun,' meddai un o'r ffyddloniaid. 'Fe gaiff e ti'n aelod os na ofali di. Yma am fis neu ddau mae e – mae'n cael 'i dalu'n dda!'

Gwyliais i fy hun. Ond gwyliais y cyfan hefyd, a'r gwasanaeth yn para rhyw ddwy awr. Roedd modd dilyn y darlleniadau o destun a oedd yn cynnwys nodiadau esboniadol, yn pwysleisio natur genedlaethol hanes yr Iddewon. Yn ystod y cyfan byddai'r ffyddloniaid yn cynnal ambell sgwrs, a'r gwragedd hefyd, yn wahanol i dawelwch parchus ein capeli.

Roedd un o'r aelodau'n hen gyfaill ysgol i mi. Gwyddwn ei fod yn Iddew, a dyma fe yn y gwasanaeth yn cymryd ei ran wrth ganu o'r Salmau. Meddai wrthyf wedyn, 'Dw i ddim yn credu, cofia, ond ry'n ni'n cadw'r traddodiad. Os cadwn ni'r traddodiad am ddeng mlynedd arall, bydda i wedi gwneud fy rhan.' Erbyn hyn, ddeng mlynedd yn ddiweddarach, gwerthwyd y synagog i gapel efengylaidd, ond cadwodd yr Iddewon un neuadd i ddal i addoli.

Yna daeth y golchi dwylo defodol cyn y bwyd.

'Aeth y rabi'n arbennig i Fanceinion i gael bwyd cosher.' A digon blasus oedd e hefyd. Ond doeddwn i ddim wedi 'mharatoi fy hun am y jôcs – rhai digon coch!

Es i allan gan deimlo'r anrhydedd o fod yn rhan o'r gwasanaeth, ac am fod y drws wedi'i agor i mi i fod yn un ohonyn nhw. Roedd fy mam ar un adeg wedi rhoi copi i'r synagog o lyfr Esther, copi o hen lawysgrif y daeth ar ei thraws yn ei gwaith archeolegol. Ond gwyddwn hefyd nad oedd tras Iddewig yn ddigon i mi i berthyn iddyn nhw. Traddodiad gwahanol yw fy nhraddodiad i, a 'nhad o Gymro wedi sicrhau ein bod ym mhair diwylliant Cymru. Dyw neidio o'r naill draddodiad i'r llall ddim yn bosibl heb ymdrochi hir.

Mae ochr fy nhad â'i gwreiddiau mewn dwy sir: sir Gaerfyrddin a sir Ddinbych. Yn y Ponciau ger Rhosllannerchrugog roedd fy nhad-cu, Robert Griffiths, yn un o ddwsin o blant. Aberthodd gweddill y teulu dipyn er mwyn iddo allu astudio a mynd yn weinidog, i Elim Parc, ger Caerfyrddin, yna i Fethabara, ger Eglwyswrw, sir Benfro, cyn bwrw gwreiddiau yng nghapel Moreia yn y Pentre, Rhondda. Un o gyffiniau Llansadwrn oedd Jemimah Davies, fy mam-gu, ac yn eglwys Talyllychau mae beddau'r hynafiaid yn rhes drefnus. Dechreuodd hithau bregethu'n ifanc, a'i bryd ar fynd yn genhades i fryniau Casia, India. Aeth i goleg Caerfyrddin i astudio, ac yno y cyfarfu â'i gŵr. Ciliodd y cyfle i fynd i Gasia, ond ni fu dim lleihad ar ei sêl grefyddol danbaid.

Yn y Pentre y ganwyd ac y magwyd fy nhad, Gwyn, a chael magwraeth Gymraeg mewn ardal lle roedd y capel yn fwrlwm o weithgareddau trwy gydol yr wythnos, gan gynnig cyfoeth diwylliannol a chrefyddol.

Nid 'Wyt ti'n Iddew?' yw'r cwestiwn a glywaf amlaf, ond rhai fel 'Sut daeth dy fam i Gymru?' neu 'Ble cwrddodd dy rieni?'

Rhyw atebion digon elfennol a roddais i'r cwestiynau hyn yn y gorffennol. Daeth Mam i Gymru cyn y rhyfel ar ôl cwrdd â 'nhad yn Rhydychen. Roeddwn yn gwybod rhai manylion pellach wrth gwrs, ond fyddai'r rhain prin yn crafu'r wyneb. Roedd yn syniad digon rhamantus eu bod wedi cwrdd rhwng silffoedd llyfrau'r Ashmolean, ond pam gwnaethon nhw redeg i ffwrdd i briodi, a 'nhad yn fab i weinidog, a phawb, mae'n siŵr, yn disgwyl cael priodas draddodiadol?

Roedd cwestiynau anos hefyd. Do, fe wnaeth fy mam ffoi o'r Almaen. Sut a pham? Roeddwn i'n gwybod elfennau'r stori, ond wrth dwrio ymhellach gwelais yn fuan mai braslun o stori yn unig oedd gen i.

Rwy'n cofio mynd ar wyliau teuluol i'r Almaen pan oeddwn yn bedair neu'n bum mlwydd oed. Roeddem yn mwynhau hufen iâ bob dydd, ond doedd dim modd imi wybod taw dim ond chwe blynedd oedd ers i'r rhyfel ddod i ben. Doedd dim syniad gen i chwaith ein bod yn ymweld â pherthnasau oedd newydd ffoi o Ddwyrain yr Almaen.

Mae plant, mae'n debyg, yn derbyn yr hyn sydd o'u cwmpas yn ddigon digwestiwn, gan dybio mai fel hyn y mae pethau. Pan fyddwn yn mynd gyda 'nhad am dro i ganol Abertawe, byddem yn gweld rhannau o ganol y ddinas ar chwâl, muriau'r hen farchnad yn falurion, ac eto, wyddwn i ddim y pryd hwnnw am y rhyfel a'r bomio.

Yn yr un modd, doedd dim syniad gen i pam y byddai Eva Monika, cyfnither fy mam, yn dod atom yn aml i Abertawe, dim ond ei bod yma ar wyliau. Roedd hi'n ferch hardd bump ar hugain oed, a byddem yn mwynhau gyda hi ar y traeth. Yn ddiweddarach des i wybod ei bod wedi cael swydd am gyfnod yng Nghasnewydd, a bod dod i Gymru ac i Abertawe'n ddihangfa o ryferthwy'r blynyddoedd cynt.

Dro arall daeth Dolly, chwaer fy mam, atom i Eaton Crescent, Abertawe, gyda rhai o'i phlant. Ar y pryd, ambell rigwm oedd fy ngwybodaeth o'r Almaeneg. Ymwneud â'n gilydd fel y mae plant y byddem, heb fod iaith yn ormod o rwystr. Ond rwy'n cofio'r siarad. Y siarad rhwng fy mam ac Eva Monika, y siarad rhwng fy mam a'i chwaer, siarad maith, siarad difrifol, di-ben-draw. Am beth? Yn nes ymlaen gallwn edrych yn ôl a dychmygu beth oedd testun y sgwrs.

Roedd yr arwyddion yno, wrth gwrs, pe bawn i ychydig yn hŷn ar y pryd, ac yn gallu deall. Yn seler y tŷ roedd mygydau mawr y gallai dyn eu rhoi ar ei wyneb. Rhyw bethau i chwarae â nhw oedd y rhain, a go brin imi feddwl pam y byddai eu hangen. Daeth mwy o ofn i'm rhan pan aeth simnai'r tŷ ar dân. Mae'n rhaid 'mod i'n cysgu'n drwm yn y gwely ar y pryd, achos doeddwn i ddim yn deall pam y cefais fy ngharior i lawr y grisiau ym mreichiau dyn tân cydnerth. Ond yno y tu allan roedd holl gyffro'r frigâd dân, a fflamau'n codi o'r simnai.

I Ysgol Gymraeg Lôn-las y byddwn yn mynd ar y pryd – dal y bws o'r Uplands, a mynd ar daith bum milltir i Lwynbrwydrau, ger Llansamlet, gan yrru trwy falurion canol Abertawe.

Roedd awgrym arall o'r gorffennol pan fyddwn yn mynd i siopa. Doeddwn i ddim efallai'n ymwybodol iawn bod y byd mawr o'n cwmpas yn un Saesneg nes i mi gael fy ngyrru ar neges i'r Uplands. Roedd angen i mi brynu menyn, wyau ac anghenion o'r fath. Cyn mynd byddai Mam yn gofalu fy mod yn cael tocynnau bach o lyfr – y cwpons. Wyddwn i ddim ar y pryd pam roedd angen cwpons, ac mai dull o ddogni oedd hyn. Byddwn yn mynd i'r Home and Colonial i brynu'r nwyddau. Ond sut gallwn i ofyn am y pethau hyn heb ddim Saesneg? Wel, dysgu brawddeg o Saesneg cyn mynd, heb wybod dim o ystyr y geiriau unigol, a gobeithio bod y seiniau cywir yn dod o 'ngheg. Eu cael allan yn y siop cyn gynted ag y gallwn, gan estyn y cwpons a'r bag siopa ac arian, a dyna fi rywsut wedyn yn cyrraedd yn ôl adre yn llwyddiannus mae'n debyg, ond hefyd yn llawn chwithdod.

Doedd gen i ddim hyder yn y Saesneg am flynyddoedd maith wedyn. Ond beth am yr Almaeneg? Byddai Mam, rwy'n cofio, yn dysgu ambell rigwm i ni. Hwiangerdd Brahms sydd ar fy nghof byth er hynny:

Guten Abend, gute Nacht,
mit Rosen bedacht,
mit Näglein besteckt,
schlüpf unter die Deck!
Morgen früh, wenn Gott will,
wirst du wieder geweckt.

… bore fory, os Duw a'i myn,
Cei dy ddeffro eto.

Os oeddwn i'n mwynhau'r rhigymau, mae'n rhaid bod teimladau fy mam wrth geisio'u canu, a'm dysgu, yn wahanol iawn. Doedd ganddi fawr o lais canu, ond roedd ganddi gyfoeth o rigymau a dywediadau a dyfyniadau o farddoniaeth, a glynai wrth y cyfan, a chael cysur, mae'n rhaid, o'r diwylliant a oedd yn gwrlid iddi cyn y gyrru allan.

Ond fydden ni ddim yn siarad Almaeneg. Cymraeg oedd iaith yr aelwyd, ac acen Almaeneg gref fy mam yn naturiol a disylw i ni. Onid oedd hi'n gyffredin bod mamau'n dod o'r Almaen? Almaenes oedd Rosemarie,[1] mam Meirion a Geraint a Rhiannon, ac yna Hywel ac Owain. Doedd dim byd anghyffredin felly mewn cael mam o Almaenes. Ond pan oeddwn ychydig yn hŷn byddai hi'n ceisio dysgu Almaeneg i 'mrawd a mi, o lyfr, a byddai ein harian poced yn dibynnu ar gael hanner awr o wers.

O dipyn i beth, datblygodd y diddordeb yn y cefndir Almaenig. Bûm ar daith sawl gwaith wedyn i Ddwyrain yr Almaen, gyda gwahanol aelodau o'r teulu. Roedd y daith gyntaf gyda Robat fy mrawd, pan oedd y llen haearn yn dal heb godi, ac roedd gweld amodau byw o dan y drefn gomiwnyddol yn dipyn o agoriad llygad. Roedd ofn yn rhan o'r system. Buom i weld cartref y teulu yn Wittenberg, yn dal â'r enw 'Bosse' ar y mur, ac er bod moderneiddio wedi bod, roedd rhannau o'r hen dŷ yn amlwg. Daethom i adnabod Dr Jonas, olynydd fy nhad-cu yn y clinig a gychwynnwyd yn y cartref, ac eraill a oedd yn gweithio yno, yn feddygon a lleianod. Un arbennig oedd Schwester Gaudencia, y bûm yn gohebu â hi am beth amser a chael gwybod ganddi am yr adegau anodd. Cawsom fynd o gwmpas y clinig gan weld yr ystafelloedd o dan y to lle roedd y teulu'n byw, a'r ystafell gron yn y tŵr yn hoff ystafell fy mam.

Aethom wedyn i weld bedd y teulu yn y fynwent, a hwn oedd yr ymweliad cyntaf o nifer o deithiau pererindod. Mae'r fynwent ychydig y tu allan i'r dref, wedi'i hamgáu gan furiau, a choed yn ei harddu. Mae porth yng nghanol y mur, ac o gerdded ychydig i'r chwith fe ddaethon ni at y bedd lle mae enwau amrywiol aelodau'r teulu ar y placiau ar y mur, ac o'u blaen mae dwy garreg, y naill i 'nhad-cu a'r llall er cof am fy mam-gu.

Ym mhentref Mühlanger, rai milltiroedd i ffwrdd, cawsom groeso gan Hedwig Hache, Heken fel y'i gelwid, a'i theulu. Hi oedd morwyn y teulu, ond cafodd ran fawr ym magwraeth y plant a dod yn gyfeilles agos. Yn ôl y sôn roedd fy nhad-cu wedi prynu tir iddyn nhw, lle roedden nhw'n byw, a fforest fach y tu ôl i'r tŷ yn arwain at afon Elbe. Ar ymweliad arall aeth fy nheulu a mi i Kleinzerbst, pentref gwledig, a chyfarfod yno ag Ilse Hildebrant, un o ffrindiau ysgol fy mam. Dechreuon ni ddysgu am y gorffennol.

Ehangodd y bererindod wedyn i gynnwys gwersyll-garchar Ravensbrück. Nid oedd ymdopi â'r uffern hon yn dod yn haws wrth ailymweld: i'r gwrthwyneb. Ond yr hyn na welsom yn Wittenberg a'r cyffiniau oedd aelodau'r teulu. Roedden nhw i gyd wedi gadael, wedi marw, wedi ffoi, neu wedi'u lladd.

Mae angen dychwelyd eto at y cwestiwn gwreiddiol. Ai Iddew ydw i? Roedd fy mam, yn y diwedd yn deg, yn yr ysbyty yn Nhreforys. Daeth yn bryd holi cwestiynau mawr bywyd, y rhai sy'n cael eu cofnodi ar ffurflenni ysbytai, er mwyn paratoi ar gyfer y diwedd, debyg iawn. Pa grefydd ydych chi'n ei harddel? Roedd gan fy mam natur wrthsefydliadol, ac roedd yn ddrwgdybus o systemau ac awdurdod. Hawdd deall yn awr pam. Atebodd yn onest, yn rhannol er mwyn bod yn onest, ac yn rhannol er mwyn drysu'r system sy'n mynnu diffinio. Bu hi'n rhan o system lle roedd diffinio tras yn arwain at erlid a lladd. Atebodd, felly, rywbeth tebyg i hyn: 'Rwyf o dras Iddewig, ond ces i fy magu yn yr eglwys Lwtheraidd. Bûm wedyn yn aelod o gapel y Bedyddwyr, ond fe ymddiddorais mewn Bwdhaeth a chrefyddau India a'r Dwyrain.' Beth aeth ar y ffurflen? Cristion, debyg iawn.

Roedd hyn o fewn diwrnod i'w marw. Yn ystod y blynyddoedd olaf aeth ati'n ddyfal i roi trefn ar ei bywyd. Roedd wedi meistroli cyfrifiadur Amstrad, a oedd yn boenus iawn i'w ddefnyddio o'i gymharu â chyfrifiaduron heddiw. Bu'n teipio'n ddyfal, gan gopïo llythyr ar ôl llythyr, a'u gosod mewn ffeiliau gyda'r llythyrau gwreiddiol. Lluniodd fynegai iddyn nhw, a mynd ati gyda'r un brwdfrydedd ag a oedd ganddi'n catalogio cannoedd o wrthrychau Eifftaidd ar gyfer Amgueddfa Eifftaidd Abertawe. Roedd wrthi'n catalogio'i bywyd ei hun.

Ddywedodd hi mo hynny wrthon ni, ond fe anfonodd gopi o'r cyfan at Günther, ei brawd yn Sweden. Soniodd hi'r un gair am hyn wrthon ni chwaith.

Rai blynyddoedd ar ôl marw fy mam, cefais wŷs gan Günther i fynd ato i Karlshamn, tref lan-môr yn ne'r wlad. Rhaid oedd imi fynd i'w weld tra'i fod yn fyw, meddai, doedd dim pwrpas mynd i'w angladd, ac felly bu. Roedd ganddo domen o bapurau'r teulu, a threuliasom ddeuddydd yn copïo cannoedd ar gannoedd o dudalennau. Roedd ganddo hefyd ddogfennau eraill, a wyddwn i ddim ar y pryd beth oedd y cyfan, ond yn y dyddiau pan nad oedd cwmnïau hedfan mor llym am y pwysau mewn cês, des â'r cyfan yn ôl i Gymru.

A minnau erbyn hynny wedi cael peth gafael ar Almaeneg, treuliais y nosweithiau yno gydag ef yn gwrando ar ei hanes. Dywedodd wrthyf am ei amser mewn gwersyll-garchar, am yr arestio, am sut y bu iddo oroesi. Adroddodd hanesion eraill am yr erlid ar Iddewon Wittenberg a sut y chwalwyd y teulu, ond sut y goroesodd cynifer hefyd. Rhaid i'r genhedlaeth nesaf wybod am hyn oll, meddai. Roedden nhw wedi wynebu blynyddoedd mwyaf erchyll y ganrif, blynyddoedd mwyaf creulon Ewrop erioed, o bosibl, ac roedd llawer wedi byw. Rhaid i'r stori fyw.

Deuthum yn ôl i Gymru'n llwythog o bapurau ac o ddyletswydd. Beth gallwn ei wneud â'r llu papurau hyn? Llungopïais y cyfan er mwyn rhoi copi i 'nhad, i Rob fy mrawd, i Ulrich fy nghefnder sydd yn Bielefeld, ac i Ute fy nghyfnither sy'n byw ers tro yn Edingen-Neckarhausen, treflan ar lan y Neckar, nid nepell o Heidelberg.

Daeth cyfarfodydd wedyn rhwng y pedwar ohonom o'r genhedlaeth iau. Sut gallen ni fynd ati i ddethol a dehongli'r cyfan hyn? Roedd y dasg yn edrych yn bur anobeithiol, ond penderfynwyd y byddem i gyd yn dethol ein rhan ni o'r stori, a'i rhoi at ei gilydd. O leiaf roedd hyn yn rheswm, neu'n esgus, dros sawl taith i'r Almaen i drafod y cyfan.

Prysurdeb, mae'n siŵr, a olygodd na ddaeth dim o'n cynlluniau ni'n pedwar. Yn drwm o dan ddyletswydd, cychwynnais ar y dethol rai blynyddoedd yn ôl, er mwyn gwneud yn siŵr bod hanes y teulu a'r cyfnod yn dal yn fyw yn y gangen hon o'r teulu yng Nghymru, ond ynghanol prysurdeb gwaith arall – dyna'r esgus bob tro – roedd y cyfan yn bell o ddod i fwcwl.

Yna, ddiwedd 2009, dyma Caryl Ebenezer o gwmni Rondo yn gofyn am gael ffilmio peth o hanes y teulu. Druan â hi, gwrthodon ni i'w chwmni ein dilyn ni fel teulu i Berlin ac i Wittenberg yn ystod Pasg 2010. Rydyn ni, serch hynny, mewn dyled iddi hi am fynnu mynd â Nona a minnau a'r teulu yn ôl yno dros y flwyddyn newydd y flwyddyn honno. Roedd hi a'i chwmni wedi gwneud ymchwil fanwl cyn y daith, wedi dod o hyd i rai a oedd yn adnabod y teulu, ac wedi mynd hefyd i Ravensbrück i geisio gwybodaeth. Roedd y cyfan yn bleser ac yn boen, ac roedd y rhaglen a wnaethpwyd o'r daith yn un ysgytwol.

Rhoddodd hyn ddyletswydd bellach arnaf. Doedd dim modd rhoi'r gorau i ymchwilio. O'r holl ddogfennau, sut oedd dethol yn addas a rhoi'r darlun cyflawn?

Ymgais sydd yma i gofnodi profiadau rhai a fu byw trwy amgylchiadau mwyaf annynol Ewrop, a thrwy hynny gadw addewid i'm hewythr. Mae llawer o'r hanes yn deilchion, llawer o gwestiynau dyrys efallai'n dal heb eu hateb. Wrth geisio rhoi at ei gilydd eto y teilchion, fel ailgyfannu ffenestri a dorrwyd adeg *Kristallnacht*, efallai y llwyddaf i ryw raddau i roi ffurf ar y cyfan, fel y byddai fy mam yn gludo darnau o briddfeini toredig hen lestr Eifftaidd at ei gilydd i ddod â hwnnw i ffurf y byddai trigolion dwy neu dair mil o flynyddoedd cynt yn ei hadnabod.

'Paid mynd
yn ôl i Wittenberg'

Hamlet, Act I, Golygfa 2

WITTENBERG YN UN O ganolfannau gwrth-Iddewiaeth yn Ewrop? Efallai wir. I'r ymwelydd achlysurol, fodd bynnag, mae Wittenberg heddiw'n dref ddymunol, dawel. Tref o ryw 50,000 o bobl yw hi, ar lan afon Elbe, yn rhan o dalaith Sachsen-Anhalt, tua hanner can milltir i'r de o Berlin. Daw twristiaid o bob rhan o'r byd yma i weld yr eglwysi a fu'n gymaint rhan o gychwyn y diwygiad Protestannaidd, i ymdeimlo ag awyrgylch y mannau lle y bu Luther a'i gyfeillion yn byw ac yn gweithio, ac i gydnabod yr un pryd sut y daeth Wittenberg yn ganolog i hanes a chrefydd Ewrop yn ystod y pum can mlynedd diwethaf.

Dyw hi ddim yn syndod, fodd bynnag, bod gan wahanol aelodau o'n teulu ni deimladau cymysg am Wittenberg. Er bod y teulu o'r ddwy ochr wedi ymsefydlu yma ers cenhedlaeth neu ddwy a chymryd rhan lawn ym mywyd y dref, cawsant eu herlid wrth i Natsïaeth afael yn y wlad a'r dref. Yn sgil hyn, does neb o'r teulu agos wedi aros yn Wittenberg, ac nid yw rhai am ddod yn ôl yma o gwbl, rhag ail-fyw profiadau dirdynnol.

Tan yn gymharol ddiweddar bu Wittenberg yn dref brifysgol. Tref un stryd yw hi yn yr ystyr bod y rhan fwyaf o'i hadeiladau o bwys ar y brif stryd, sy'n cychwyn ger eglwys y castell, y *Schloßkirche*, lle yr hoeliodd Martin Luther ei ddatganiadau gwrth-babyddol ar 31 Hydref 1517, ac sy'n estyn am filltir nes cyrraedd y gornel lle y llosgodd e orchmynion y Pab, a'r

Robat Gruffudd gyda'i ddwy nith, Efa ac Anna, yn Wittenberg, 2010

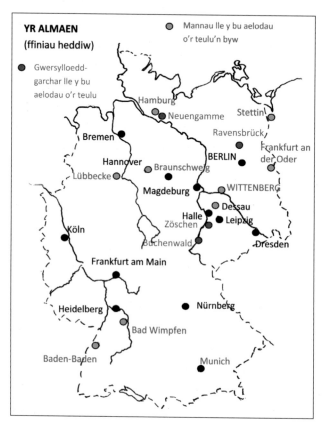

YR ALMAEN
(ffiniau heddiw)

● Gwersylloedd-
   garchar lle y bu
   aelodau o'r teulu

○ Mannau lle y bu aelodau
   o'r teulu'n byw

Hamburg
Neuengamme
Stettin
Bremen
Ravensbrück
Hannover
Frankfurt an
BERLIN   der Oder
Braunschweig
Lübbecke
Magdeburg
WITTENBERG
Dessau
Halle
Zöschen   Leipzig
Köln
Buchenwald
Dresden
Frankfurt am Main
Heidelberg
Nürnberg
Bad Wimpfen
Baden-Baden
Munich

myfyrwyr yn ei ddilyn, mae'n debyg, fel y dilynai llygod neu blant bibydd Hameln.

Mae strydoedd eraill yn ffurfio hanner gwe o gwmpas y prif sgwâr – i un cyfeiriad mae'r heolydd yn arwain at barc a fu'n ffos o gwmpas y dref, ac yna at brifffordd, rheilffordd ac afon Elbe. Yn y we hon, yn Heubnerstraße, rhif 26, roedd cartref fy nhad-cu, Dr Paul Bosse, a'i deulu. Gerllaw roedd ysbyty y Paul-Gerhardt-Stift, lle y bu'n gweithio'n brif lawfeddyg.

Yn y rhes o adeiladau ar ochr y sgwâr gyferbyn â neuadd y dref mae gwesty'r Goldener Adler, lle y bu Martin Luther, yn ôl y sôn, yn mwynhau ei ddiod, ac yn ymyl hwnnw, yn rhif 82 Collegien Straße, roedd siop win y teulu Bosse. Dipyn ymhellach ar y dde mae cartref Melanchthon y diwinydd, sydd bellach yn amgueddfa, ac wrth nesáu at ben draw'r stryd, eto ar y dde, mae hen adeiladau Prifysgol Wittenberg, lle y bu Martin Luther yn darlithio am flynyddoedd lawer, gan gychwyn yno yn 1508.

I ddeall agwedd pobl Wittenberg at Iddewon mae'n rhaid tyrchu peth o hanes y lle. Nid bod pobl Wittenberg mor wahanol â hynny i weddill pobl yr Almaen, ond mae eu hanes yn gallu egluro rhywfaint ar yr wrth-Iddewiaeth ffyrnig a fu yno ac yn y wlad yn gyffredinol.

Mae peth ansicrwydd ynghylch pryd yn union y cafodd Wittenberg ei sefydlu. Mae sôn am 'Wittenburg' o gwmpas 1180 ar ôl cyfnod o wrthdaro rhwng y bobl Almaenig a'r Sorbiaid, o dras Slafaidd, sy'n dal yn lleiafrif ieithyddol mewn rhannau dwyreiniol o'r Almaen.[2] Arweinid yr Almaenwyr gan driawd pwerus, gan gynnwys Heinrich der Löwe, Harri'r Llew, o Braunschweig. Yn dilyn llifogydd yn yr Iseldiroedd, cafodd Fflemiaid ymsefydlu yn y pentrefi a adawyd gan y Slafiaid, a manteisiwyd ar eu gallu hwy i drin tiroedd corsiog afon Elbe.

Y Fflemiaid, mae'n debyg, a adeiladodd yr amddiffynfeydd cyntaf, lle mae sgwâr y castell heddiw. O dipyn i beth tyfodd y pentref a dod yn gartref i ddugiaid Saxe-Wittenberg, gan ddod yn ganolfan llywodraeth, diwylliant a chrefydd yr ardal. Yn 1293 cafwyd datganiad gan Ddug Albrecht II yn rhoi statws *civitas*, sef tref neu ddinas, i Wittenberg, a daeth y dref yn ymreolus. Aed ati'r un pryd i godi amddiffynfeydd brics cadarn i gymryd lle'r ffensys pren ac ehangwyd eglwys y dref, y *Stadtkirche*.

Mor gynnar â'r cyfnod hwn roedd Iddewon wedi ymsefydlu yn y dref, a chanddyn nhw eu hardal eu hunain, yn ardal y Jüdenstraße heddiw. Doedd dim hawliau dinasyddiaeth ganddyn nhw, ond bydden nhw'n talu arian gwarchod i reolwr yr ardal. Roedd gwrthwynebiad crefyddol iddyn nhw, fel a gafwyd yng Nghaerefrog ganrif ynghynt, pan fu i 150 o Iddewon ymgasglu yn y castell i ffoi rhag tyrfa ffyrnig, a'u lladd eu hunain yn lle rhoi'r gorau i'w ffydd. Y croesgadau oedd yn gyfrifol am dipyn o'r casineb hwn yn erbyn yr Iddewon. Yn 1304 cafwyd gorchymyn i yrru'r holl Iddewon allan o Wittenberg ac o ardal Saxe-Wittenberg. Ofn grym ariannol yr Iddewon oedd y rheswm arall am y taflu allan yn Wittenberg, ac urddau crefftwyr yn ofni'r gystadleuaeth. Mynnai'r urddau mai'r Almaeneg fyddai iaith eu haelodau, ac roedd hyn yn cau allan rai o dras Slafaidd ac Iddewig. Cosbid rhai a ddefnyddiai ieithoedd Slafaidd. Nid yw'n anodd i ni yng Nghymru ddeall sut y digwyddodd hyn.

Ymhen canrif, roedd amddiffynfeydd Wittenberg wedi'u cryfhau, a muriau a thyrau'n gwarchod rhag ymosodiadau cymdogion mewn cyfnod o wrthdaro cyson. Erbyn hyn roedd gan yr Iddewon eu hardal eu hunain unwaith eto, yng ngogledd y dref. Aeth y dref i ddwylo Friedrich der Streitbare o Meissen a drechodd lu arfog yr Husiaid o Fohemia. Roedd Jan Hus, diwinydd o Brag, wedi mentro herio anffaeledigrwydd y Pab, gan ymosod ar gyfoeth y Fatican, fel y bu i Luther wneud ganrif yn ddiweddarach. Llosgwyd Hus am heresi yn 1415. Ond ar ôl colli'r frwydr, nesaodd lluoedd yr Husiaid at Wittenberg a chyrraedd porth y dref gyda mil o ddynion. Roedd y mudiad hwn yn un cenedlaethol ar y naill law, ond hefyd yn un a wrthwynebai'r

Siopau sgwâr y dref

Bedd Martin Luther yn y *Schloßkirche*

drefn ffiwdalaidd. Colli oedd hanes y llu unwaith eto, a chafwyd heddwch rhwng yr Husiaid a Friedrich der Sanftmütige (y Tyner) yn 1433.

Cafodd y *Stadtkirche* ei hestyn a'i chysegru yn 1439, ond roedd y frwydr yn erbyn yr Husiaid wedi bod yn ddrud i'r dref, a phan fu'n rhaid ymladd brwydrau pellach yn erbyn rhai o'r un teulu, ac yna'n erbyn ysbeilwyr y Stellmeisen, cafwyd dyled fawr a dirywiad nes i Friedrich III (der Weise – y Doeth) ddod i fyw i Wittenberg yn 1486, ac ailadeiladu'n helaeth. Y campwaith oedd adeiladu palas gydag eglwys y castell yn rhan ohono, y *Schloßkirche*, a ddaeth i gynnwys beddau Luther a Melanchthon.

O dan arweiniad Friedrich adeiladwyd Prifysgol Wittenberg, a agorodd ei drysau yn 1502. O gofio'r hanes o ymladd yn erbyn yr Husiaid, go brin y meddyliai Friedrich y byddai'r brifysgol hon yn dod yn ganolog yn hanes Cristnogaeth wrth-babyddol yn dilyn gwaith dau o ddysgedigion y brifysgol. Yn ystod yr un cyfnod, aethpwyd ati i adeiladu neuadd y dref ger sgwâr y farchnad, ac erbyn 1553 roedd prif adeiladau'r dref, sy'n dal i'w gweld heddiw, yn eu lle.

Martin Luther: yn erbyn y Pab a'r Iddew?

Penodwyd Martin Luther yn athro diwinyddiaeth yn 1508, a Philipp Melanchthon yn athro Groeg yn 1518. Daeth y ddau hyn yn sylfaenwyr y diwygiad Protestannaidd a ledodd yn gyflym trwy ogledd Ewrop yn ystod y ganrif. Er nad chwalu gafael yr Eglwys Gatholig oedd y nod, ond yn hytrach feirniadu rhai o arferion ariannol yr eglwys honno, arweiniodd hyn yn y pen draw at y gwahanu. Nid oedd Luther yn ymatal rhag ymosod ar y Pab:

> Un o'r pethau cyntaf y dylid ei wneuthur yw alltudio cenhadon y Pab o holl diriogaethau'r Almaen – hwy a'r holl ddrygioni a'u dilyn... Yr unig beth a wnânt yw gwerthu dysg y diafol i ni, a chymryd arian am ein dysgu i bechu a'n harwain i uffern. Y mae'r gwaith hwn ei hun yn ddigon i brofi mai'r Pab yw'r Anghrist.[3]

Gosodwyd 95 datganiad Luther ar ddrws eglwys y *Schloßkirche* yn Wittenberg ar noswyl Gŵyl yr Holl Saint yn 1517 yn gwrthwynebu gwerthu maddeuebau. Trwy werthu maddeueb, roedd y Pab yn cynnig y câi Catholigion faddeuant a ffordd i'r nef, ond ymgais oedd y maddeuebau gan yr Eglwys Gatholig i godi arian ar gyfer codi eglwys Pedr yn y Fatican.

Mae tystiolaeth nad ar ddrws y *Schloßkirche* yn unig yr hoeliodd Luther ei ddatganiadau. Roedd yn arferiad gosod datganiadau ar ddrysau eglwysi, mae'n debyg, i ennyn trafodaeth mewn cyfnod cymharol ddi-lyfr. Canlyniad y cyfan oedd i Luther ymlafnio i gyfieithu'r Beibl i Almaeneg y bobl fel y gallent ei ddarllen drostyn nhw'u hunain. Ysgrifennodd emynau, ac arwain mudiad protest a dyfodd yn Eglwys Brotestannaidd. Lledodd dylanwad hon ledled gogledd Ewrop yn fuan. Go brin y byddai wedi meddwl ar y pryd, er cryfed ei argyhoeddiadau, y byddai hyn yn arwain at sefydlu eglwys a fyddai ar wahân i'r Eglwys Gatholig.

Arweiniodd Luther ei fyfyrwyr wedyn ar hyd y stryd fawr, heibio i sgwâr y dref ac ymlaen heibio i'r brifysgol, i gornel ym mhen pella'r dref, a chynnal seremoni losgi – llosgi datganiadau'r Pab yn ei erbyn. Os ewch chi yno heddiw fe welwch dderwen – y *Luthereiche* – wedi ei phlannu yn y fan honno i gofio'r digwyddiad.

Mae'n help i fudiad gael propagandydd a chafodd Luther y gorau o'r cyfnod yn Lucas Cranach, a ddaeth yn enwog fel artist. Yn 1504 cafodd ei gyflogi fel artist llys gan Friedrich III, ond datblygodd hefyd yn ŵr busnes llwyddiannus, a sefydlu ysgol arlunio ac argraffdy a rhedeg busnesau eraill, gan gynnwys tafarn win a fferyllfa. Daeth yn bennaeth cyngor y dref. Mae ei luniau i'w gweld mewn orielau celf ledled Ewrop, ac ymhlith y rhai enwog mae ei beintiadau o Martin Luther a'i wraig Katharina.

Derwen Luther, y *Luthereiche*

Aeth Luther ati yn y lle cyntaf i gyfieithu'r Testament Newydd i'r Almaeneg, a gwnaeth Cranach 21 o dorluniau pren ar gyfer argraffu hwn yn 1522. Llyfrau oedd technoleg newydd ryfeddol yr unfed ganrif ar bymtheg, ac roedd Luther a Cranach ar flaen y gad yn y datblygiad newydd hwn. Cafodd hanner llyfrau'r Almaen yn y ganrif honno eu hargraffu yn Wittenberg. Gorffennodd Luther gyfieithu'r Beibl i'r Almaeneg yn 1534, gan arwain at gyfieithiadau yn ieithoedd cenhedloedd Ewrop, gan gynnwys y Gymraeg.

Y tu ôl i'r tai ar un ochr i'r sgwâr mae eglwys y dref, y *Stadtkirche*, lle y byddai Martin Luther yn arfer pregethu – pregethodd ryw ddwy fil o weithiau yno – a gwaith Lucas Cranach sydd ar y lluniau o gylch yr allor, yn dangos Luther wrth ei waith. Llai cysurlon yw'r cerflun ychydig o dan do'r eglwys sy'n dangos Iddewon yn sugno bronnau hwch fawr, y *Judensau*, a rabi'n codi cynffon yr hwch, yn arwydd o wrth-Iddewiaeth y bedwaredd ganrif ar ddeg, gwrth-Iddewiaeth a barhaodd wrth i Luther ei chyhoeddi'n frwd. Dirmygodd y Talmud, ysgrifeniadau'r gyfraith Iddewig, gan gyfeirio at y cerflun hwn o'r hwch fawr a dweud 'bod y llythrennau sy'n syrthio'n cael eu bwyta a'u hyfed'. Mae delwedd yr hwch i'w gweld ar fwy nag ugain o brif eglwysi'r Almaen, a daeth yn sail i'r ymadrodd 'Judensau' a ddefnyddiai'r Natsïaid wrth gyfeirio at Iddewon.

Yn 1543 cyhoeddodd Luther lyfr 60,000 o eiriau, *Am yr Iddewon a'u Celwyddau*, wedi'i argraffu gan Hans Lufft yn Wittenberg.[4] Ynddo mae'n galw'r Iddewon yn 'bobl fas, buteingar, ac nid yn bobl dduw'. Dywed eu bod yn 'llawn o garthion y diafol... y maen nhw'n ymdrybaeddu ynddo fel moch'.

Mae ganddo gynllun saith pwynt yn erbyn yr Iddewon, gan gynnwys annog llosgi eu synagogau a'u hysgolion, a chymryd eu llyfrau a'u hysgrifeniadau. Mae'n annog dinistrio eu llyfrau gweddi, a gwahardd rabïaid rhag pregethu. Dylid llosgi eu tai a chymryd eu heiddo a'u harian, heb ddangos dim trugaredd, meddai, a'u hatal rhag benthyca arian. Dylai Iddewon ac Iddewesau ennill eu bara menyn trwy chwys, gan ddefnyddio bwyell a hof, rhaw ac olwyn nyddu. Mae Luther yn seilio'i ddadleuon ar y modd y bu iddyn nhw alw am groeshoelio Crist a'i wrthod fel Meseia. Roedd hyn yn gyffredin yn y cyfnod, ac mae'n sicr bod gwrth-Iddewiaeth yr Eglwys Gatholig wedi dylanwadu arno.

Un nod a fu gan Luther oedd cael Iddewon i droi at Gristnogaeth, gan ddweud eu bod o'r un gwaed â Christ, ac roedd yn cydnabod bod offeiriaid a mynachod wedi trin Iddewon fel pe baent yn gŵn yn hytrach na phobl, ond chwerwodd ar ôl methu eu denu i'r ffydd Gristnogol, a dweud y byddai am fedyddio Iddewon trwy eu gollwng i afon Elbe gyda cherrig trwm o gwmpas eu gyddfau.

Nid dyma'r Luther sy'n cael ei barchu'n fawr yng Nghymru am gyfieithu'r Beibl i'r Almaeneg, am ysgrifennu emynau ac am arwain y diwygiad Protestannaidd. Mae'r Luther gwrth-Iddewig hwn yn llawn syniadau gwrthun.

Bedair canrif ar ôl i Luther ledu ei bropaganda, fe fanteisiodd Natsïaid lleol i'r eithaf arno. Roedd modd iddyn nhw gyfiawnhau eu gwrth-Iddewiaeth gan ddyfynnu Luther. Cyhoeddwyd ganddyn nhw bamffledyn yn dyfynnu Luther ac yn estyn ei ddadl i'r ugeinfed ganrif: 'I ffwrdd â nhw' yw'r anogaeth enbyd.

O gyfuno ymdrechion Luther i daflu'r Iddewon allan o Sachsen ac o sawl tref Almaenig, mae dyn yn gweld sut roedd y Natsïaid yn falch o allu defnyddio Luther yn esiampl ac yn sail i'w credoau gwyrdroëdig.

Cydoeswr posibl i Luther yn Wittenberg oedd yr enwog Faust. Roedd Dr Johann Georg Faust (tua 1480–1540) yn wyddonydd o fath, a'i ymdrechion fel dewin ac alcemydd a'i gwnaeth yn destun drama Marlowe, *The Tragicall History of the Life and Death of Doctor Faustus* (1604) ac, yn ddiweddarach, drama adnabyddus Goethe, *Faust* (1808). Ceir sôn am Dr Faust yn Heidelberg a chysylltir ef â mannau eraill gan gynnwys Bamberg a Nürenberg. Mae hanes a chwedl yn ymgysgu'n hawdd. Mewn fersiwn o'r hanes,

Cerflun y *Judensau*

Llyfr Luther, *Am yr Iddewon a'u Celwyddau*, 1543
Llyfryn y Natsïaid yn dyfynnu Martin Luther

33

Datganiadau Luther ar borth y *Schloßkirche*, gyda darlun ohono yntau a Melanchthon ger y groes

Eglwys y dref, y *Stadtkirche*

mae Johann Faust yn fab i werinwr ac yn astudio diwinyddiaeth, meddygaeth a dewiniaeth yn Wittenberg. Ei ysfa yw cael pob gwybodaeth, ac mae'n dod i gytundeb â'r diafol, Mephistopheles, mewn coedwig ger Wittenberg. Mae Goethe'n defnyddio'r cefndir hwn yn gynnar yn ei ddrama.

Fe gyfieithwyd rhan o *Faust* Goethe gan Lewis Edwards yn *Y Traethodydd* ddiwedd y bedwaredd ganrif ar bymtheg, a chafwyd cyfieithiad arall gan T. Gwynn Jones ar ddechrau'r ugeinfed ganrif, ac yn ddiweddarach eto gan R. Gerallt Jones.[5]

Ers cyfnod Martin Luther, cymharol ddi-sôn fu Wittenberg, ond mae yntau'n dal i fwrw ei gysgod cadarn dros y dref, fel y gwnaeth ers rhyw bum can mlynedd bellach. Mae ei gysgod yn un digon llythrennol bellach, gan fod geiriau agoriadol ei emyn enwog, 'Ein feste Burg ist unser Gott' ('Castell cadarn yw'n Iôr', a gyfieithwyd gan Lewis Edwards yn ei emyn 'Ein nerth a'n cadarn dŵr yw Duw'), wedi eu hysgrifennu yn agos at gopa tŵr crwn eglwys y castell.

Yn rhyfedd iawn, ar yr union adeg pan gafodd Cymru ei hymgorffori'n rhan o Loegr, trwy ddeddf 1536, cafwyd yn Wittenberg ddigwyddiadau a diwygiadau a fyddai cyn pen hanner can mlynedd yn cyfrannu'n helaeth at wrthweithio dylanwad gwrth-Gymraeg y ddeddf honno. Rhyw barhau a byw o argyfwng i argyfwng yw hynt Cymru a'r Gymraeg, ac felly y bydd, mae'n debyg.

Dyw hi ddim yn ormodiaith honni na fyddai'r Gymraeg wedi goroesi fel y gwnaeth heb yr hyn ddigwyddodd yn Wittenberg. Go brin y byddai William Morgan wedi cael mynd ati i gyfieithu'r Beibl i'r Gymraeg erbyn 1588 oni bai bod Martin Luther wedi cyfieithu'r Beibl i Almaeneg y bobl hanner canrif ynghynt, a bod Protestaniaeth wedi lledu ar draws Ewrop, a Senedd Llundain, er ei gwaethaf, yn pasio deddf cyfieithu'r Beibl i'r Gymraeg yn 1563, gan orfod cydnabod bod angen deunyddiau Cymraeg er mwyn i'r grefydd newydd wreiddio yng Nghymru. Wrth dorri grym yr Eglwys Gatholig, cafodd ieithoedd cenedlaethol Ewrop nerth o'r newydd gan ddod yn ieithoedd crefydd, a maes o law yn ieithoedd dysg.

Trasiedi'r Gymraeg oedd derbyn addysg orfodol Saesneg ar gyfnod mewnfudo mawr y bedwaredd ganrif ar bymtheg, pan oedd cyfran uchel o frodorion y wlad yn uniaith Gymraeg, ac yn llythrennog yn eu hiaith, diolch i ysgolion cylchynol Griffith Jones ac ysgolion Sul Thomas Charles. Bu'r Beibl Cymraeg yn sail crefydd yng Nghymru, a hefyd yn sail addysg a wnaeth y werin Gymraeg yn bobl lythrennog.

O safbwynt personol, wrth gwrs, mae dylanwad Wittenberg ar y Gymraeg wedi parhau wrth i'm mam ddod i Gymru, magu teulu Cymraeg, cyfrannu at lenyddiaeth Cymru a chymryd rhan mewn sawl ymgyrch a mudiad cenedlaethol.

Cofgolofn Luther ar sgwâr y farchnad, ac eglwys y dref y tu ôl iddi

Rhyfeloedd a chomiwnyddiaeth

TRAWYD YR ALMAEN GAN nifer o ryfeloedd yn ystod y canrifoedd nesaf. Roedd y Rhyfel Deng Mlynedd ar Hugain (1618–48) yn arbennig o niweidiol; i raddau roedd yn frwydr rhwng y Protestaniaid a'r Catholigion, ac roedd yn ganlyniad tra anffodus i'r diwygiad crefyddol. Daeth Sbaen, Ffrainc, Sweden a Denmarc yn rhan o'r brwydro. Bernir bod poblogaeth yr Almaen wedi disgyn rhwng 15 a 30 y cant yn sgil yr ymladd, a thlodwyd rhannau helaeth o'r wlad, a Wittenberg yn eu plith. Yn y ganrif nesaf, daeth y Rhyfel Saith Mlynedd (1756–63) â mwy o ddistryw. Ymosododd lluoedd Awstriaidd a Sacsonaidd ar y dref gan losgi'r castell a'r *Schloßkirche*.

Bu atgyweirio wedyn, ond daeth Napoleon drwy Wittenberg ar 22 Hydref 1806, ar ei ymdaith i Rwsia. Plannodd res o goed i nodi ei lwybr, ac mae'r rhain i'w gweld o hyd. Gydag Etholyddiaeth Sacsoni yn ochri â Napoleon, cyfrannodd y dref yn helaeth iawn iddo o ran bwyd a diod. Ond â milwyr Ffrainc yn y dref, troswyd rhan o'r castell yn ysbyty milwrol, ac yn fuan ar ôl i Napoleon fethu yn ei ymdrech i gyrraedd Mosgo yn 1812, ymosododd lluoedd Prwsia a Rwsia ar y dref a llosgi'r castell a'i eglwys unwaith eto yn 1814. Cafodd y castell ei droi'n awr yn farics milwrol i luoedd yr Almaen. O ganlyniad i'r rhyfel, syrthiodd poblogaeth y dref o 7,100 i 4,800.

Hon oedd y chwalfa fwyaf diweddar a brofodd y dref. Tyfodd yn raddol eto, a dod yn ganolfan masnach, busnes a diwydiant.

Ar sgwâr y dref bu Napoleon ar un adeg yn trefnu'i filwyr ac yno fe welir heddiw adeilad hardd neuadd y dref, a cherfluniau Martin Luther a Melanchthon o'i blaen

Yna, yn groes i dueddiadau'r canrifoedd cynt, llwyddodd canol tref Wittenberg i osgoi dinistr rhyfel byd 1914–18 i raddau helaeth, er na chafodd y dref osgoi'r effeithiau economaidd a chymdeithasol a ddaeth yn ei sgil.

Yr Ail Ryfel Byd

I lawer o'r trigolion, gormes enbyd gan eu llywodraeth eu hunain oedd teyrnasiad y Natsïaid. Ond yn y cyfnod ansefydlog wedi'r Rhyfel Byd Cyntaf, a'r Almaenwyr yn teimlo dicter mawr am ganlyniadau cytundeb Versailles, a'r arian wedi mynd yn ddiwerth, roedd amodau chwyldro wedi eu creu.

Daeth y chwyldro wrth i'r Blaid Natsïaidd ddod yn blaid fwyaf. Ofer yw dadlau fel y gwna rhai na chafodd fwyafrif pleidleisiau'r Almaen. Prin iawn y caiff unrhyw blaid sy'n rheoli ym Mhrydain fwyafrif y pleidleisiau mewn etholiad cyffredinol, ond does neb yn gwarafun iddi reoli'r wlad. Felly yn yr Almaen. Pan ddaeth Hitler i rym, aeth ati i adfywio'r economi, adeiladu priffyrdd a rhoi gwaith i genhedlaeth a oedd yn ddiobaith. Ymhen amser adfeddiannodd ranbarth y Ruhr a oedd mor bwysig i economi ac i hunan-barch yr Almaenwyr. Nid oedd ei boblogrwydd yn syndod. Y trychineb oedd ei ysfa i ehangu'r Almaen trwy rym milwrol, ei hiliaeth eithafol a'i ddyheadau gwallgof am ei rôl ei hun fel arweinydd 'Reich Mil Blynyddoedd'. Arweiniodd hyn at ladd miliynau o Iddewon ac at ryfel byd arall.

Lleolwyd nifer helaeth o filwyr yr SS a'r SA yn Wittenberg yn 1933, wedi i Hitler ddod i rym, gan gychwyn cyfnod tywyllaf hanes y dref. Yr SS oedd y *Schutzstaffel* (y garfan warchod) a oedd yn perthyn i'r Blaid Natsïaidd, a'r SA oedd y *Sturmabteilung* (y garfan storm), oedd yn adran barafilwrol Natsïaidd. Yn Reinsdorf gerllaw sefydlwyd un o ffatrïoedd arfau allweddol y drefn Natsïaidd. Roedd yn Wittenberg eisoes gefnogwyr brwd i'r Natsïaid, a chawsant benrhyddid i erlid Iddewon y dref cyn ac yn ystod yr Ail Ryfel Byd.

Y Drefn Gomiwnyddol

Ar ôl y rhyfel, a'r Rwsiaid wedi cyrraedd Wittenberg ar draws afon Elbe, cafodd Wittenberg ei hun yn rhan o drefn gomiwnyddol Dwyrain yr Almaen. Hyd yn oed ar ôl y rhyfel, parhawyd y gormes mewnol hwn gan ormes allanol, pan oedd y dref yn gartref i lu milwrol Rwsia. Gosodwyd tanc yn symbol o 'ryddhau' y dref gan y Rwsiaid, gyferbyn â'r *Schloßkirche*. O dan y drefn newydd byddai'r Rwsiaid yn cael eu gweld yn ymosodwyr, a gwnaethant eu siâr o ddial ar yr Almaenwyr. Roedd treisio menywod yn gyffredin, a saethid dynion a geisiai eu hamddiffyn. Ond o dipyn i beth cafwyd trefn yn y system gomiwnyddol, er bod y drefn honno yn seiliedig ar wylio a diffyg rhyddid mynegiant a theithio, ac ar ddychryn yn aml.

Yn 1946 nodwyd pedwar can mlwyddiant marw Luther trwy ailagor y tŷ lle y bu'n byw, yn rhan o'r brifysgol, i'r cyhoedd. Yn 1967, ochr yn ochr â dathlu Karl Marx a Lenin, cydnabuwyd cyfraniad Luther i ddatblygiad y werin a dathlwyd 450 mlwyddiant

Tanc o Rwsia o flaen eglwys y castell

hoelio'r datganiadau ar ddrws yr eglwys, yna dathlwyd eto bum can mlwyddiant ei eni yn 1983.

Ymysg cyflawniadau cadarnhaol y blynyddoedd comiwnyddol roedd codi pwll nofio o safon Olympaidd yn Piesteritz gerllaw, codi ysgolion, tai a gweithfeydd a rhoi i bawb sicrwydd gwaith. Erbyn 1979 ymadawodd uned danciau'r Sofietiaid â Wittenberg, ac agorwyd siop lle gallai pobl brynu nwyddau gorllewinol ag arian y gorllewin.

Go dlodaidd, serch hynny, oedd yr olwg ar ganol y dref erbyn saithdegau'r ugeinfed ganrif. Roedd paent ac adnoddau adeiladu'n brin, ac adeiladau'n dirywio. Erbyn dathliadau 1983, adnewyddwyd tipyn o'r brif stryd i fod yn ffenest siop i dwristiaid, ac o'r pryd hwnnw ymlaen daeth gwell graen ar y dref. Roedd orennau'n dal yn brin yn y siop ffrwythau yng nghanol y dref, a'r rheiny'n felynwyrdd a chaled, yn dod o Giwba. Byddai ymwelwyr o orllewin Ewrop yn gallu cael danteithion lu i frecwast yng ngwesty'r Adler, ac yn eu mysg fanana wedi ei weini ar ddysgl arian, ond wy wedi'i ferwi oedd y ddarpariaeth yno i weithwyr Dwyrain yr Almaen.

Roedd gan Wittenberg ran allweddol yn y chwyldro gwrth-gomiwnyddol, wedi i fudiad heddwch gychwyn yno yn yr wythdegau. Yn 1983 cafwyd gweithred symbolaidd o guro cleddyf yn aradr o flaen 2,000 o wylwyr Cyngres yr Eglwysi Protestannaidd, er bod hyn wedi'i wahardd, a'r Stasi – heddlu cudd y wlad – yn gwylio'n ddiymadferth. Yn y blynyddoedd nesaf roedd gan yr Eglwys ran ganolog yn yr ymdrech i sicrhau democratiaeth yn yr Almaen, a chafwyd cyfarfodydd niferus yn eglwys y dref ac eglwys y castell yn ystod 1989. Ym mis Medi 1989 cynhaliwyd cyfarfodydd ar sgwâr y farchnad, a rhyw 10,000 o drigolion yn ymgasglu ac yn hoelio saith datganiad mewn gweithred symbolaidd ar ddrws neuadd y dref.

Roedd hyn i gyd yn rhan o'r pwysau a'i gwnaeth yn amhosibl i Ddwyrain yr Almaen barhau â'r drefn gomiwnyddol. Agorwyd

Siop yn gwerthu orennau o Giwba, Wittenberg, 1981

Prif stryd Wittenberg, gydag eglwys y castell yn y pen pellaf, yn 1981

wal Berlin, y cychwynnwyd ei chodi ar 13 Awst 1961, ar 9 Tachwedd 1989, a chafodd ei chwalu wedyn wrth i'r Almaen ailuno erbyn Hydref 1990. Daeth stondin fananas i sgwâr y dref am y tro cyntaf. Gwelwyd newidiadau mawr yn Wittenberg. Yr ochr negyddol oedd diweithdra, gyda ffatrïoedd na allent gystadlu yn y farchnad rydd yn gorfod cau. Ar yr ochr gadarnhaol, gwelwyd ailadeiladu ac adnewyddu sylweddol, ac mae gan y dref heddiw westai o'r radd flaenaf i ddenu ymwelwyr ag un o ganolfannau dysg a chrefydd pwysicaf Ewrop.

Paul a Kaethe Bosse a'u teulu yn Wittenberg

MAE'N ANODD RHAGWELD SUT y bydd rhywun yn ymateb ar adeg o argyfwng. Yng Nghymru mae gennym y cysur o allu cymryd rhan mewn protestiadau, neu o allu gwrthwynebu gwleidyddion, gan wybod na fydd hynny'n golygu dioddef mawr i ni. Gall olygu nad yw dyn yn cael y swydd y mae'n ei dymuno, efallai, neu fethu dringo rhengoedd sefydliadau sy'n ochri â'r blaid sydd mewn grym. Mae modd dychmygu, ar y llaw arall, bod rhai sy'n ochri â gwleidyddion, ac sy'n gallu gwneud hynny heb boeni am egwyddorion, gan roi hunan-les yn gyntaf, yn gallu cael swyddi y tu hwnt i'w haeddiant, ac yn gallu ymddyrchafu'n ddirwystr. Efallai mai dyna pam mae cynifer o arweinwyr sefydliadau a bywyd cyhoeddus Cymru mor ddidalent.

Mae'n werth meddwl sut y byddai dyn yn ymateb pe bai cyfyngiadau mawr yn cael eu rhoi arnom o ran mynegi barn a gwleidydda. Mwy anodd yw dychmygu sut y byddem yn ymateb pe bai'r cyfyngu hwn yn effeithio ar ein bywyd bob dydd, a hynny oherwydd ein tras.

Go brin y byddai Paul Bosse a'i wraig Kaethe Ledien wedi meddwl am bethau fel hyn cyn 1933, fwy nag y dychmygwn ni heddiw y gallai ein system wleidyddol ni fynd ben-i-waered a gorseddu unben hiliol. A fydden nhw am geisio gwrthwynebu'r drefn, ynteu gydymffurfio â hi? Efallai na fyddai dewis rhydd. Byddai gwrthwynebu'n golygu cael eu cau allan o'r gymdeithas a'u carcharu. Goroesi, mae'n debyg, yw nod cyffredin y mwyafrif.

Gwnaeth llawer hynny trwy ddod yn gefnogwyr i Hitler. Nid oedd hynny'n ddewis i Paul a Kaethe Bosse. I ba raddau y byddai cydymffurfio'n bosibl? Fe ddôi'r ateb yn ystod y blynyddoedd nesaf.

Sut le oedd Wittenberg, felly, ym mlynyddoedd olaf y bedwaredd ganrif ar bymtheg? Roedd yn dref brifysgol, a champau myfyrwyr yn tynnu sylw o bryd i'w gilydd. Ym mhapurau'r teulu mae disgrifiad 24 tudalen o'r dref gan Hans Ledien, brawd Kaethe, a ysgrifennodd ar gais Günther, brawd fy mam, a'i nai yntau.

Y pryd hwnnw roedd gan Wittenberg tua 20,000 o drigolion, ac yn eu plith roedd catrawd yr *Infanterie-Regiment Graf Tauentzien* Rhif 20, a gwŷr meirch y *Feldeartillerie-Regiments* Rhif 4 (Prinz-Regent Luitpold von Bayern).

Roedd yn dref gymharol filitaraidd felly, a'r milwyr i'w gweld yn aml yn y dref, i raddau yn sgil y bwytai a'r tafarndai niferus, ac roedd yno fragdy hefyd. Byddai ffermwyr y wlad hefyd yn manteisio ar y cyfleusterau bwyta ac yfed pan fydden nhw'n dod i'r farchnad, ac ar adegau gŵyl yn arbennig. Bryd hynny byddai stondinau yn sgwâr y castell a hefyd ar hyd y brif stryd, lle y byddai esgidiau i'r ffermwyr yn cael eu gwerthu, a dillad yn sgwâr y farchnad, a'r plant yn prynu ffyn siwgr amryliw am bum Pfennig. Roedd *Speckkuchen* – teisen yn cynnwys cig moch, ac weithiau wyau a winwns – yn arbenigedd y poptai lleol.

Ymysg y siopwyr roedd gweithwyr tir o Wlad Pwyl a Rwthenia, yn gwisgo'u dillad traddodiadol lliwgar. Byddai'r rhain, o brynu gwerth tri Mark o nwyddau gyda Max Salzmann (Markt 1), yn cael rholyn o fara a gwydraid o gwrw am ddim. Roedd gan y dref dri gwesty da y pryd hwnnw, gan gynnwys y Goldener Adler, sy'n dal yno.

Roedd y dref hefyd yn un eithaf diwydiannol, gyda nifer o wahanol weithfeydd a ffatrïoedd yn y cyffiniau, a oedd yn cynhyrchu teils, ffrwydron, sebon, marmor a chwrw ymysg pethau eraill. Roedd distyllfa Bosse ymysg y mân ddiwydiannau.

Medd Hans, 'Roedd Julius Bosse [tad Paul Bosse] yn ei gwneud hi'n dda yn ariannol yn sgil hyn. Roeddwn i'n hoff iawn o'r ddau geffyl du mawr y byddai'r coetswr Kulisch yn eu gyrru gan dynnu cerbyd nwyddau'r cwmni ar ddyddiau gwaith.' Ar ddydd Sul byddai'r cerbydau'n cael clustogau du a melyn.

Fel mewn mannau eraill yn yr Almaen, byddai gŵyl saethu'n cael ei chynnal, a'r anrhydedd mwyaf fyddai cael eich penodi'n *Schützenkönig*, brenin y saethu. Cafodd Julius Bosse, a oedd yn gynghorydd tref erbyn hyn, ei anrhydeddu fel hyn, er nad oedd wedi cymryd rhan yn y saethu. Roedd yn rhaid iddo dalu am gostau'r anrhydedd, sef y wledd 'frenhinol'. Byddai'r ŵyl yn para tua wythnos, yn rhyw fath o garnifal i bobl Wittenberg.

Dim ond ers tua 25 mlynedd y cafodd muriau'r dref eu dymchwel, ac ni fyddai'r dref wedi ehangu rhyw lawer ers hynny. Roedd y llys lleol yn neuadd y dref, heb fawr o gysur, nes adeiladu llys newydd yn 1909. Yno hefyd roedd banc y dref, a seler y dref (fel arfer yn fwyty), ac o gwmpas y sgwâr roedd siopau.

Roedd yno rhwng chwech ac wyth o blismyn, 'a *"Paukenschmidt"* [Schimdt y drymiwr] yn arbennig o boblogaidd. Schmidt oedd ei enw ac roedd e wedi bod yn cario drwm mawr band y gatrawd'. Liw nos byddai gwylwyr nos yn cymryd lle'r plismyn, ac roedd gan y rhain eu ffurfwisgoedd eu hunain, ond capan yn lle helm y plismyn. Rhan o'u gwaith nhw oedd cynnau'r lampau nwy ar y stryd â ffyn hir. Byddai helyntion yn gallu codi wrth i fyfyrwyr gorfrwdfrydig eu dathliadau fynd ati i'w poeni ar 'Nosweithiau Academaidd Wittenberg'. Roedd Fritzsche, un o'r gwylwyr, yn aml yn feddw ei hun, ac mae Hans yn cofio noson ddathlu ei *Abitur* (arholiadau safon uwch yr ysgol), gyda 400 o gyfeillion yn mwynhau cwrw a rholiau, a band y gatrawd yn canu. Ar ei ffordd adref gwelodd Hans ddyn yn gorwedd ar lawr, sef Fritzsche, y gwyliwr nos.

Un tro gosododd myfyrwyr ysgol ger colofn Luther ar y sgwâr, a'i dringo a rhoi tancard o gwrw ar lwyfan y cerflun. Pan oedd Paul Bosse yn fyfyriwr, roedd mynychwyr 'Nosweithiau Academaidd Wittenberg' wedi llusgo stondin yr ŵyl i ffwrdd a'i gosod ar draws stryd Elbe, nes ei chau. Ond gan nad oedd ceir yn Wittenberg y pryd hwnnw, doedd dim niwed.

Doedd Heubnerstraße, sef y stryd lle y byddai'r teulu'n byw, ddim yn bod yn 1900. Nid tan 1909 y cafodd yr ysbyty, y Paul-Gerhardt-Stift, ei adeiladu. Roedd yr ysgol ramadeg – y *Gymnasium* – wedi ei chodi ar ei safle newydd yn 1888. (Bellach mae'r ysgol wedi symud i adeilad a gynlluniwyd gan yr artist Hundertwasser.) Cyn hyn roedd mewn adeiladau ar sgwâr yr eglwys.

Pe byddech yn dod ar draws Paul Bosse a Kaethe Ledien yn Wittenberg ar dro'r ugeinfed ganrif, fe welech ddau berson ifanc golygus a llewyrchus, y naill a'r llall wedi'u magu ar aelwydydd digon cysurus. Roedd Paul, o dras Almaenig, yn gallu olrhain ei achau i'r ail ganrif ar bymtheg a Kaethe yn perthyn i deulu cefnog o dras Iddewig.

Yn Braunschweig y ganed Julius Heinrich Wilhelm Bosse, tad Paul, yn 1838. Bu farw'n gymharol ifanc yn 58 oed pan nad oedd Paul ond yn 17. Roedd yn ŵr busnes, yn cadw busnes gwin a chwrw yn Wittenberg, ac mae'r trigolion yn dal i sôn fod ganddo'i rysáit cwrw ei hun ar gyfer 'Bossebier'; bydd y gyfrinach hon yn para byth, mae'n debyg. Mae'r tŷ hwn, sef 82 Collegienstraße, o fewn canllath i sgwâr y dref, heb fod yn bell o westy'r Adler. Roedd tad Julius, Elias Friedrich Wilhelm Bosse, yn saer dodrefn crefftus, y mae rhai o'i gelfi'n dal ym meddiant aelodau'r teulu. Merch o deulu lleol oedd Amalie Pauline Josephine Waymeyer, mam Paul. Ganwyd hi yn 1851, ac aelodau o'i hochr hi sydd yn bennaf ym medd y teulu yn y fynwent yn Wittenberg.

Roedd Max Levin, tad Kaethe, yn gyfreithiwr, neu, i roi ei deitl llawn iddo, yn Gwnsler a Notari Brenhinol Brenin Prwsia. Yn 1856 y ganwyd ef yn Frankfurt an der Oder, sydd heddiw ar y ffin â Gwlad Pwyl ond a oedd y pryd hwnnw yn nhalaith Brandenburg, yng nghanol teyrnas Prwsia. Roedd Max yn 30 oed pan anwyd Kaethe Levin. Perthynai i deulu o Iddewon a oedd eisoes wedi troi at y ffydd Gristnogol, fel y byddai llawer o Iddewon yr Almaen yn ei wneud. Roedd mam Kaethe, Luise Hedwig Alexander, a anwyd yn 1863, hefyd o deulu Iddewig, a'r cyfenw Levin neu Levien hefyd ar un ochr o'i theulu.

Ar dystysgrif achau y bu'n rhaid i frawd Kate, Günther Bosse, ei llenwi yn ystod y cyfnod Natsïaidd, sef yr *Ahnenpass*, nodir bod Max Levin yn 'mosaisch', yr ymadrodd ar dystysgrifau am 'Iddewig', ond dywedir hefyd 'später Dissident' ('yn ddiweddarach yn anghytunwr'). Dywedir yr un peth am ei wraig, Luise Alexander, a anwyd yn Berlin.

Cafodd Kaethe Levin, eu merch, ei derbyn i'r eglwys ar 21 Mawrth 1901, pan oedd hithau'n 15 oed, a hynny yn eglwys y dref, y *Stadtkirche*, yn Wittenberg. Mae nodyn ar *Ahnenpass* Günther yn nodi bod Kaethe yn perthyn i'r eglwys Lwtheraidd, a ddynodir ag 'ev', sef 'evangelisch', ond wedi ei ysgrifennu ger hyn gan swyddog y dref mae 'früher mosaisch', sef 'Iddewig ynghynt'. Mae'n dra amheus a yw hyn yn wir, ac mae'n debygol mai ymgais oedd hyn i nodi'r tras.

Pa mor ymwybodol oedd y teulu o deimladau gwrth-Iddewig, ac a oedd hyn yn ddylanwad arnyn nhw wrth iddyn nhw droi at Gristnogaeth? Roedd gwrth-Iddewiaeth wedi bod yn rhemp ledled Ewrop, yn enwedig yn nhiroedd y dwyrain yn Rwsia. Roedd llawer o Iddewon yr Almaen wedi gollwng gafael ar eu crefydd, gan dderbyn Cristnogaeth, a'r un pryd wedi newid eu henwau i fod yn fwy Almaenig. Dyna oedd hanes rhieni Kaethe. 'Levin' neu 'Levien' yw'r enw a geir ar dystysgrifau ond fe newidiwyd y cyfenw i 'Ledien' er mwyn ymbellhau o'r 'Levi' Iddewig, ac erbyn tro'r ugeinfed ganrif roedd y teulu'n Gristnogion.

Priodwyd Paul Bosse a Kaethe Levin (Ledien) ar 3 Ebrill 1906 yn Wittenberg, ac yntau bellach yn feddyg. Erbyn 1907 roedd yn llawfeddyg yn ysbyty y Paul-Gerhardt-Stift, prif ysbyty Wittenberg, a noddid gan yr eglwys.

Mae'n rhaid bod eu gobeithion ar gyfer y dyfodol yn fawr a niferus. Cawsant blant yn fuan. Dolly, enw anwes am Dorothea, oedd yr hynaf. Ganwyd hi yn 1907 a daeth ymhen amser yn feddyg. Kate oedd yr ail ferch, wedi'i geni yn 1910. Daeth i ymddiddori yn yr hen fyd, a chael gradd doethur o Brifysgol Munich am waith ar gerfluniau Eifftolegol. Ganwyd Günther yn 1913, a daeth yntau hefyd yn feddyg. Y mab ieuengaf oedd Fritz, a anwyd yn 1915. Daeth ef yn y pen draw yn ffermwr a dyfeisiwr peiriannau fferm.

Ar ôl priodi, prif waith Kaethe oedd gofalu am y cartref, yn ôl arfer gwragedd y cyfnod, yn enwedig rhai o gefndir cefnog. O ran profiadau, roedd hi eisoes wedi treulio cyfnod yn Lloegr i wella'i Saesneg, a daeth hyn yn ddefnyddiol maes o law, yn sgil y cysylltiadau a gafodd a'i gwybodaeth o'r iaith. Bu'n magu'r plant gyda chymorth morwyn ffyddlon y teulu, Hedwig Hache, neu Heken fel y'i gelwid. Ymysg diddordebau eraill Kaethe roedd arlunio, ac mae rhai o'i lluniau wedi goroesi.

Doedd y bywyd teuluol heddychlon, fodd bynnag, ddim yn mynd i bara'n hir. Daeth y Rhyfel Byd Cyntaf ar eu gwarthaf a galwyd ar Paul Bosse i weithredu fel swyddog meddygol gyda'r fyddin Almaenig.

Mae pob tystiolaeth iddo wneud ei orau glas dros ei wlad. Enillodd fedal rhubanog am achub bywyd, a DSC y Groes Goch Almaenig am ei wasanaeth llawfeddygol, ond cafodd ei glwyfo'n arw a dioddef niwed i'w galon, a chael ei ryddhau o wasanaeth ar flaen y gad yn 50 y cant yn anabl. Serch hynny, goroesodd. Ni bu eraill o'r teulu mor ffodus. Bu farw Friedrich, brawd Kaethe, yn y brwydro ar 13 Tachwedd 1916. Roedd brawd arall iddi, Hans, yn swyddog ar flaen y gad o 1914 hyd 1918 a daeth wedyn yn gyfreithiwr yn Wittenberg. Roedd ei chwaer Eva yn briod ag uwch-swyddog yn y gwasanaethau milwrol, a ddaeth wedyn yn Gadfridog yn y fyddin yn Berlin. Doedd bod yn briod â rhai o dras Iddewig, na bod o dras

Paul Bosse tua 1910

Kaethe Bosse gyda'i merch Dolly, tua 1910

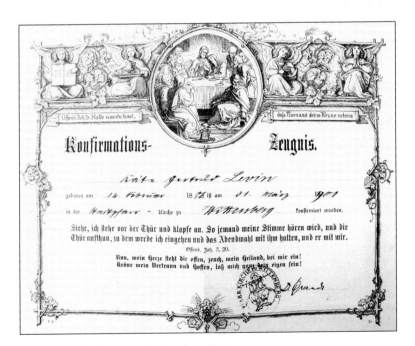

Tystysgrif derbyn Kaethe Levin i'r eglwys, 1901

Iddewig, ddim yn rhwystr i wasanaethu'r Almaen yn y rhyfel hwnnw.

Ar ôl cael ei ryddhau o wasanaeth milwrol, a'r teulu bellach yn byw yn y cartref mwy yn 26 Heubnerstraße, y symudon nhw iddo o fflat ger y prif sgwâr yn 1915, roedd Paul Bosse'n gallu ailafael yn ei waith gyda chleifion yn yr ysbyty yn Wittenberg. O 1919 i 1935 ef oedd y prif feddyg yno. Roedd Günther ei fab, ac yntau'n blentyn bach ar y pryd, yn cofio gweld ei dad yn ei iwnifform meddyg, a bron byth yn ei weld yn ei ddillad bob dydd.[6] Roedd ganddo hefyd gleifion preifat, ac roedd dwy ystafell yn seler y tŷ sylweddol yn cael eu neilltuo ar gyfer y gwaith hwn.

Roedd yn glir i'r plentyn bach fod Paul Bosse'n cymryd ei waith o ddifri. Roedd yn rhaid i'r teulu gymryd eu prydau bwyd yn eithriadol o brydlon, a'r teulu ynghyd, a byddai Kaethe Bosse'n cymryd pob gofal, ac yn gwneud ei gorau glas drosto. Byddai Paul Bosse'n cael y gorau ganddi bob tro, a'i ddisgwyliadau ef yn fawr oherwydd ei sensitifrwydd i wahanol flasau. Byddai'n bwyta'n gyflym, ac yn diflannu yn ôl i'r gwaith ymhen dim o dro.

Ond am flynyddoedd, medd Günther, roedd pryd amser cinio'n cael ei darfu gan alwadau ffôn oddi wrth y swyddog iechyd, galwadau a oedd yn para'n hir, gan ei bod yn haws cael gafael ar Paul Bosse yn ei gartref nag yn yr ysbyty.

Mae'r darlun a geir ohono yng ngolwg Günther ei fab yn un digon llym; efallai mai felly oedd y duedd y cyfnod hwnnw: y penteulu'n rheoli. Byddai Paul Bosse'n digio'n gyflym pe bai'r teulu'n hwyr i'w bwyd, a hynny mewn eiliadau, a Kaethe ei wraig yn dioddef yn sgil hyn. Ar y llaw arall, roedd hithau, yn ôl Günther, yn enaid sensitif a chlwyfus er bod ei nith, Erika, merch ei brawd Hans, yn sôn yn wahanol: 'Roeddwn i'n hoff o ymweld ag Oma ['mam-gu', yr enw teuluol a roed ar Kaethe], a oedd yn groesawgar a bywiog, ac yn ymddangos yn optimistig, yn wahanol i'm mam am nad oedd yn gallu cuddio'i hofn a'i gofidiau.'

Dolly a Kate a'u mam, Kaethe Bosse

Kaethe gyda'i dwy ferch, Dolly a Kate, Chwefror 1913

Cerdyn Paul Bosse yn 1942, yn nodi iddo gael ei glwyfo yn y Rhyfel Byd Cyntaf

Yn y cartref, Paul fyddai'r canolbwynt, ond byddai hefyd yn hael ei gymorth ac yn garedig. Ond pe bai'r plant yn gwneud rhywbeth o'i le, bonclust cyn esboniad oedd y drefn. Byddai'n mynnu safonau uchel o anrhydedd. Un tro roedd e'n amau bod ffrind i'r bechgyn yn dwyn pethau o'r tŷ. Gadawodd e bapur arian

Paul Bosse gyda'i fab Günther, tua 1920

ar y bwrdd cyn i hwnnw ddod. A'r papur wedi diflannu, chafodd y crwt ddim dod i'r tŷ eto. Yn ôl Günther, gallai Paul Bosse drafod pobl yn ddigon caled, hyd yn oed yn drahaus, ond bryd arall byddai'n llawn cydymdeimlad ac yn ddeallgar.

Mae Günther yn cofio digwyddiad bach arall:

> Roedd ymwelydd wedi dod, a chafodd ei groesawu i'r lolfa. Cafodd Kate – efallai nad oedd yn ddeg oed – y gwaith o dorri afal ar blât da. Llwyddodd hi gystal nes i'r plât hollti'n ddwy... Ymatebodd fy nhad ar unwaith gyda bonclust,

Ar y llaw arall, mae Günther yn cofio mynd gydag e droeon i'r ysbyty:

> Ro'n i'n gallu mynd gydag e'n aml wrth iddo ymweld â chleifion, yn rhan o'i ddyletswyddau; felly bydden ni'n mynd nid yn unig i'r ysbyty, ond hefyd i nifer o fannau gwahanol yn y gymuned, lle roedd pobl ifanc llai ffodus yn cael llety, tai plant amddifad ac ati.

Mae atgofion hyfrytaf Günther o'i blentyndod yn perthyn i ddyddiau Sul cyfnod yr Adfent, pan fyddai Paul Bosse'n treulio'r diwrnod i gyd gyda'r plant. Bydden nhw'n chwarae gemau, yn canu carolau a llawer mwy.

Ar ôl y Rhyfel Byd Cyntaf, llwyddodd y teulu i gael car, a bydden nhw'n mynd ar wibdeithiau, gyda basgedaid o fwyd, ar ôl cynllunio'n fanwl.

Byddai'r plant yn cael arian poced, ond roedd yn rhaid iddyn nhw weithio am hyn, yn yr ardd ac o gwmpas y tŷ. Pan oedd Günther yn ddigon hen at hynny, rhan o'i waith oedd rhofio cols ar gyfer y system wresogi, o'r stryd i mewn i ffenestr yn y seler, ac roedd sawl tunnell bob tro.

Roedd gan y teulu ardd fawr ar stryd gerllaw – yn Kurfürstenstraße – ac er bod y rhan fwyaf o'r tir yn cael ei osod i eraill, roedd digon yno i'r teulu dyfu tatws, aeron o bob math, eirin, ac ati. Roedd Paul Bosse'n falch iawn o'r gwelyau asbaragws yr oedd ef ei hun wedi'u gosod, a byddai'r plant yn teimlo balchder mawr pan fydden nhw'n cael tynnu'r rhain.

Byddai'r plant yn cael y cyfleoedd gorau ganddo. Roedd yr ysgol ramadeg – *Melanchthongymnasium* – yn ysgol i fechgyn yn unig. Mynnodd Paul Bosse fod ei ferched yn cael mynd yno, a hyn yn gwbl groes i arfer y cyfnod. Pan oedd hi yno, Dolly oedd yr unig ferch. Yna ymunodd Kate â hi, ac yno y cafodd hi seiliau ei diddordeb yn y Clasuron.

Fodd bynnag, doedd dim modd osgoi effeithiau'r Rhyfel Byd Cyntaf. Yn dilyn hwn, roedd Wittenberg, fel mannau eraill yn yr Almaen, yn dioddef wrth i Ffrainc feddiannu rhannau gorllewinol y wlad ac wrth i nwyddau fynd yn brin. Dilynwyd hyn gan chwyddiant difrifol. Mae peth o hyn yn cael ei gofnodi yn nyddiaduron Kate Bosse, a hithau ond yn 13 oed ar y pryd:

15 Ionawr 1923

Mae'r Ffrancod yn dal i wneud pethau cas i ni. Yn awr mae ganddyn nhw fyddin yn Essen, ac ar wahân i hyn maen nhw wedi meddiannu dinasoedd eraill. Roedd hyn yn erbyn y cytundeb heddwch.
Bydd hynny'n gwneud niwed mawr i ddiwydiant. Heddiw roedd gwasanaeth galar ym mhob ysgol oherwydd hyn. Mae Vati [Dad] yn credu bod y Ffrancod yn meddiannu... efallai am y bydd rhyfel eto gyda Rwsia, a gallai fod amser mawr cyn hynny... Mae'r Ffrancod yn honni (cyhyd ag rwy'n deall) eu bod yn gwneud hyn am nad yw'r Almaen wedi anfon digon o lo a phren.
    Mae Tante Eva eisoes ers amser gyda Jochen yn Gleiwitz. Maen nhw ac Onkel Will yn ofni y bydd y Pwyliaid yn meddiannu Gleiwitz.

Picnic yn y wlad   Paul Bosse yng ngardd y cartref

Roedd Tante Eva, chwaer Kaethe, yn briod â Willibald Borowietz a oedd yn swyddog milwrol. Un o Breslau oedd e, tref sydd bellach yng Ngwlad Pwyl, ac wedi newid ei henw i Wroclaw. Roedd ganddyn nhw un mab, Jochen, ar y pryd. Mae cofnodion Kate yn ei dyddiadur yn darlunio sut roedd pethau'n gwaethygu yn ystod y misoedd nesaf.

8 Mawrth 1923

Gyda'r Ffrancod mae pethau'n mynd yn waeth o hyd. Maen nhw wedi meddiannu holl ranbarth y Ruhr ac yn gwrthod i unrhyw drenau glo fynd i'r rhannau o'r Almaen sydd heb eu meddiannu. Maen nhw'n mynd o gwmpas fel anifeiliaid gwyllt. Bob dydd mae sôn am fwy o lofruddiaethau a thaflu pobl allan. Mae'r erlid hwn, yn aml meiri neu berchenogion pyllau glo, yn digwydd wrth i'r rhain gael eu cymryd i ffwrdd mewn car ac yna'n cael eu gollwng wrth y ffin, heb allu cymryd dim gyda nhw. Mae dicter y gweithwyr yn rhanbarth y Ruhr yn tyfu fwyfwy ac mae'n rhyfeddod nad oes dim terfysg wedi digwydd. Am faint y gall hyn bara? Mae llawer o gyfarfodydd wedi'u trefnu'n barod i'w cefnogi. Ond dyw hi ddim yn bosibl iddyn nhw ddod i dir yr Almaen. Oherwydd mae Lloegr ac America, yr unig wledydd a allai wneud rhywbeth yn erbyn hyn, yn gwylio'n segur ar yr hyn a fydd. Mae Sweden yn helpu trwy roi cymorth ariannol. Mae'r Ffrancod yn cael eu casáu fwyfwy.

Mae gwrthwynebiad Almaenwyr i'r driniaeth gan y Ffrancod yn cael ei nodi ganddi ryw ddeufis yn ddiweddarach.

29 Ebrill 1923

Ym mhobman lle y gall hyn beri niwed i'r Ffrancod, caiff pontydd eu ffrwydro er gwaetha'r wyliadwriaeth...

Yna, rai misoedd wedyn, effeithir ar ardal Wittenberg wrth i blant ardal y Ruhr gael eu danfon i'r dref i gael lloches.

12 Mehefin 1923

Dydd Mawrth

Dydd Sadwrn, dydd Sul a dydd Llun, am fod gwyliau ysgol gennym, roeddwn i gyda'r Hildebrants. Ar y dydd Sadwrn cyrhaeddodd plant o ranbarth y Ruhr. Roedd deg ohonyn nhw i gyd yn Kleinzerbst. Derbyniodd yr Hildebrants ddwy chwaer, Paula ac August. Pan ddaethon nhw roedden nhw'n wylo'r noson gyntaf. A phe na bai dyn wedi casáu'r Ffrancod cyn hyn, gallai dyn wneud hynny'n awr. Pan mae dyn yn meddwl bod y cyfan yn fai'r Ffrancod, bod plant yn cael eu cymryd i ffwrdd o'u bro a'u rhieni am amser amhenodol, a hir, efallai.

Un o ffrindiau ysgol Kate oedd Ilse Hildebrant, a oedd yn byw ym mhentref bach Kleinzerbst. Mae Kate wedyn yn disgrifio sgwrs a gafodd un prynhawn gyda'r plant o ardal y Ruhr:

Ilse Hildebrant, a oedd yn byw yn Kleinzerbst yn 1982

15 Mehefin 1923

Ddydd Sul aeth Paula, Ilse a fi ar y ddôl ac roedd August ar y pryd yn y pentref – a'r crwt o Essen. Roedd e wedi ymgartrefu'n dda. Roedd blancedi gyda ni. Roedd Ilse a Lena a Paula a fi'n gorwedd gyda'n gilydd. Roedden ni ychydig bellter oddi wrth ein gilydd a bydden ni'n siarad bob yn ddwy. Yna daeth Paula a fi i siarad am y Ffrancod. Dywedodd hi wrthyf gymaint o lanast roedd y Ffrancod yn ei greu yn Essen. Yn aml bydden nhw'n torri i mewn i siopau a'u difa. Fin nos maen nhw fel arfer yn feddw ac yn ymladd â'i gilydd ar y stryd ac ati. Maen nhw'n mynnu bod pawb yn mynd o'u cwmpas nhw ar y stryd ac yn eu cyfarch. Ond serch hynny mae plant bach yn canu ar y stryd:

> Franzose weine nicht
> Ruhrkohle kriegst Du nicht
> Setz Dir den Stahlhelm auf
> Und geht nach Haus

> [Ffrancwr, paid ag wylo
> Chei di ddim glo y Ruhr
> Gwisg dy helm ddur
> A cher adre]

Pe bai oedolion yn gwneud hyn, bydden nhw'n cael eu taflu i'r carchar. Ond mae llawer o ferched yn anghofio, ac yn mynd allan ac yn fflyrtio gyda'r Ffrancod. Os yw hyn yn cael ei weld, mae pobl yn torri eu gwallt i ffwrdd. Ond mae hyn yn gallu arwain at saethu, am fod y Ffrancod yn amddiffyn y merched. I ddechrau roedden nhw wedi bod yn eitha cyfeillgar, ac yn cynnig siocled i'r plant. Felly roedd hi gyda chwaer Paula. Ond doedd hi ddim wedi ei gymryd, am ei bod yn gwybod yn iawn beth oedd y tu ôl i hyn.

Mae'r Ffrancod yn taflu mwy a mwy o bobl allan o ranbarth y Ruhr ac maen nhw eisoes wedi dedfrydu tri i farwolaeth. Mae'r cyntaf yn barod wedi marw fel arwr.

Erbyn 1923 roedd chwyddiant afresymol wedi chwalu system economaidd yr Almaen, ac arian yn colli ei werth fesul awr. Mae Kate yn nodi yn ei dyddiadur sut roedd y tâl am ofal ysbyty wedi codi o 3.50 Mark yn 1920 i 5,000,000 Mark erbyn 1 Medi 1923 ac wedyn i 2,870,000,000,000 Mark erbyn diwedd y flwyddyn.

Yn 1923 aed ati i sefydlogi gwerth aur, ond doedd hyn ddim heb ei ganlyniadau ychwaith. Ysgrifennodd Kate yn ei dyddiadur ar 28 Hydref 1923:

> Mae aflonyddwch o bob math ar bob llaw. Yma buodd lladrata o siop Petrik, am fod y margarin wedi mynd yn rhy ddrud i'w brynu. Yn Klein Wittenberg ymosododd pobl ar y siopau bara a gorfodi'r pobyddion i werthu'r bara am 1 miliard yn lle am 6,500,000,000. Yna daeth y *Sicherheitspolizei* [heddlu diogelwch] a geisiodd wasgaru'r dorf. Roedd rhaid iddyn nhw saethu a chafodd tri o bobl eu hanafu a'u cymryd i'r ddalfa. Yn Heubnerstraße [lle roedden nhw'n byw] dydyn ni ddim yn gweld dim o'r aflonyddwch sydd yn y dref.

Ym mis Tachwedd 1923 cafodd y system arian ei diwygio, gyda chyflwyno arian newydd, y Rentenmark, a phob marc newydd yn werth un triliwn o'r hen farciau papur. Daeth y chwyddiant i ben wrth i'r Rentenmark ddal ei dir, ond roedd yr anhrefn eisoes wedi ysgogi Hitler i ddechrau cynhyrfu:

> 8 Rhagfyr 1923
>
> Mae'r prisiau wedi mynd yn rhatach eto ar ôl cyflwyno'r Rentenmark. Doedd y terfysg ddim wedi cael unrhyw ganlyniadau pellach. Yna ar 8 Tachwedd o dan Ludendorff ac un arall cafwyd Putsch. Ond cafodd hyn ei drechu ar unwaith gan y *Sicherheitspolizei*.

Hitler oedd yr un arall hwn. Mewn neuadd gwrw yn Munich yn 1923 ceisiodd y ddau drefnu disodli'r llywodraeth, ond bu hyn yn fethiant. Roedd Ludendorff yn gwrthwynebu comiwnyddiaeth ac yn anghytuno'n ffyrnig â thelerau cytundeb Versailles, ac yn 1925 safodd etholiad arlywyddol yn erbyn Paul von Hindenburg, ond collodd yn druenus. Erbyn 1928 roedd wedi troi ei gefn ar Hitler a'r Blaid Natsïaidd, ond daliai i gredu mai Cristnogion, Iddewon a Seiri Rhyddion oedd wrth wraidd problemau'r byd.

Gyda hyn oll yn gefndir y tyfodd pedwar plentyn Paul a Kaethe Bosse. Cawson nhw fagwraeth Gristnogol yn eglwys y dref, a'r seremoni dderbyn dipyn yn fwy rhwysgfawr na'r hyn sy'n arferol yng Nghymru.[7] Roedd Kate eisoes yn cadw dyddiadur manwl yn 1926, ac fel hyn y mae'n disgrifio'r cymundeb cyntaf ar 31 Mawrth y flwyddyn honno:

Yfory mae'r cymundeb... rwy eisoes wedi cael rhai anrhegion o flaen llaw, felly er enghraifft tair hances boced gyda gwaith crosiet hyfryd gan fam Onkel Will a hances boced gan y Chwaer Amanda. Cawson ni swper gydag Oma [ei mam-gu hithau] ac Onkel Will a Tante Eva, a hefyd Lieselotte. Roedd Tante ac Onkel Mulzer wedi dod i nôl Mutti [Mam] gyda'r car tua 9 o'r gloch o'r trên at Oma. Yna teithiodd Dolly a fi i'r tŷ ar unwaith.

Yn y bore es i am chwarter i naw gyda Vati, Mutti a'r bechgyn i'r eglwys. Roedd y fendith am 9... Roedd hyd yn oed Onkel Will ac Oma yn yr eglwys...

Am 5 daeth y gwesteion, 2 Springer, 2 Dr Wachs, 2 Dr Möller, 2 Borowietz, Oma, Onkel Hanne, Tante Wanda ac yn naturiol hefyd y Mulzers. Buon ni'n bwyta swper a gawson ni o'r Adler am oriau. Roeddwn i'n eistedd rhwng Vati a Mutti... Roedd awyrgylch braf yn y cwmni cyfan. I orffen fe wnaethon ni ddawnsio hyd yn oed... Am hanner awr wedi deuddeg aeth y cwmni cyfan adre. Roedd Onkel Will y noson hon yn annwyl iawn tuag ataf. Fe roddodd rai gwersi da i mi, a gymerais i felly i 'nghalon, am fy mod i wedi profi eu gwirionedd mor aml. Ond y gân sylfaenol oedd: dylwn i fod yn ddim ond merch, yn ferch yn llwyr heb ymddyrchafu ar draul y bechgyn.

Daeth yr ymwybyddiaeth hon o le israddol merch mewn cymdeithas yn sail i nifer o storïau a nofelau Kate yn nes ymlaen, lle y mae'n trafod rôl a dyheadau merched.

Ymhen amser gwnaeth Paul Bosse yn siŵr bod Kate yn cael popeth angenrheidiol ar gyfer ei theithiau astudio i Rufain[8] ac i Wlad Groeg, ac yna i'r Aifft. Mae Günther yn cofio cwrdd â hi pan oedd ar y ffordd yn ôl, a chawson nhw wythnos dda

Paul Bosse gydag un o'i wyrion

Kate, yn eistedd ar y chwith yn
y blaen, gyda'i dosbarth *Abitur*
(Safon Uwch), 1930

yn Ravello. Roedd eu rhieni wedi talu am y cyfan, y trên a'r gwesty.

Maes o law, pan ddechreuodd Günther astudio meddygaeth, cafodd yntau hefyd bob cefnogaeth, ac yna pan ddaeth anawsterau ar ei draws, cafodd bob cymorth gan ei dad yng nghlinig y teulu.

O ran diddordebau, byddai Paul Bosse'n hoff iawn o fynychu'r sinema, a oedd yn newyddbeth y pryd hwn, ac roedd ganddo sedd benodol yno.

Yn 1931 dathlodd Paul a Kaethe eu priodas arian. Cawson nhw wledd i ddathlu, a pharatôdd Kaethe y fwydlen a oedd yn cynnwys gwin Auslese 1925, 'Wehlener Auslese', a hefyd win 1928 o Rüdesheim. Roedd y ddau'n dod o winllannoedd preifat. Asbaragws a chig tafod oedd y cwrs cyntaf, yna cig hwyaid ifanc gyda llysiau ifanc yn brif gwrs. Roedd ffrwythau, caws a choffi i ddilyn.

Mae Günther yn cofio un digwyddiad a'i hanesmwythodd, ar ddydd ei briodas ag Edith, merch o Sweden. Chwarddodd Paul yn aflywodraethus yn ystod y briodas. Teimlai Günther yn chwithig am hyn, ac ni allai esbonio'r peth ond fel rhyddhad, mae'n debyg – rhyddhad am nad oedd Günther wedi priodi Ariad o Almaenes. Roedd y tyndra rhwng rhai o dras Ariaidd a rhai o dras Iddewig eisoes yn pwyso.

Gemau Olympaidd 1936

Fel y gwelwn, dechreuodd bywyd fynd yn fwy cymhleth i Paul Bosse a'i deulu. Ond daeth un cyfle i Paul Bosse ddangos teyrngarwch i'w wlad. Yn 1936 daeth y Gemau Olympaidd, yr 11eg Olympiad, i'r Almaen. Gwnaed y penderfyniad i'w cynnal yno yn 1931, yn ystod cyfnod Gweriniaeth Weimar, cyn i'r Natsïaid ddod i rym. Fel y bu, roedd Hitler yn awyddus bod y gemau hyn yn brawf bod yr Ariaid yn hil a oedd yn rhagori ar bob un arall. Yn ei awydd i gyflawni'i ddyletswyddau fel meddyg i'r wlad, cafodd Paul Bosse fod yn un o'r meddygon a oedd wrth law yn ystod y gemau.

Meddai Paul Bosse am ei brofiad yno, pan oedd angen iddo nodi ei gysylltiadau gwleidyddol â'r Drydedd Reich:

Fel meddyg Olympaidd, roeddwn i'n arolygu'r rhedwyr sbrint. Yn sgil hyn fe es i gyda llawer o rai eraill oedd yn cymryd rhan yn y gemau, o'r Almaen ac o wledydd eraill, i sioe gabare a oedd yn cael ei chynnal yn y *Reichkanzlei* [Canghellfa'r Reich] lle roed Hitler hefyd. Dyna'r unig gysylltiadau a oedd gen i â chynrychiolwyr y Drydedd Reich. Ar wahân i hynny, cefais i a'm holl deulu ein herlid, ein poeni, a chafodd ein rhyddid ei ddwyn, a chawsom ein difreintio a phawb yn ein hosgoi.

Roedd perygl y byddai gwledydd y byd yn cadw draw oherwydd polisïau hiliol y Natsïaid. Rhoddodd y Pwyllgor Olympaidd Rhyngwladol bwysau ar yr Almaen i ganiatáu i rai o dras Iddewig gymryd rhan yn y gemau. Yn ystod cyfnod y gemau, cafodd propaganda gwrth-Iddewig y Natsïaid, yn bosteri a graffiti, ei glirio.

Cafodd y gemau eu cynnal mewn stadiwm newydd a godwyd yn Berlin, yn dal 100,000 o wylwyr. Roedd maes mawr gerllaw lle y byddai Hitler yn cynnal seremonïau i arddangos ei rym.

Ni lwyddodd Hitler yn ei obaith i ddangos rhagoriaeth yr Ariaid. Er bod llawer o Almaenwyr wedi disgleirio, Jesse Owens, y dyn du o Unol Daleithiau America, oedd seren y gemau, wrth iddo ennill medal aur mewn pedair camp.

Ymysg llythyrau Kate y flwyddyn hon mae un gan gydnabod academaidd iddi, Arthur James, a newidiodd ei enw wedyn yn Walter James, o Lewes, Sussex. Mae'n amlwg eu bod wedi cwrdd yn Berlin, a Kate yn gweithio yn yr amgueddfa yno, a hithau wedi bod yn rhoi gwersi Almaeneg iddo. Ar 6 Awst 1936, dywed James:

Cerdyn adnabod Paul Bosse adeg
Gemau Olympaidd Berlin, 1936

Rhan o'r maes Olympaidd heddiw

I am very sorry that we failed to meet one another on the Kurfürsterdamm that evening – but the next day was quite impossible, being taken up with packing and tender farewells to No. 3 [roedd ganddo dair cariad, un yn Nenmarc, un yn Munich a'r drydedd yn Berlin]. No doubt I shall be able to see you in England – and if you want an introduction to the British chaplain in September, you have only to write to me.

I see with chagrin that the British participants in the Olympic games are doing extraordinarily badly. Perhaps we need a little new blood in our race – for the mixed-blooded Americans are doing well as usual. It makes me laugh to see the black men beating the white men on the *Reischsportfeld* of all places. I think it is a jolly good lesson for the Americans too, for they hate their blacks enough and lynch them whenever they misbehave.

I hope your plans for the English journey turn out favourably – I think you may be rather bored with England – I can't stand a country where the public houses shut at 10 p.m. and have a good mind to spend all my spare time in Germany.

Roedd Kate erbyn hyn yn wynebu ffoi i Loegr, fel y gwelwn, a'r system Natsïaidd yn bygwth. Gyda'r Ail Ryfel Byd daeth y gofidiau mawr.

YR ERLID

Rhwydo'r teulu

Roedd gwrth-Iddewiaeth ar led yn Wittenberg o ddyddiau cynnar y Natsïaid. Rhoddwyd arwydd ar ddrws 52 Collegienstraße, y brif stryd, yn 1921 yn gwrthod mynediad i Iddewon. Cafodd grŵp o Natsïaid lleol ei sefydlu yn y dref yn 1925, blwyddyn sefydlu'r Blaid Genedlaethol yng Nghymru. Cynhaliwyd darlith gan Ludwig Münchmeyer, un o ddiwinyddion y Natsïaid, yn 1929 yn holi beth fyddai Luther yn ei wneud heddiw. Rai dyddiau'n ddiweddarach, gorymdeithiodd Natsïaid drwy'r dref gyda phlacardiau gwrth-Iddewig, a dilyn hyn gyda thaflenni'n condemnio'r Iddewon.

Cafwyd digwyddiad penodol ar 30 Ionawr 1933 pan orymdeithiodd y Natsïaid heibio i fusnesau a chartrefi tua 70 o Iddewon y dref, a gorchmynnodd yr SS fod holl siopau'r Iddewon yn cau. Cafwyd adroddiad yn y papur lleol yn nodi cau busnesau Iddewig ar 11 Mawrth 1933:[1]

> **Nifer o fusnesau Iddewig yn Wittenberg wedi eu cau**
> Fel yn y rhan fwyaf o drefi Almaenig tebyg, caeodd swyddogion yr SA a'r SS y bore yma y busnesau Iddewig sydd yn y dref. Dechreuon nhw ar sgwâr y farchnad gyda siopau Breminger a Kinski, yna trefnon nhw fod siopau Israel, Hirschfeld, Rosen a Borinski yn cau ar unwaith. Yn ddiweddarach caewyd siopau cwmnïau Baumann, Webwarenhaus ac eraill.

Pan ddathlwyd 450 mlwyddiant geni Luther yn yr un flwyddyn, cymharodd y Natsïaid ei weithredoedd ag adfywiad yr Almaen o dan Hitler. Cynhaliwyd cynhadledd i'r wasg ar 26 Medi 1933 yng nghhartref Luther, pan ddatganodd yr Esgob Joachim

Hossenfelder, a oedd yn aelod o'r Blaid Natsïaidd ac yn arweinydd grŵp Cristnogol gwrth-Iddewig, fod Hitler wedi'i anfon gan Dduw. Y diwrnod canlynol cynhaliwyd Synod Cenedlaethol Eglwys Brotestannaidd yr Almaen yn Wittenberg a Wener Faber, maer y dref, a Ludwig Müller, a etholwyd yn esgob y Reich yn Wittenberg, yn rhoi saliwt Natsïaidd o flaen porth neuadd y dref. Cawson nhw osgordd o ddynion SS i'w hanrhydeddu. Mae lluniau rhyfeddol o'r cyfnod yn cofnodi'r saliwt Hitleraidd i'r dynion hyn a honnai fod yn Gristnogion. Meddai Faber fod yr Iddew 'heb anrhydedd, yn gybyddlyd ac yn ddigywilydd, o'i gymharu â chymeriad union y bobl Almaenig'.

Ychydig ynghynt yn yr un flwyddyn sefydlwyd un o'r gwersylloedd crynhoi cyntaf yn yr Almaen nid nepell o Wittenberg, yng nghastell Lichtenberg ger Prettin. Carcharwyd nifer o Gomiwnyddion yno ac aelodau seneddol y Democratiaid Sosialaidd. Yn dilyn hyn carcharwyd aelodau o Dystion Jehova, hoywon a rhai o blith y Sinti a'r Roma. Yna cafodd y carcharorion eu gorfodi i adeiladu gwersyll-garchar Buchenwald. Erbyn 1939 roedd 1,415 o fenywod wedi'u carcharu yno. Cafodd y rhain wedyn eu trosglwyddo i wersyll crynhoi Ravensbrück.

Erbyn 1933 roedd y Natsïaid mewn grym, a chyfyngiadau mawr yn cael eu gosod ar Iddewon. Ni chafodd Fritz, mab ieuengaf Paul a Kaethe, barhau gyda'i astudiaethau yn yr ysgol. Prynodd Paul fferm iddo yn Wittenberg – yn Schatzungsstraße – a byddai Paul yn treulio amser yno bron fel ffermwr ei hun.

Yn awr roedd cyfyngiadau pellach yn dechrau cael eu gosod ar y teulu.[2] Un o'r gwaethaf oedd bygythiad i ddiswyddo Paul Bosse yn 1933. Roedd Dr Otto Emil Rasch yn un o gydweithwyr maer Wittenberg, a daeth yn faer am flwyddyn yn 1935 cyn gorfod rhoi'r gorau iddi yn sgil amheuon ariannol yn ymwneud ag adeiladu ei fila. Aeth yntau yn ei flaen i gael gyrfa yn yr SS a dod yn bennaeth y Gestapo yn Frankfurt yn 1938, ac yn bennaeth yr heddlu cudd yn Königsberg wedi hynny. Roedd yn rhan o

Fritz, a daflwyd o'r ysgol am fod o dras hanner Iddewig

gynllwyn yr Almaen i ymosod ar Wlad Pwyl ar 31 Awst 1939. Gyda Reinhard Heydrich, sefydlodd wersyll Soldau â'r nod o lofruddio Iddewon ac eraill. O dan ei awdurdod, lladdwyd 33,771 o Iddewon Kiev ar 29 a 30 Medi 1941. Ar ddiwedd y rhyfel cafodd ei arestio fel troseddwr rhyfel, ond llwyddodd i osgoi cosb oherwydd salwch, a bu farw yn 1948. Hwn oedd y gŵr a wnaeth ei orau i sicrhau bod yr ysbyty yn Wittenberg yn cael gwared â Paul Bosse. Un esgus oedd ei fod yn anabl ar ôl y Rhyfel Byd Cyntaf. Y gwir reswm oedd ei briodas â merch o dras Iddewig. Roedd yr ysbyty'n perthyn i'r eglwys, ond roedd y Natsïaid yn ddylanwadol yn yr eglwys hefyd, ac ni ddaeth dim gwaredigaeth o'r cyfeiriad hwnnw. Nid oedd arwain yr ysbyty'n llwyddiannus am bedair blynedd ar ddeg yn ystyriaeth iddyn nhw.

Wrth i'r tridegau fynd yn eu blaen, gwelwyd ymdrechion y Natsïaid yn cryfhau yn Wittenberg. Byddai gorymdeithio'n digwydd trwy'r dref, ac yn systematig byddai rhyddid Iddewon y dref yn cael ei gwtogi, a gwaharddiad ar Almaenwyr rhag mynychu busnesau'r Iddewon. Nid oedd o bwys a oedd yr Iddewon yn ymarfer eu crefydd ai peidio, nac ychwaith a oeddyn nhw wedi troi eisoes at Gristnogaeth, nac a oeddyn nhw'n Iddewon llawn neu'n hanner Iddewon neu lai na hynny.

Cyhoeddwyd rhestr o fusnesau Iddewig y dylid eu hosgoi. Uwchben enwau'r busnesau mae'r geiriau 'Yr Iddewon fu ein hanffawd. Cofiwch hynny bob amser. Yna osgowch fusnesau'r Iddewon.'

Ymysg yr enwau hyn gwelir Hans Ledien, cyfreithiwr, sef brawd Kaethe Bosse, a hefyd Maier Bosse, meddyg, sef Dolly merch Paul a Kaethe a chwaer Kate. Fel y soniwyd, nid oedd y naill na'r llall yn Iddewon o ran crefydd.

Erbyn 1934 dim ond gydag anhawster mawr y gallai Dolly barhau'n feddyg. Un fantais iddi oedd iddi gael ei derbyn yn feddyg cyn i'r deddfau Natsïaidd wahardd rhai o dras cymysg rhag bod yn feddygon, ond yr anhawster oedd bod Almaenwyr y dref wedi'u hannog i beidio â mynychu busnesau rhai o dras Iddewig. Bu cyfyngu ar weithgareddau Georg, gŵr Dolly, wrth iddo gael ei dorri o restr o aseswyr athrawon.

Roedd bywyd cyffredin y rhai o dras Iddewig yn cael ei gyfyngu'n llym hefyd. Ni chaent barhau â'u hastudiaethau yn yr ysgol, ac ni châi plant o dras Almaenig gyfeillachu â nhw.

Mae tystiolaeth bod rhyw bymtheg o Iddewon Wittenberg wedi gadael y wlad rhwng 1933 ac 1934, gan gynnwys wyth o siopwyr. Aeth pedwar o'r rhain i Balestina, dau i'r Undeb Sofietaidd, un i Wlad Pwyl, un i Romania, ac ni wyddys i ble yr aeth rhai ohonyn nhw.

Byddai rhai Iddewon yn cael eu carcharu am gyfeillachu â merched o dras Almaenig. Mae'r *Wittenberger Tageblatt*, 20 Awst 1935, yn sôn am Robert Wiener, gwneuthurwr esgidiau, a gafodd 'ei garcharu a'i gymryd i Wersyll Lichtenburg, am ei fod heb ganiatâd wedi cyfeillachu â merch Almaenig yn ei ffatri'.

Ac yntau wedi mynychu'r *Melanchthongymnasium* yn Wittenberg tan 1932, aeth Günther yn ei flaen i astudio meddygaeth yn Munich. Gwnaeth gais i ymuno â Chlwb Rhyngwladol y Myfyrwyr. Gwrthodwyd hyn iddo, am mai clwb i Almaenwyr oedd hwn, meddai'r llythyr gwrthod a ysgrifennwyd ar 24 Tachwedd 1934.

Daeth anawsterau pellach i Günther. Un o'r rhai lleiaf, ond un sy'n arwydd o'r cyfyngu ar rai o dras Iddewig, oedd iddo gael ei wahardd o glwb tennis Wittenberg. Roedd Edith ei wraig yn cael aros yn aelod. Mae llythyrau o'r fath yn gorffen â'r cyfarchiad cyfarwydd 'Heil Hitler!'.

Mwy difrifol oedd gwrthod cais Günther i fod yn feddyg ar ôl iddo basio'i arholiadau ym mis Rhagfyr 1937. Ar 10 Medi 1939, ar sail adran 3, rhif 5, trefniadaeth meddygon y Reich, 13 Rhagfyr 1935 (RGB1. I S.1433), cafodd wybod na fyddai'n cael ei gydnabod yn feddyg. Pan holodd sut y bu i'w chwaer gael ei derbyn, a hithau o'r un dras, atebwyd ei bod hi eisoes wedi'i derbyn yn 1934, cyn deddf 13 Rhagfyr 1935. Cafodd weithio'n ymarferwr meddygol yn hytrach nag yn feddyg, a threulio peth amser yn St Joseph's Spital yn Koblenz, ond cafodd wneud gwaith meddyg yng nghlinig ei dad, er na châi ddefnyddio'r teitl 'meddyg'.

Roedd y system Natsïaidd yn gofyn i bobl olrhain eu hachau hyd at y chweched ach, er mwyn canfod a oedd gwaed Iddewig mewn teuluoedd. Roedd yr achau i'w cadw mewn llyfryn fel pasbort, o'r enw *Ahnenpass* neu Ddogfen Achau. Mae *Ahnenpass* Paul Bosse a Günther yn dangos bod achau Paul yn ddigon pur i'r awdurdodau, a bod modd olrhain y teulu i ddechrau'r ddeunawfed ganrif. Llwyddodd i ganfod bod un ohonyn nhw wedi bod yn döwr gwellt ym Mafaria ddiwedd yr ail ganrif ar bymtheg. Nid felly Kaethe Bosse, wrth gwrs, gan fod ganddi dras Iddewig ar y ddwy ochr.

Roedd Georg Maier, gŵr Dolly, erbyn hyn wedi'i gymhwyso'n ddeintydd, ond gwrthodwyd caniatâd iddo weithredu. Aeth deunaw mis heibio cyn iddo ennill yr hawl honno, ond parhaodd yr ymdrechion i'w gwneud hi'n anodd iddo weithredu fel deintydd.

Die Juden sind unser Unglück gewesen. Denkt immer daran. Da
meidet die

<u>Judengeschäfte</u>

Hirschfeldt, Rich., Herrenbekleidungsgeschäft,	Collegienstr. 22
Fuhrmann, Strumpfwaren, Trikotagen,	Markt 6
J. Jsrael, Herrenbekleidung,	Collegienstr. 6
Dr. Gold, Zahnarzt,	Collegienstr. 85
	(bereits ausgebür
Ledien, Hans, Rechtsanwalt,	Coswigerstr. 20
Seligmann, Schuhgeschäft,	Mittelstr. 16 Hof
Gebr. Wiener, Schuhwaren,	Arsenalplatz
E. Bendheim Nachf. Inh. Baumann,	Markt 25
Georg Reimann i. Firma Wollschläger Nachf.	Lutherstr. 29
Maier-Bosse, Ärztin	Kurfürstenstr. 5?

Taflen yn annog Almaenwyr i osgoi busnesau Iddewon

DEUTSCH-AUSLÄNDISCHER STUDENTENKLUB MÜNCHEN
INTERNATIONAL STUDENT-CLUB MUNICH
Korrespondierendes Mitglied d. Weltstudentenwerkes Genf
GESCHÄFTSSTELLE: MÜNCHEN, LUISENSTR. 67/II (STUDENTENHAUS)
Telephon 55491 · Sprechstunden: jeden Werktag von 11–13 Uhr

Dr.B/Hf.   München, 24.11.34.

Herrn
Günther B o s s e
cand.med.
M ü n c h e n
Karlsplatz 6/I.

Sehr geehrter Herr Bosse!

        Als Vorstandsmitglied des Internationalen Studenten-
klubs habe ich Ihnen mitzuteilen auf Ihr Schreiben vom 19.ds.Mts.
dass nach den neuen am 13.November 1934 genehmigten Satzungen
des Internationalen Studentenklubs Ihre Aufnahme in den Klub
nicht in Frage kommt. Die Satzungen, die mit dem genannten
Termin in Kraft treten, haben folgenden Passus: ---"Förderndes
Mitglied kann jeder Deutsche Studierende werden mit Zustimmung
des Vertreters der Deutschen Studentenschaft.....". Als Ver-
treter der Deutschen Studentenschaft versage ich Ihnen im Ein-
verständnis mit den ausländischen Vorstandsmitgliedern den
Erwerb der Mitgliedschaft des Internationalen Studentenklubs.

                        Mit studentischem Gruss !

Anlage:
1 Lichtbild zurück.

Fotokopians överensstämmelse
med originalet intygas:

Llythyr yn gwrthod cais Günther i ymaelodi â chlwb myfyrwyr

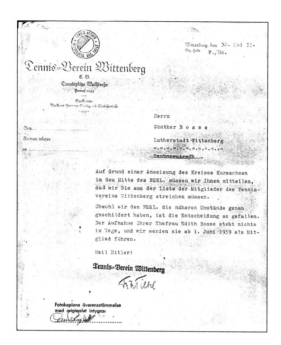

Llythyr y clwb tennis yn Wittenberg yn dod ag aelodaeth Günther i ben

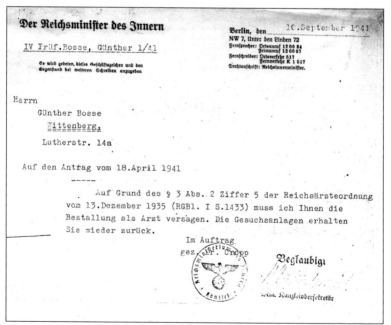

Llythyr yn gwahardd Günther rhag bod yn feddyg

Llyfr achau Paul Bosse

Tanchwa: Diswyddo a Sefydlu Clinig

Ar brynhawn 13 Mehefin 1935, cododd cwmwl o fwg uwchben pentref Reinsdorf, y gellid ei weld filltiroedd i ffwrdd. Roedd pobl Wittenberg yn bryderus. Clywid cerbydau'r gwasanaethau brys yn rhuthro tuag at Reinsdorf. Ni wyddai'r Dr Paul Bosse ar y pryd y gallai'r danchwa yn y ffatri ffrwydron hon yn Reinsdorf fod yn drobwynt iddo, gan gynnig gwaredigaeth iddo ef a'i deulu rhag erlid y Natsïaid.

Roedd gan gwmni WASAG waith ffrwydron mawr yn Reinsdorf, ryw filltir neu ddwy i'r gogledd o Wittenberg, yn cyflogi cannoedd. Yr enw llawn ar y cwmni oedd *Westfälisch-Anhaltische Sprengstoff-Actien-Gesellschaft Chemische Fabriken*. Cafodd ei sefydlu yn 1891 gan y cemegydd ffrwydron Dr Max Bielefeldt, i gynhyrchu ffrwydron diogel ar gyfer cloddio am lo. Mae'n ddiddorol bod y cwmni hwn yn dal yn llewyrchus heddiw, fel y mae llawer o gwmnïau mawr yr Almaen a ymelwodd yn fawr yn ystod yr Ail Ryfel Byd trwy wasanaethu'r diwydiant arfau, a nifer fawr yn manteisio ar lafur rhad y rhai a oedd mewn gwersylloedd crynhoi. Cafodd ffatrïoedd y cwmni eu meddiannu gan y Cynghreiriaid ar ddiwedd yr Ail Ryfel Byd, a gyda'r rhan fwyaf o'r gweithfeydd yn nwyrain yr Almaen, daethant o dan reolaeth Sofietaidd. Erbyn hyn mae'r cwmni wedi newid ei enw'n H&R WASAG ac mae ganddo 22 o weithfeydd ledled yr Almaen.

Cafodd 120 eu lladd yn y ffrwydrad, mae'n debyg.[3] Mae un ffynhonnell yn nodi bod 82 o weithwyr wedi eu lladd, 112 wedi eu hanafu'n ddrwg a 713 wedi cael anafiadau llai.[4] Achoswyd gwerth tua 10 miliwn Reichsmark o ddifrod.

Parhaodd y danchwa am oriau yn ôl adroddiad a gafwyd yng nghylchgrawn *Time* ar 24 Mehefin 1935:

> One afternoon last week peasants miles away from Wittenberg heard a dull roar like distant thunder, followed by other roars which came closer & closer. A huge cloud of reeking yellow smoke mushroomed up from Reinsdorf. In less than a minute bells were ringing, sirens screaming all over the countryside. Truckloads of soldiers, storm troopers, police, and labor service units were mobilized to keep order. Private automobiles were commandeered to carry dead and wounded. It did not take the shattered windows, the bits of blackened debris dropping from the sky, to tell what had happened: the West-phalian Anhalt munitions works were blowing up.
>
> For nearly seven hours the Sprengstoff continued to explode. Every explosion caused a new fire, every fire a new explosion. Telephone connections were cut off and iron-clad censorship clamped on all news dispatches. Secret police reached the scene almost as quickly as the ambulances, closeted foreign correspondents who attempted to gather first-hand news.

Credai gohebydd y wasg bod rhyw 1,000 wedi eu lladd, ond roedd hyn ymhell y tu hwnt i'r gwir.

Cafodd y danchwa sylw yn y wasg ryngwladol, gan gynnwys y *Palestine Post*, y deuthum ar ei draws mewn cyfrol o'i dudalennau blaen, sawl blwyddyn yn ôl:

Toll in German Arms Explosion Reaches 50

Early Reports Exaggerated

NATION PLUNGED INTO MOURNING

(From Reuter)

BERLIN, June 14. — The fear that hundreds of employees were killed in explosion in the Westphal. ian Anhalt explosive works at Reinsdorf, three miles away from Wittenberg, appear to be unfounded, according to official reports. Only 50 dead, 73 seriously injured, and 300 slightly so, are given.

It seems that of the 300 working in the factory at the time, 200 were accounted for after a systematic search, while many inhabitants in the district fled after the first explosion and so escaped further outbreaks. The last of these, at 8 o'clock on Thursday night, sent bricks and parts of machinery flying over an area of three miles.

Factory Wholly Wrecked

Earlier reports of the deathroll had ranged between 500 and 1,500, and the explosion was said completely to have wrecked the factory, which was the biggest and most modern in Germany, employing about 13,000 people.

The first explosion, the cause of which has not yet been established, occurred at 3 o'clock, and was followed by fire and other explosions. The flames of the burning workshops were visible for many miles.

Police and storm troopers cordoned off the district, preventing even the relatives of victims from entering. The press was strictly forbidden to mention the disaster before the publication of the official report.

Yr un prynhawn, mae'n debyg bod Paul Bosse wrth ei waith yn y Paul-Gerhardt-Stift. Mewn adroddiad,[5] dywedodd Dr Kurt Jonas, a ddilynodd Paul i arwain Klinik Bosse ar ôl y rhyfel, fod llawer o drigolion Wittenberg wedi ffoi i feysydd afon Elbe, yn ofni rhagor o ffrwydro.

Trefnodd Paul fod holl adnoddau'r ysbyty ar gael ar frys i drin y cleifion a gafodd eu cludo yno wrth eu hugeiniau. Treuliodd yr wythnosau nesaf ar ei ddeg egni'n trin a thrafod y cyrff, ac os oedd ganddo enw da am ei waith cyn hyn, cafodd glod pellach yn sgil y gwaith yma.

Roedd y ffrwydrad yn anffawd genedlaethol ac roedd yn ergyd am y tro i'r ymarfogi, a Hitler yn pryderu am effaith y ffrwydrad.

Naw diwrnod ar ôl y digwyddiad, daeth i Wittenberg i weld y cleifion, i ddangos cefnogaeth i waith y meddygon ac i ennill cyhoeddusrwydd iddo'i hun yr un pryd. Meddai Dr Jonas am y digwyddiad hwn, 'Roedd e [Paul Bosse] wedi arwain y daliwr llygod Ffrengig troseddol o Braunau trwy'r Paul-Gerhardt-Stift, a phan ofynnwyd iddo a oedd ganddo ddymuniad, gofynnodd a fyddai modd sicrhau na fyddai unrhyw anfantais fawr yn digwydd iddo yn sgil ei briodas ag Iddewes. Cafodd e gadarnhad am hyn, ond roedd y geiriau hyn yn rhai gwag.'

Tynnwyd llun o'r achlysur gan y wasg leol, yn dangos Hitler yn ysgwyd llaw un o'r cleifion, gyda fe, Paul Bosse, wrth ei ymyl.[6]

Yn ystod ei ymweliad â Wittenberg, ar gyfer angladd rhai o'r gweithwyr a laddwyd, arweiniodd Hitler orymdaith trwy stryd fawr y dref. Roedd dau fachgen bach yn gwylio'r orymdaith, a'r ddau'n gyfeillion er nad oedd hawl ganddyn nhw i fod felly, am fod y naill yn Iddew a'r llall yn Almaenwr. Wrth ddynesu at y plant, aeth Hitler at un ohonyn nhw a rhoi ei law ar ei ben, gan ddweud, 'Rwyt ti'n edrych fel Ariad bach perffaith.' Ni chafodd Hitler wybod mai Iddew oedd y crwt.[7]

Mewn adroddiad am ei waith yn yr ysbyty yn y cyfnod hwn, meddai Paul Bosse ar ôl y rhyfel:

Fel prif feddyg y Paul-Gerhardt-Stift roeddwn i'n gallu defnyddio dulliau newydd o'm heiddo gyda'r cyfan o'r cleifion a llwyddodd hyn i'w cael i oroesi'r 24 awr gyntaf a dal i fyw ac i arwain yn gyflym at adfer iechyd. Derbyniais i gan y Groes Goch fedal Ail Ddosbarth, roedd y fedal Trydydd Dosbarth gen i eisoes.[8]

Dim ond un o'r cleifion a anafwyd yn ddifrifol a fu farw. Ond os oedd Paul wedi gobeithio y byddai'r teulu ac yntau'n cael llonydd gan y Natsïaid lleol, cafodd ei siomi. Cafodd ei ddiswyddo ar 31 Rhagfyr 1935, ar orchymyn yr awdurdodau Natsïaidd lleol, ar ôl iddo gael hysbysiad i adael ei swydd ar 28

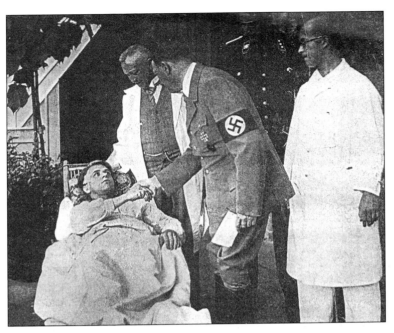

Hitler yn ymweld â'r ysbyty ar ôl y ddamwain. Mae Paul Bosse rhyngddo a'r claf.

Rhagfyr 1933, am nad oedd yn fodlon ysgaru ei wraig. Fel y nodwyd, roedd gan yr eglwys ran yn hyn, gan fod yr ysbyty'n cael ei redeg dan nawdd yr eglwys. Gwelwyd eisoes bod ffigurau amlwg yn yr eglwys yn Natsïaid o fri, a bod yr eglwys yn gysurus wrth fod yn rhan o'r system Natsïaidd. Roedd llawfeddyg arall, Dr Korth, yn un o'r Natsïaid amlwg hyn, gyda chysylltiadau â'r SS. Cymerodd e le Paul Bosse yn brif lawfeddyg yr ysbyty, er nad oedd ganddo gymwysterau yn y maes gynaecolegol, fel yr oedd gan Paul Bosse. Meddai Paul am hyn:

Er gwaethaf fy ymrwymiad gyda'r gweithgaredd meddygol cefais fy erlid fwyfwy gan y Blaid, y Gestapo, yn benodol trwy Dr Korth. Yn sgil y ddamwain ffrwydron, daeth Hitler, Himmler, Goebbels, Ley ac eraill i'r ysbyty lle roeddwn i'n brif feddyg. Roedd rhaid imi fynd â'r rhain o gwmpas ac wrth i bob un ddod a mynd ysgydwais law â nhw. Yn ystod ymweliad Hitler, cafodd llawer o luniau eu tynnu, fel sy'n arferol, a'm llun i a meddygon eraill a chleifion hefyd ynddynt.

Ysgrifennodd Paul Bosse lythyr at Joseph Goebbels yn cwyno am iddo gael ei ddiswyddo oherwydd tras 'anariaidd' ei wraig, ac ni chafwyd ymateb i wadu'r honiad hwn.

Adroddiad meddygol ar y ddamwain ffrwydrol yn Reinsdorf.
Herrn Reichsminister Dr. Göbbels, Berlin.
Brys. Personol.

Yn dilyn fy adroddiad llafar a roddais yn bersonol ar 14.VI i'r Herrn Reichsminister, hoffwn ychwanegu'r canlynol, i egluro'r sefyllfa:
Yn gyfan yn y Paul-Gerhardt-Stift yn Wittenberg, cafodd 93 o glwyfedigion eu derbyn i'w trin yn yr ysbyty, 33 ohonyn nhw â breichiau neu goesau wedi'u torri, 26 ag anafiadau i'w pen, llosgiadau difrifol gan 8, a 57 â chlwyfau i'r wyneb a'r corff. Cafodd yr holl rai a glwyfwyd eu trin â pharatoad Almaenig… Ar gyfer anesthetig roedd bron modd gwneud heb glorofform ac ether, trwy ddefnyddio paratoad brechu Almaenig, a oedd yn rhoi'r cleifion o dan anesthetig am rhwng 10 ac 20 munud, ac yna'n eu deffro heb sgileffeithiau na galwadau am staff atodol, ac felly byddai'r dull hwn yn ddewis addas ar gyfer achosion o niweidiau torfol ac at ddibenion rhyfel…

Mae'r llythyr yn mynd yn ei flaen i roi manylion rhai o'r cleifion a sut y cawson nhw'u trin, ac yn sôn hefyd am 200 o gleifion eraill a gafodd eu trin fel rhai allanol. Yna dywedir hyn:

Wn i ddim a yw'r Herr Reichsminister wedi cael gwybod trwy Herr Reidenreich fod y bwrdd eglwysig wedi dod â'm swydd i ben fel prif feddyg y Paul-Gerhardt-Stift ar 31.XII, er fy mod i wedi gweithio yno ers 28 mlynedd, wedi bod yn ymladd yn y ffrynt yn y rhyfel ac wedi cael fy nghlwyfo, am fod fy ngwraig, yr wyf yn briod â hi ers 1906, o dras anaraidd. Mewn gwerthfawrogiad o'r nifer fawr o deulu fy ngwraig a syrthiodd yn y rhyfel, cafodd fy merch hynaf ei derbyn yn feddyg yn 1934. Rwyf wedi atodi'r

bleidlais gan y Bwrdd, er bod hyn yn anodd iawn i mi, gan imi
adeiladu'r ysbyty o'r dechreuadau lleiaf. Wn i ddim a oedd rhai o'r
wladwriaeth Natsïaidd am fy symud o'r swydd hon.

Rydym i gyd wedi dioddef o dan brofiad ysgytwol yr anffawd
ddifrifol a drawodd ein mamwlad. Rwyf wedi gwneud fy
nyletswydd, wrth gwrs, heb ddisgwyl cael unrhyw air o ddiolch
gan glerigwyr y sefydliad. Roeddwn i fodd bynnag wedi fy
synnu'n eithriadol pan ofynnodd clerigwr y sefydliad, yr Offeiriad
Stosch, yn hytrach, onid oeddwn am roi'r gorau i'r swydd yn
gynt. Ni allaf ystyried cwestiwn o'r fath… ond yn ymosodiad ar
fy ngwaith.

Fel arall ni fyddwn wedi troi at yr Herr Reichsminister mewn
cysylltiad â'r anffawd genedlaethol. Mae'r digwyddiad hwn, fodd
bynnag, yn fy ngorfodi i ofyn i'r Herr Reichsminister a yw'r
wladwriaeth Natsïaidd, yr wyf yn ei gwasanaethu'n ffyddlon, yn
digio wrthyf yn y sefyllfa hon ac a wyf i gael fy rhyddhau o'm
hawliau swydd.

Heil Hitler![9]

Yn wyneb colli ei swydd, aeth ati i sefydlu *Privatklinik und
Entbindungsanstalt* – ysbyty/clinig preifat ac ysbyty genedigaethau
– yn ei gartref, ar ei gost ei hun, a gwnaeth hynny'n llwyddiannus.
Estynnodd y cartref ac agorwyd yr ysbyty bach newydd yn
1936.

Ar y cychwyn roedd dwy gynorthwywraig ganddo yn yr
ysbyty, y naill yn rhydd a'r llall yn perthyn i gymuned Gatholig
Wittenberg. Roedd gan Paul Bosse gysylltiad ag Urdd y
Marienschwestern – nyrsys Urdd Maria – trwy'r offeiriaid Catholig
lleol, a gofynnodd am gymorth. Ar 1 Mawrth 1936 daeth y gyntaf
o'r *Marienschwestern* i'r clinig, a daeth yr ail ar 7 Ebrill, a sefydlwyd
y gymuned Gatholig o leianod a fyddai'n rhedeg yr ysbyty.
Roedd y rhain yn rhan o'r *Institut der Schönstätter Marienschwestern*,
a oedd yn perthyn i deulu rhyngwladol Schönstatt. Roedd yn
fantais i Paul Bosse nad oedd gan y prif ysbyty arbenigwr ym
maes genedigaethau, a daeth y Klinik Bosse yn boblogaidd yn

fuan. Symudodd y teulu i'r llawr o dan y to ym mis Gorffennaf
1936 er mwyn gwneud lle i'r ysbyty. Erbyn mis Rhagfyr roedd
pedair o chwiorydd Maria yn gweithio yno, a symudodd y teulu i
Thälmannstraße, a elwid y pryd hwnnw yn 'Adolf Hitler Straße'.
Roedd y nyrsys wedyn yn rhydd i gymryd y llawr o dan y to.
Roedd y gegin uwchben y garej, ris neu ddwy yn uwch na lefel y
wardiau isaf. Daeth angen adeiladu cegin fwy. Adeiladwyd hefyd
ystafell ymolchi newydd ac erbyn 1940 roedd 10 o chwiorydd yn
gweithio yn y clinig. Yn 1939 trefnwyd bod un ystafell yn gapel,
a chynhaliwyd yr offeren gyntaf yno ar 25 Mawrth 1939. Mae
adroddiad Dr Jonas yn sôn am Paul Bosse yn feddyg 'medrus a
phrofiadol, a oedd yn adnabyddus yn Wittenberg ac yn hoff gan
y bobl'.

Yn sgil ei lwyddiant, ceisiodd yr awdurdodau wahardd y
clinig i rai oedd yn derbyn cyfraniad gan y gronfa salwch oedd
yn talu am driniaeth i gleifion. Cafwyd penderfyniad – gan y
Natsïaid lleol mae'n debyg – na ddylai'r clinig newydd dderbyn
arian yswiriant. Bu gwrandawiad gan yr uwch-swyddfa yswiriant
yn Merseburg, a oedd yn gyfrifol am ddyfarnu pa sefydliadau a
allai dderbyn arian yswiriant cleifion a fyddai am gael triniaeth
feddygol. Ysgrifennodd y swyddfa at Paul Bosse ar 14 Mawrth
1936 yn nodi na fyddai'n derbyn y penderfyniad hwn. Ar sail
Deddfau Nürenberg, eir ati i ddiffinio pwy a ystyrid yn feddygon
Iddewig:

> Iddewon llawn gyda phedwar o rieni-cu Iddewig, tri chwarter
> Iddewon gyda thri o rieni-cu Iddewig a'r hanner Iddewon hynny
> gyda dau o rieni-cu Iddewig, a oedd ar 16 Medi 1935 yn perthyn
> i'r gymuned grefyddol Iddewig neu a gafodd eu derbyn iddi wedi
> hynny, neu ar yr un pryd a oedd yn briod ag Iddew neu a oedd
> wedi priodi ag Iddew neu yn priodi ag Iddew wedi hynny. Mae'r
> holl feddygon eraill yn cael eu cyfrif fel Iddewon aniddewig, hefyd
> Iddewon cymysg (hanner a chwarter Iddewon) a'r meddygon
> aniddewig a briododd ag Iddew.

Cartref y teulu yn Wittenberg cyn ei adnewyddu i fod yn glinig

Mae paragraff arall mewn ieithwedd debyg yn nodi pa gleifion y gallai meddygon Iddewig ac aniddewig eu derbyn. Y canlyniad oedd 'nad yw Herr Dr Bosse na'i ferch yn feddyg "Iddewig" nac yn feddyges "Iddewig", ac felly nid oes rheswm dros wahardd y clinig i aelodau'r yswiriant a'r rhai sy'n perthyn iddynt'.

Un o'r amodau a osodwyd ar y teulu oedd na fyddai gwraig Paul Bosse, Kaethe, yn cael bod yn yr ysbyty na gweithio ynddo, ac aeth pethau'n fwyfwy anodd iddyn nhw. Meddai Dr Jonas fod Kaethe Bosse, gwraig 'ddymunol, annwyl a charedig', yn dioddef yn arbennig wrth feddwl mai hi oedd achos yr erlid. Bu'n agos at gymryd ei bywyd ei hun, meddai.

Gofalu am dir a feddai'r teulu a wnâi Kaethe Bosse ac yno byddai'n tyfu cynnyrch a oedd yn fodd i roi'r lluniaeth orau i'r mamau. Am y tro roedd y teulu yn rhydd o gael eu harestio, a thrwy drefniant fel hyn nid oedd gwaharddiad ar Almaenwyr y dref rhag dod i'r clinig.

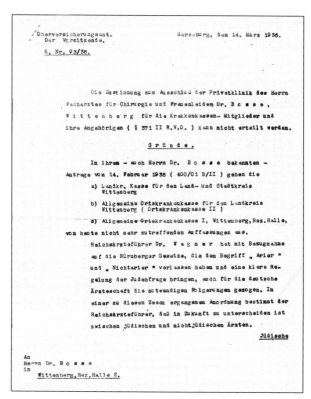

Dalen gyntaf llythyr y swyddfa yswiriant yn caniatáu i Paul Bosse weithredu fel meddyg aniddewig, ac i dderbyn cleifion aniddewig

Roedd y llun a gymerwyd o Paul Bosse a Hitler i'w weld ar fur y Klinik newydd, mewn ymgais, mae'n debyg, i ddangos bod gwaith Paul Bosse'n gymeradwy, ac yn arwydd hefyd i Natsïaid lleol y byddai dial ar y clinig ar un wedd yn sarhad ar y Führer. Ymddangosai, felly, erbyn diwedd 1936 fod Paul Bosse wedi llwyddo i warantu diogelwch ei deulu rhag yr erlid Natsïaidd, ac roedd rhan o'r diolch am hyn i'r gwaith a gyflawnodd yn dilyn y ffrwydrad yn Reinsdorf.

Roedd ymosodiadau yn erbyn y rhai a briododd Iddewon yn mynd yn fwyfwy annioddefol, meddai Dr Jonas. Er gwaethaf hyn, roedd llawer o rai a orfodwyd i fod yn Natsïaid yn trefnu bod eu gwragedd yn dod i'r clinig ar gyfer genedigaethau, ond yn gwneud hyn yn gyfrinachol. Roedd yr awdurdodau am roi boicot ar y clinig. Pan ddaeth *Kristallnacht*, y noson a drefnwyd gan y Natsïaid i gangiau ledled y wlad ymosod ar eiddo Iddewon, ymosodwyd ar eiddo Hans Ledien, brawd Kaethe, gan dorf o fandaliaid lleol, a chodwyd galwad 'Jetzt zu Bosse!' ['Yn awr at Bosse!']. Rhybuddiodd rhywun y clinig am hyn, ac mewn cyffro ac ofn yr arhoson nhw i'r bygythiad ddigwydd. Roedd Edith, gwraig Günther, newydd roi genedigaeth yn y clinig. Yn ffodus, ni ddigwyddodd y terfysg a ddisgwylid.

Roedd Natsïaeth Wittenberg yn dal i gryfhau. Wrth gofio Luther ar flwyddiant ei farw yn 1936, pregethodd yr Uwcharolygydd Athro Maximilian Meichßner yn y *Stadtkirche* am gasineb Luther at yr Iddewon. Ym mis Mai 1937 newidiwyd enw stryd y Jüdenstraße [stryd yr Iddewon] yn 'Wettinerstraße', gan ddisodli'r cyfeiriad at Iddewon â chyfeiriad at gymuned dywysogaidd Almaenig. Gwnaed hefyd ymchwiliadau i weithfeydd a ffatrïoedd i ganfod a oeddyn nhw'n rhai Iddewig ai peidio.

Ymddangosodd hysbysebion yn y papur lleol yn collfarnu Iddewon, gan ddefnyddio croeshoelio Iesu'n sail am fod yn wrth-Iddewig, heb gydnabod bod Iesu ei hun yn Iddew. Cafwyd arddangosfa ar 'Waed a Hil' yn Ysgol Ramadeg Melanchthon, Wittenberg ar ddechrau mis Ebrill 1937, a chyfres o erthyglau gwrth-Iddewig yn y papurau ar hyd y blynyddoedd. Canmolwyd Luther am fod yn chwyldroadwr mwyaf ei oes gan y Gauleiter Eggeling a'r Reichsleiter Rosenberg, ac ym mis Mawrth 1938 newidiwyd enw'r dref i gynnwys enw Luther. O hyn allan, Wittenberg-Lutherstadt yw'r enw.

Ddiwedd 1936 collodd Kate, a oedd yn Eifftolegydd, ei swydd yn yr amgueddfa yn Berlin, a chael ei gorfodi i adael y wlad. Dewisodd fynd i Loegr, trwy gymorth sefydliad ym Mharis a oedd mewn cyswllt â chorff cynorthwyo Iddewon yn Lloegr.

Yr un flwyddyn hawliodd y swyddfa ariannol yn Magdeburg bod Paul Bosse yn ymfudo. Bu'n ystyried De America, ymysg mannau eraill, a bu'n rhaid iddo dalu trethi ymfudo'r Reich, a

Adran
enedigaethau'r
Klinik Bosse
ar waith yn
Heubnerstraße

Staff y clinig
yn paratoi
bwyd

Dr Kurt Jonas,
olynydd
Paul Bosse
yn y Klinik
Bosse, gyda
Schwester
Simone a
Schwester
Gaudentia, un
o'r lleianod a
fu'n gweithio
gyda Paul
Bosse

Paul a Kaethe Bosse, tua 1940

oedd yn gyfystyr â dwyn ei eiddo. Roedd posibiliadau ymfudo ar feddwl y teulu'n gyffredinol.

Mewn llythyr at Kate ei merch ar 8 Rhagfyr 1938, ysgrifennodd Kaethe Bosse,

> Mae Karl Henschel, Mexico, ffrind ers dyddiau ieuenctid, a gefnogodd Opa, wedi ei wahodd trwy delegraff i fynd i America.

Yn 1938 meddiannwyd eiddo Kaethe Bosse, a bu'n rhaid talu trethi a oedd yn werth chwarter yr eiddo. Yr un flwyddyn, cafodd ei brawd, Hans Ledien, y cyfreithiwr, ei arestio a'i gipio i wersyll crynhoi Buchenwald.

Roedd gwaharddiadau wedyn ar ryddid y teulu: dim hawl i fynd i'r sinema a dim hawl i wrando ar y radio; cymerwyd eu set radio.

Ym mis Ebrill 1944 ceisiodd yr awdurdodau gael Paul Bosse i roi'r gorau i'r clinig, a'i orfodi i wasanaeth milwrol. Fis yn ddiweddarach ceisiwyd gorfodi ei fab Fritz i adael y fferm a mynd i wersyll, ond er llwyddo i wrthsefyll hyn, roedd y teulu o dan bwysau mawr.

Eva: gwraig swyddog y fyddin

PAN OEDD HYN OLL yn digwydd yn Wittenberg, roedd effeithiau'r erlid yn waeth ar Eva, chwaer Kaethe.

Roedd Eva yn briod â Willibald Borowietz, a oedd yn swyddog yn y fyddin. Dechreuodd ef ei yrfa yn y fyddin ar 5 Mawrth 1914. Cafodd ei glwyfo ddwywaith yn y Rhyfel Byd Cyntaf, a gadael y fyddin yn 1920 ac ymuno â'r heddlu yn Breslau (Wroclaw heddiw), a dod yn *Major* yno. Ailymunodd â'r fyddin ddiwedd 1935. Cafodd lu o swyddi yn y fyddin, a'i ddyrchafu fesul tipyn nes dod yn *Major* yn 1935.[10] Erbyn 1938 roedd Deddfau Nürenberg yn cael eu gweithredu'n fwyfwy caethiwus. Ni fyddai hawl gan Iddewon i ddal swydd gyhoeddus, ac roedd pobl a oedd yn briod â rhai o dras Iddewig hefyd yn cael eu cyfyngu.

Roedd hyn yn taro teulu Willibald Borowietz i'r byw. Roedd ganddo ef ac Eva dri o blant, Joachim, Wilma ac Eva Monika. Mae'n debyg bod Willibald wedi cael gwybod na fyddai gobaith iddo gael dyrchafiad pe bai'n parhau i fod yn briod, ac y gallai golli ei swydd. Ar y llaw arall, pe bai'n ysgaru ei wraig, byddai hawl yn cael ei rhoi i'w blant gael eu hystyried yn Ariaid.

Un prynhawn ym mis Hydref 1938, pan ddychwelodd Eva Monika o'r ysgol i'w chartref ger Berlin, a hithau'n 14 oed, canfu ei mam wedi ei chrogi. Weddill ei hoes ystyriai Eva Monika i'w mam ei haberthu ei hun er lles ei theulu, gan obeithio y byddai'r teulu yn goroesi. Nid oes aberth mwy. Yn rhannol cafodd ei gobaith ei wireddu. Cafodd y plant fyw a'u derbyn yn Ariaid. Ond yn ystod wythnosau cyntaf yr Ail Ryfel Byd, cafodd y mab, Joachim, ei losgi'n farw mewn tanc.

Eva Ledien a Willibald Borowietz

Eva (Ledien)
Borowietz, gyda dau
o'i phlant tua 1925

Ymysg papurau'r teulu daethpwyd o hyd i lythyr a ysgrifennodd Willibald Borowietz at awdurdodau'r fyddin yn cynnig ei ymddiswyddiad ar ddiwedd y flwyddyn. Dyddiad y llythyr oedd dyddiad hunanladdiad ei wraig. Ni all dyn ond dychmygu'r amgylchiadau yn y cartref y diwrnod hwnnw. Mae'n siŵr na chafodd y llythyr ei anfon. Cafodd Willibald Borowietz ei ddyrchafu ar ôl hunanladdiad ei wraig, gan ddod yn *Oberstleutnant* yn 1940.

Weddill ei bywyd ni allai Eva Monika ddioddef gweld delweddau o wyneb Hitler, a phan fyddai rhaglen arno ar y teledu, hyd yn oed hanner can mlynedd ar ôl y rhyfel, byddai arni awydd i chwalu'r set deledu, am fod Hitler a'i giwed wedi difetha bywyd ei theulu.

Cafodd Eva Borowietz ei gwasanaeth angladd yn y crematoriwm yn Wilmersdorf, Berlin. Daeth llu o swyddogion byddin yno, i dalu teyrnged i un a oedd yn sefyll yn ffordd gyrfa eu cyd-swyddog.

Erbyn hyn roedd Kate wedi dod i Loegr. Roedd rhoi gwybod am y digwyddiad hwn iddi yn beth anodd i Kaethe. Dyma sut y dywedodd wrth ei merch:

27 Hydref 1938

F'annwyl Katrinchen,

Roedd Knubben [enw anwes ar Edith, gwraig Günther] yn llawen iawn o gael dy gerdyn hyfryd. Roedd Tante Mulzer am ddod dydd Sadwrn, er mwyn cael cyngor. F'anwylaf, mae'n rhaid i fi heddiw yn anffodus ysgrifennu bod ein Tante Eva wedi colli ei nerf, neu mewn ysbryd cwbl anghywir i beidio eisiau sefyll yn ffordd ei gŵr, wedi dewis marwolaeth gynnar – rwy mor drist, na fu iddi fel y byddai gynt, ffeindio'i ffordd mor aml aton ni. Mae Opa bob tro'n gallu rhoi cyngor. Mae Will [Willibald, gŵr Eva] yn wylo ac yn anhapus ac eto rwy'n credu nad oedd e wedi rhoi iddi hi'r cefnogaeth iawn. Roedden ni'n siarad am hyn eisoes. Fydd dim gwraig swyddog mor fwyn, mor ddewr byth eto, â'n Eva fach ni. Pan ydw i'n meddwl eto

Eva Monika, un o ddwy
ferch Eva Ledien

Am 26. Oktober 1938 entriß uns ein jäher Tod meine geliebte Frau, die gute

Mutter unserer Kinder

Frau Eva Borowietz

geb. Ledien.

Sie wird uns immer ein Vorbild sein.

Namens aller Hinterbliebenen

Willibald Borowietz

Major (E)
im Kommando der Panzertruppenschule

Berlin-Tempelhof, den 27. Oktober 1938
Burgherrenstr. 2.

Die Trauerfeier findet am Montag, dem 31. Oktober, 14 Uhr, im Krematorium Berlin-
Wilmersdorf, Berliner Str. 100, statt.
Es wird gebeten, von Beileidsbesuchen Abstand zu nehmen.

Taflen angladd Eva
Borowietz

am Nadolig, mor egnïol roedd hi'n mynd ati gyda phopeth.

Annwyl Katrinchen, nawr rhaid i fi allu ysgrifennu llythyr hapus unwaith eto. Rhaid i fi ysgrifennu popeth atat, pethau llawen a phethau eraill. Cusan oddi wrth dy fam.

Roedd yr angladd yn ddigwyddiad poenus. Mewn llythyr ar 1 Tachwedd 1938, ysgrifennodd Paul Bosse at ei ferch Kate:

F'annwyl Katrinchen,

Ddoe cafodd Eva ei rhoi heibio yn yr amlosgfa yn Wilmersdorf. Daeth llawer o swyddogion a'u gwragedd gan gynnwys y Cadfridog i dalu'r deyrnged olaf iddi ac roedd ganddyn nhw flodau a thorchau i'r wraig swyddog ddewr nad â'n angof. Roedd Will yn falch, roedd ei gais wedi'i atal a chaiff e ei roi i mewn yfory am ddyrchafiad. Gwisgais am y tro cyntaf fy medalau'n gyhoeddus fel sioe you know why. Yn dilyn hynny cawson ni goffi a theisen ac ati gyda'n gilydd.

Teithion ni adre'n fuan. Ie, ie, rwyt ti'n nabod dy dad a chred fi, ni chefais i fawr heddwch heno. Maen nhw'n barod wedi trefnu cael gwraig tŷ i'r plant, ac mae popeth yn gweithio fel pe ar linyn.

Roedd Paul Bosse yn amlwg am greu argraff o flaen swyddogion y fyddin, gan ddangos iddyn nhw'r medalau a enillodd am wrhydri yn y Rhyfel Byd Cyntaf. Roedd hyn, gobeithiai, yn arwydd pellach o'i ffyddlondeb i'r drefn, ond ei gymhelliad wrth gwrs oedd amddiffyn ei deulu rhag erlid pellach. Mae ei ddirmyg at Willibald yn amlwg, ac yntau heb wastraffu amser cyn gwneud trefniadau i wraig arall ofalu am ei blant.

Ar ddiwedd llythyr ei gŵr, mae Kaethe Bosse'n ychwanegu:

F'anwylaf,

Roedd ddoe bron yn waeth na marwolaeth Eva. Dydw i erioed wedi profi dim mor wyrdroëdig, ac rwy'n ofni y bydd diwedd chwerw'n dod i'r plant yn fuan. Galla i anfon atat heddiw o'r diwedd y dilledyn yr oedd Frau Astor heb ei orffen.

O'r galon,

Mutti

A'i brawd wedi mynd i Buchenwald, ei chwaer wedi ei lladd ei hun, roedd Kaethe Bosse'n gofidio y byddai tynged plant ei chwaer yn un resynus. Roedd erlid y Natsïaid ar Iddewon bellach yn achosi marwolaeth rhai agos iddi, ac roedd yn glir iddi na fyddai'n hawdd osgoi eu crafanc.

Mae barn Kaethe Bosse am Willibald Borowietz i'w gweld mewn llythyr ar 8 Rhagfyr 1938, lle y mae'n nodi ei deitl yn ddilornus, ac yn ei gymharu'n anffafriol â thad Erika, ei chwaer-yng-nghyfraith:

F'annwyl ferch,

Daeth dy lythyr hyfryd yn awr. Rydw i newydd fod gydag Erika, sydd yn byw ers ddoe yn ei fflat. Mae ei thad, sydd yn ddyn hollol wych, yn byw gyda hi. Mae hi wedi bod yn llesol iawn iddi dy fod wedi dangos cymaint o bryder amdani. I'r gwrthwyneb mae Herrn Major Borowietz, nad oedd wedi llwyddo, er lles ei blant, i fynd gyda nhw i'r Consulat.

Fel y bu, cafodd Willibald ei ddyrchafu ymhellach yn ystod y rhyfel, gan ddod yn *Oberst* yn 1942, yn *Generalmajor* ar 1 Ionawr 1943, ac yna'n *Generalleutnant* ar 1 Mai 1943.

Yn ystod y rhyfel bu'n gomander y 50fed bataliwn gwrthdanciau, arwain y 10fed Gatrawd Reiffl, ac yna arwain a dod yn gomander i 15fed Adran Danciau (*Panzer*) Rommel ar ddechrau 1943. Yn y swydd hon gwasanaethodd o dan y Generalfeldmarschall Erwin Rommel ym mrwydr Kasserine Pass, Tunisia. Cafodd yr

Willibald Borowietz yn arolygu milwyr ar y Theresienwiese, ynghanol Munich, lle caiff yr Oktoberfest ei chynnal heddiw

adran danciau ei threchu pan chwalwyd lluoedd yr Almaen yng ngogledd Affrica ar 13 Mai 1943. Dywedir bod y tanciau wedi mynd i'w brwydr olaf â gwin Tunisia yn lle petrol, gan nad oedd tanwydd arall ar gael. Trafododd Willibald a dau gadfridog arall yr ildio i'r lluoedd Americanaidd.[11] Enillodd lu o fedalau gan gynnwys Dail Derw Croes y Marchogion y Groes Haearn, y fedal uchaf, ond ar ôl yr ildio i'r Americaniaid aeth yn y lle cyntaf yn garcharor i wersyll Americanaidd ym Mhrydain.

Ysgrifennodd lythyrau at Frau Annemarie Limbacher, a fu'n gofalu am ei ddwy ferch, Eva Monika a Wilma, er mai teuluoedd eraill oedd eu gwarcheidwaid cyfreithiol. Ar 24 Mai 1943, ysgrifennodd ati:

> Mae'n rhaid bod fy merched wedi dweud wrthych chi am fy anlwc, fy ngharchariad. Fy ffawd oedd cael fy nghymryd yn garcharor pan oeddwn gyda'r gatrawd y bu farw fy mab pan oedd yn aelod ohoni. Wnaethon ni ddim colli ein hanrhydedd!... Rwy'n iach ac yn cael fy nhrin yn gywir. Gofynnaf i chi fod cystal ag ysgrifennu at fy merched a'u helpu. Gallwch ysgrifennu ataf mor aml ag y dymunwch... Rhowch wybod i'm merched am gynnwys y llythyr hwn.

Erbyn mis Mehefin 1943 roedd wedi ei gymryd i wersyll i garcharorion yn America. Ysgrifennodd sawl gwaith, ac erbyn 19 Gorffennaf roedd mewn gwersyll yn Texas:

> Ar ôl taith drên 4 diwrnod daethom i'n gwersyll o farics, sy'n ddi-goed, ers deg diwrnod... Rydyn ni mewn hwyliau da ac mewn iechyd da... Sut mae fy merched? Mae'n rhaid bod Eva-Monika ar wyliau yn awr? Mae bywyd bob dydd yma'n undonog iawn, dim llyfrau Almaeneg, offer chwaraeon wedi'u torri, ond mae'r gwmnïaeth yn dda.

Ar 16 Rhagfyr 1943 mae Willibald yn poeni rhyw gymaint am Eva Monika, a hithau a'i chwaer Wilma yn awr yn cael gofal gan Annemarie a'i gŵr yn Gemünden am Main:

Rwy'n gwerthfawrogi'n fawr eich bod yn fodlon cymryd Wilma fy merch hynaf hefyd. Mae'n codi baich trwm o'm calon. Ond mae'n rhaid i mi ofyn ar unwaith eich bod yn sicrhau bod Eva-Monika'n gorffen ei chwrs yn yr ysgol uwchradd, bod y ddwy ferch yn aros yn Gemünden ac yn rhentu ystafell gyda'i gilydd, oni bai bod rhaid iddyn nhw fynd i wneud *Arbeitsdienst* [gwasanaeth gwaith] neu'n gwneud gwaith elusen arall cysylltiedig â'r rhyfel. Ddylen nhw ddim dod yn faich i chi.

Ar 16 Mawrth 1944, mae Willibald yn ysgrifennu at Eva Monika yn Gemünden gan ddweud mai'r teulu Limbacher yw eu gwarcheidwaid swyddogol yn awr. Bu peth anghytuno â'r teulu yn Berlin a oedd â gofal cyn hyn:

Ym mhob dim a wnei, cofia am enw'r teulu, ac a fyddai dy fam wedi cymeradwyo... Rwy'n iawn, ac wedi cael llyfr gwych gan Frau Limbacher am Friedrich der Große. Cariad, dy dad.

Mae llythyr ganddo at Frau Limbacher ar 11 Mai 1944 yn sôn ei fod yn cael llygad newydd yn lle un ffug a oedd ganddo eisoes. Mae hwn yn llythyr hyderus, ond ar 11 Mai y mae eto'n poeni am anghytundeb rhwng Wilma a'r teulu yn Berlin. Mewn llythyr arall mae'n gofyn i Frau Limbacher wneud yn siŵr bod ei ferched yn cael symiau o arian, ac yn cadw cyfrif ar eu gwario.

Mae ei ymrwymiad i achos y rhyfel yn dal, er bod misoedd yn mynd heibio ac yntau'n garcharor. Roedd amodau ei garchariad, fodd bynnag, yn wahanol iawn i amodau gwersylloedd yr Almaen, ac roedd yn cael rhyddid i ysgrifennu fel y mynnai a derbyn llythyrau a rhoddion. Meddai ar 12 Awst 1944:

Mae'n well i chi a'm merched gofio amdanaf fel yr oeddwn gartref. Gan fy mod yn adnabod yr ardal yr ydych yn byw ynddi'n dda, gallaf ddychmygu popeth yr ysgrifennwch amdano. Mae fy meddyliau a'm dymuniadau da gyda chi wrth i chi ddwyn beichiau trwm y rhyfel. Boed i Dduw roi nerth i chi. Dylai fy merched wneud gwaith rhyfel, mae hyn yn bwysig ac yn angenrheidiol. Gall astudiaethau a bywyd personol aros. Dim ond pan fydd yr Almaen yn byw y gallwn ni fyw.

93

Erbyn hyn roedd Willibald yn garcharor yng ngwersyll Clinton, Mississippi. Clywodd fod ei ferch Wilma am briodi swyddog yn y fyddin. Ysgrifennodd ar 11 Tachwedd 1944:

Os yw'n wir, rhowch fy nymuniadau gorau iddi. Fydd hi ddim yn hawdd iddyn nhw, ac yntau'n swyddog ar ddyletswydd, a'r ddau heb ddim. Yn union fel pan briododd Eva a fi, yn bâr swyddogion nodweddiadol. Ond roedden ni mor hapus er bod yr amser mor fyr. Dymuniadau gorau i Hohensee [cariad Wilma], ei fod yn gwella'n fuan o'i glwyfau. Mae'n rhaid ei bod yn braf i Wilma wybod o leiaf ei fod yn yr Almaen.

Mae llythyr ar 16 Rhagfyr 1944 yn trafod manylion ariannol priodi:

Rwy'n cytuno'n llwyr â dyweddïad Wilma, a byddai dyweddïad hir yn chwerthinllyd. Ar ôl y rhyfel bydd hi'n derbyn taliad o tua RM1000m, ac yn ychwanegol ar ôl priodi, tâl o RM200 y mis. Bydd hyn yn gwneud bywyd ychydig yn haws, yn enwedig wedi'i gyfuno â chyflog ei gŵr. Fy nymuniad i yw ei bod yn stopio astudio ar ôl priodi, os yw hyn yn bosibl gyda'r rhyfel yn dal i fod. Rwy'n gofyn i chi ac i'ch gŵr fy nghynrychioli i yn ystod y briodas...

Fodd bynnag, ymhen saith mis roedd Willibald Borowietz yn farw. Yn ôl un hanes teuluol cafodd ei ladd gan offer trydan – damwain yw barn rhai, hunanladdiad yw barn eraill.[12] Does dim yn y llythyrau hyn yn awgrymu anhwylder meddwl a fyddai'n arwain at hunanladdiad. Mae gofidiau am ei deulu yma, ond mae yma hefyd gynllunio cadarnhaol. Wedi dweud hynny, roedd pob arwydd erbyn Gorffennaf 1945 ei bod hi ar ben ar Hitler. A gollodd Willibald yr awydd i fyw, a'r Almaen yn chwalu, a'i fywyd yn deilchion? Mae adroddiad arall yn dweud iddo gael ei ladd mewn damwain car.[13] Cafodd ei gladdu yng Nghaer Benning, y swyddog Almaenig uchaf i gael ei gladdu yno, a chafodd ei ddwy ferch eu gwneud yn amddifad.

Hans Ledien yn ffoi

ODIPYN I BETH CAEWYD allan yr Iddewon o wahanol agweddau ar fywyd y dref, cymerwyd eu busnesau, gyrrwyd hwy o'r dref, ac yna, ar ben y cyfan, daeth noson *Kristallnacht*, 9 Tachwedd 1938, dyddiad pen-blwydd Martin Luther. Erbyn hynny nid oedd mwy na rhyw hanner cant o Iddewon yn weddill yn y dref. Serch hynny, dewiswyd dyddiad geni Martin Luther i ymosod ar eiddo, tai a busnesau'r Iddewon a oedd yn weddill. Chwalwyd y rhain a llosgwyd synagogau.

Cafodd y dinistr ei drefnu'n genedlaethol. Ar lefel leol byddai swyddogion yr SS yn trefnu bod gangiau o bobl leol, yn aml yn wehilion cymdeithas, yn gwneud y gwaith. Yn Wittenberg cafodd dau grŵp o bobl leol eu trefnu i ymosod ar fusnesau.

Erbyn iddo ysgrifennu'r llythyr hwn at Kate roedd Günther ei brawd wedi mynd i Sweden, a'r hyn a welodd yn Wittenberg wedi cael effaith ddofn arno. Hans, brawd ei fam, ddioddefodd fwyaf y diwrnodau hynny, wrth i'w eiddo gael ei chwalu ac wrth iddo wedyn gael ei gymryd i Buchenwald. Tua wyth oed oedd ei ferch Erika, a orfodwyd i wylio'r cyfan.

27.12.1938, o Karlshamn, Sweden

Diolch i Dduw ein bod ni wedi gallu teithio i Sweden – ar un adeg roedd yn ymddangos na fyddai fy mhasbort yn cael ei estyn – does dim byd llawen gen i i'w adrodd. Rwy'n tybio dy fod yn gallu ail-greu'r rhan fwyaf o'r adroddiadau papur newydd. Dechreuodd pethau gyda marwolaeth Eva. Cymerodd hi ei bywyd, fel arall byddai Will wedi gorfod gadael ei waith ar Ionawr y 1af. Eisoes roedd rhaid i feddygon Iddewig adael eu gwaith ar y 1af o Hydref, a chyfreithwyr ar y 30ain o Dachwedd. Roedd yr heddlu wedi mynd at Hans a gofyn iddo a oedd e am ymfudo ac ati. Roedd y sioc i Oma'n ddifrifol. Fe geisiodd Oma wedyn ei lladd ei hun sawl gwaith, yn llai ac yn fwy difrifol o ran bwriad, weithiau gyda nwy, weithiau gyda moddion cysgu, nad oedd wrth gwrs prin yn effeithiol gydag Oma. Roedden ni i gyd mewn gofid ac yn poeni a doedden ni prin yn gadael Oma ar ei phen ei hun.

Doedd Dolly ddim yn gallu cefnogi dim am nad yw hi wedi gwella o hyd. Mae'n rhaid bod ei salwch hi i raddau helaeth yn seicolegol – gormod o waith a phryderon ariannol. Mae ganddi ormod o ddyledion – mae ei chyfleusterau'n wych, ond braidd yn wallgof o fawr, ac felly mae Schorch [Georg, gŵr Dolly] wedi difetha rhan fawr o'i bractis, wrth iddo fe deithio i Iwgoslafia. Ond bydd hynny'n dod i drefn eto ac rydyn ni'n gwneud popeth i gael Dolly am fis neu ddau i Sanatoriwm. Mae ei symptomau'n ddiniwed mewn gwirionedd. Ond ar hyn o bryd doedd hi ddim yn gymorth, ond yn faich. (Mae ei phlant, i'r gwrthwyneb, yn bleser pur.)

Yna daeth y llofruddiaeth ym Mharis.[14] Mae'n siŵr dy fod yn gwybod yn iawn am y deddfau a ddilynodd hynny. Roedd cynddaredd y bobl (gwehilion wedi'u trefnu ac arweinwyr SS hysbys) wedi difa mae'n sicr werth mwy na rhai cannoedd o filiynau o farciau. Roedd y ddau ddiwrnod yn echrydus. Roedd y rifolfer wedi ei lwytho yn gorwedd trwy'r adeg ar ddesg ysgrifennu Opa. Roedd pethau ar waith yn Wittenberg: yn fuan cafodd Hans a llawer o Iddewon eraill eu harestio. Yna meddiannodd yr heddlu yr holl arfau. Wedi hynny diffoddodd y gwaith nwy y nwy a'r goleuadau ac yna daeth 'y gynddaredd'. Gan weithio mewn dau grŵp cafodd fflatiau'r Iddewon cyfoethog a'r busnesau a'r swyddfeydd eu chwalu. Ni allai ymosodiad gan fom fod wedi creu gwaeth difrod. Cafodd Erika ei gorfodi i wylio (ac eto yn ei chartref hi gadawson nhw swm cymharol fawr o bethau'n gyfan); pedair basged ddillad gyfan o borslen. Gydag eraill roedden nhw wedi difa'r holl gelfi. Yna parhaodd yr erlid yn y papurau, ar y radio ac ati. Wedi dweud hyn, roedd y cyfan yn ymddangos yn ormodol i lawer iawn o bobl.

Ond y canlyniadau: mae pwy bynnag sy'n cysylltu ag Iddew i bob pwrpas yn cael ei ddrwgdybio'n fawr, a bydd ganddo un goes yn y gwersyll crynhoi. Nid yw Iddew yn ddyn bellach, does dim hawliau ganddo fe, ac mae ymfudo hefyd yn cael ei wneud yn anodd. Dw i ddim yn credu y gall papurau ddod yn agos at ddisgrifio'r artaith a'r fandaliaeth.

Roedd Hans yn y gwersyll-garchar am bum wythnos. Doedd dim hawl ganddo i gael post, a thair gwaith y cafodd e ysgrifennu. Roedd 25,000 yn y gwersyll a 10,000 ohonyn nhw'n Iddewon, o fis Tachwedd ymlaen. Doedd dim hawl ganddo i yngan gair am sut roedden nhw'n cael eu trin. Bygythiwyd ei saethu... Dywedwyd wrtho wedyn, pe na bai'n gadael yr Almaen o fewn rhai misoedd, y byddai'n cael ei gymryd yn ôl i'r gwersyll-garchar ac na fyddai byth yn cael mynd allan.

Doedden nhw ddim yn cysgu mewn barics, ond, mae'n debyg, ar y ddaear o dan un flanced, cael llawer rhy ychydig i yfed a DIM math o waith o gwbl! Dyw bywyd dyn yn werth dim yno – roedd e wedi goroesi'r cyfan yn dda, yn well na'r disgwyl, ond yn ysbrydol roedd e bron wedi'i ddinistrio. Mae Oma rywsut wedi dod ati'i hun, o leiaf doedd hi ddim wedi dioddef yn bersonol. Ac yn y dref mae pawb yn hynod gyfeillgar. Mae'n rhaid dweud bod yr awdurdodau'n cywilyddio, hyd at y Gestapo, sy'n hollalluog.

Dyw'r rhai o dras cymysg ddim yn cael eu tarfu gan yr holl bethau, ond dyw pethau ddim chwaith wedi gwella.

Roedd nerfau Opa wedi dioddef gan y cyfan, gan fod rhaid iddo fe ofni'r gwaethaf – y gwaethaf yw'r holl sibrydion – ac yn erbyn Opa mae'r ymosod mor aml. Ond heb fawr o lwyddiant dw i ddim yn credu. Ac rwy'n credu na fydd raid i'r clinig ddioddef fawr chwaith. Mae Oma'n naturiol wedi'i chau allan o'r busnes yn llwyr, ac mae'n rhaid iddi hi ofalu am y fflat newydd braf iawn. Ond dyw hynny i gyd ddim yn hawdd.

Rhaid iti ysgrifennu ar unwaith am dy gynlluniau di. Pa mor hir fydd dy arian yn para? Sut mae pethau gyda phosibiliadau gwaith? Fe geisiwn ni gael arian i ti yma, fel dy fod yn cael dy gefnogi'n barhaus. Neu a ddylen ni geisio hefyd chwilio am waith i ti mewn dinas fan hyn? Mae'n siŵr y gallet ti gyda'th ieithoedd gael gwaith da fel gohebydd. Ond ateba ar unwaith, oherwydd bydd hi ar y gorau'n anodd dod o hyd i rywbeth. Oherwydd Hans rwy'n ysgrifennu i Mecsico at ei ffrind ysgol. Dyw'r affidafid (neu beth bynnag mae'n cael ei alw) yn dal heb ddod. Ar y gwaethaf, os yw popeth yn methu, rhaid i ti yn Lloegr geisio gweld beth all Hans wneud. Mae ganddo hyd at 1.IV.39 nes gorfod mynd allan o'r Almaen.

Dinistria'r llythyr hwn ar unwaith os gweli di'n dda.
Günther

Faint o arian sydd ei angen arnat ti mewn mis? Ar hyn o bryd mae popeth yn Wittenberg mewn trefn. Mae'r clinig eleni wedi cael bron 700 mwy o gleifion na'r llynedd.

Gwnaed sawl ymdrech yn dilyn hyn i gael lloches i Hans mewn gwledydd eraill. Mae un llythyr oddi wrth Audrey Turner o'r Society of Friends German Emergency Committee (17 Ionawr 1939), cymdeithas o Grynwyr, wedi'i gyfeirio at un Mrs Oates o Leeds, ar fater rhoi fisa Prydeinig i Hans Ledien. Mae'n glir ei bod hi wedi cysylltu â'r Gymdeithas i geisio fisa ar ran Hans, ond doedd yr ateb ddim yn obeithiol:

Hans Ledien yn 1935

In order to obtain a permit for a refugee to enter this country it is necessary either that he should have a post to come to, or that his plans for emigration elsewhere should already have been made.

I am afraid, therefore, it would not be possible for Herr Ledien to come over here upon the offer of a few months' hospitality...

Ar 19 Ionawr 1939 mae Mrs Ethel Oates yn ysgrifennu at Hans Ledien yn cynnig ei fod yn dod i Loegr i ddysgu Almaeneg i'w meibion, tra'i fod yn cadarnhau trefniadau mwy pendant ar fudo i Dde America:

A fyddai'n bosibl i mi ganiatáu rhai misoedd o letygarwch i chi, wrth i chi siarad Almaeneg gyda fy meibion?

Rwy wedi holi am fisa, ac mae'n ymddangos o'r papurau atodol bod rhaid i chi dderbyn rhywun sy'n gallu ymgymryd â gwaith am amser heb derfyn. Dydw i ddim yn y sefyllfa i wneud hynny, ond os gallwch chi roi cyfeirnod ar gyfer mudo i America neu fanylion am fudo i rywle arall, neu os galla i fynd ati i ganfod rhywun arall a allai eich cymryd fel athro Almaeneg.

Gobeithio y gallwch chi fod mewn sefyllfa i fanteisio ar y cynnig hwn, ac os hynny fe wna i geisio llenwi'r ffurflen atodedig mor fuan â phosibl, fel bod y Weinyddiaeth Gartref yn rhoi fisa.

Ar 22 Ionawr 1939 mae Hans yn ysgrifennu at Kate yn Lloegr yn diolch am ei hymdrechion i ganfod swydd iddo. Medd Hans nad yw eto wedi cael fisa nac affidafid i fynd i Ogledd America, na chwaith hawl i ymfudo i Mecsico, a heb glywed chwaith gan gyfaill ysgol o Puebla. Yr anhawster rhag dod i Brydain yw nad oes cynnig swydd barhaol, ac mae'n ofni bod pob gobaith yn diflannu.

Erbyn 1 Chwefror 1939 mae Hans yn amau'n fawr a fydd yn gallu dod at Kate yn Llundain. Roedd wedi mynd i swyddfa'r Gymdeithas Cyfeillion yn Berlin, ond cafodd ei gais ei wrthod. Er mwyn dod i Loegr roedd rhaid iddo gael prawf mai am gyfnod cyfyngedig yn unig y byddai yno, a bod ganddo ganiatâd parhaol i fynd i wlad arall. Cafodd gyngor yn Berlin i holi'r German Jewish Aid Committee yn Llundain. Yn y cyfamser cafodd wahoddiad i fynd at gyfaill yn Verdun, Ffrainc. Roedd posibilrwydd pellach i fynd i Algeria, a'i gyfaill yn fodlon ymchwilio i hyn.

Cafwyd cymorth caredig gan Ronald Gurney o'r brifysgol ym Mryste ar 25 Chwefror 1939, a ddywedodd ei fod yn fodlon rhoi gwarant ariannol i Hans yn Lloegr nes y byddai'n mynd i America.

Erbyn 19 Mawrth 1939 roedd Hans yn gobeithio cael fisa i Chile, ond yn y cyfamser roedd Chile wedi gwahardd rhoi caniatâd i ragor o fewnfudwyr.

Ysgrifennodd Hans at Dr Gurney yn gofyn iddo drosglwyddo 200 doler ar ei ran i'r Palestine & Orient Lloyd ym Mharis; roedd wedi cael cyngor gan swyddfa deithio yn Leipzig bod rhaid gwneud trefniadau o'r fath trwy Baris. Yn ystod yr wythnos, i drefnu mudo, roedd wedi bod yn Berlin, Magdeburg, ddwywaith i Leipzig ac yna eto i Berlin. Erbyn hyn roedd yn ymddangos bod modd iddo gael llong, a'r llong honno'n ei gymryd i Shanghai.

Yn ddiweddarach cofnododd Erika, yn ferch fach ar y pryd, hanes *Kristallnacht* yn ei chartref, a chysylltu hyn â hanes ei thad a gafodd ei garcharu yn Buchenwald yn dilyn yr ymosodiad ar ei swyddfa a'u cartref. Mae'n cychwyn yr hanes gyda hanes ei thad yn gadael yr Almaen am Shanghai.

> Fe biliodd 'nhad yr afal mor hwyliog nes i mi gael cynffon o groen hir, a thorrodd rai wynebau ffyrnig eu golwg ar grwyn yr orennau, ac roedd e'n gallu arlunio holl gymeriadau'r chwedlau. Ond wrth iddo fynd gyda fi ar daith feic i goedwig Teucheler, wylodd. Dyma'i daith olaf cyn iddo hedfan o Leipzig i Rufain, a theithio yna o Genua gyda'r llong i Shanghai. Aeth Mam, Wncwl Walter [Walter Mannchen, gŵr Leonore Herzfeld, a oedd yn ail gyfnither i'w mam] a minnau gyda Dad i Leipzig. Ces i wisgo cot blant o Hamburg a'r het goch. Cyfnewidiodd Wncwl Walter y briffces gyda Dad. Yna aeth yr awyren yn llai ac yn llai yn y nen.
>
> Fe ddymunais na fyddai'n dioddef o'r bustl, a sut byddai hynny yn Shanghai, lle na allai Wncwl Paul ddod a rhoi brechiad iddo. Mor aml y clywn y camau trwm o gwmpas y tŷ, pan fyddai Dad

yn cerdded o amgylch wedi'i blagio gan boenau, ac yna gar Wncwl
Paul, Mam ac Wncwl Paul yn sibrwd, a Dad yn griddfan. Arhoswn
i bob tro'n dawel yn f'ystafell yn y gwely. Ond unwaith fe godais
i, a dyna lle roedd Mam ac Wncwl Paul, a hefyd Anti Kaethe a
Dad, a oedd yn drewi'n ofnadwy. Roedd e newydd gael ei ollwng
yn rhydd o Buchenwald. Daeth heb got, roedd e wedi gadael
honno i ddyn yno nad oedd eto wedi cael ei ryddhau. Roedd
Dad yn denau ac yn druenus ac yn dawel. Doedd dim hawl siarad
am ei amser yn y carchar. Roedd rhaid i bawb oedd wedi cael ei
ryddhau o'r carchar dyngu i gadw'n dawel. Daeth Dad adre i dŷ
oedd wedi newid yn llwyr. Yn lle'r tri pherson oedd yn byw yno,
roedd mwy na dwsin o bobl yn awr yn y tŷ. Roedd teulu Iddewig
wedi ei osod bron ym mhob ystafell ar ôl *Reichskristallnacht* y 9fed o
Dachwedd 1938. Yn y lolfa roedd pâr ifanc Kühn gyda baban nad
oedd eto'n flwydd oed. Yn ystafell y dynion roedd hen bâr Israel,
yn yr ystafell fyw y weddw Klein gyda'i merch mewn oed, mewn
ystafell arall pâr priod Hirschfeld gydag efeilliaid yn eu harddegau.
Y teulu Hirschfeld yw'r unig rai a ddaeth oddi yno. Roedd gyda
nhw'n barod eu papurau ar gyfer Palestina, ac rwy'n cofio'u
hanrheg ffarwél, ysgrifbin i mi.

Roedd yr holl breswylwyr wedi'u dychryn yn llwyr, dim ond
y pethau mwyaf angenrheidiol roedden nhw wedi gallu eu cymryd
o'u cartref. Daeth rhai ohonyn nhw â rhyw welyau dros dro gyda
nhw. Doedd ganddyn nhw ddim cyswllt â'u hardal fyw gynt ac
roedden nhw wedi'u dedfrydu i fod heb ddim i'w wneud, am
fod eu siopau wedi'u cau, neu am eu bod wedi'u gwahardd o'u
mannau gwaith. Doedd dim hawl ganddyn nhw i fynd allan o'r tŷ,
ac o flaen y tŷ trwy'r dydd gwelen ni ddynion yn gwisgo cotiau
lledr. Byddai ein hen gymdoges, Frau Böttcher, yn cymryd sawl
litr o laeth oddi wrth y cerbyd llaeth ac yn eu gosod – fel y byddai
ers misoedd – y tu cefn yn yr ardd ar y mur i ni.

Roedd fy ngwallt pleth yn ymarferol, gan nad oedd raid i fi
fynd i dorri fy ngwallt. Byddai hynny wedi bod yn wael, oherwydd
ar ôl 1938 roedd rhaid i ddyn fod yn barod i gael ei daflu allan o
siop. Doedden ni ddim yn gwybod yr union reolau, ond roedd yn
glir nad oedd neb ar ôl *Kristallnacht* yn gallu mynd i theatr, sinema,
cyngerdd nac i unrhyw arddangosfa. Roedd ein symudiadau wedi

cael eu cyfyngu'n fawr. Mae'n debyg mai dim ond Iddewon, nid y 'bobl gymysg', oedd yn dioddef hyn, ond doedd neb wedi cael gwybodaeth lawn ac roedden ni bob amser yn ceisio osgoi sefyllfaoedd poenus.

Yn aml fe welen ni fod y rheolau yn cael eu gweinyddu 150%. Er enghraifft, ches i ddim mynd yn ddiweddarach i'r ysgol ramadeg yn Stettin, er nad oedd unrhyw reol am hyn. Wedi 1935 cafodd fy nhad fwy a mwy o anawsterau wrth weithredu yn ei swydd ac yn y pen draw dygwyd oddi wrtho ei hawl i weithredu fel *Notariat*, sef prif ffynhonnell ei incwm. Fe wnaeth geisiadau wedyn i gael fisa. Ar y cychwyn gwnaeth ymdrechion i gael fisa i Ffrainc. Roedd e wedi bod yn fyfyriwr yn Grenoble ac ychydig ym Mharis, ac roedd yn hoff iawn o Ffrainc. Ond doedd dim gobaith cael hawl i weithio yno. Roedd hi'r un fath yn yr Iseldiroedd a'r Swistir. Yna hoeliodd 'nhad ei sylw ar Dde America, a cheisiodd gael affidafid, a theithiai'n gyson i Berlitz yn Berlin a dysgu Sbaeneg. Trwy dalu swm mawr o arian dylai popeth fod wedi cael ei gyflymu, ond cafodd 'nhad ei ddal gan dwyllwr.

Roedd e yn barhaus wedi cael ei rwygo rhwng cynlluniau i ymfudo ac aros yn yr Almaen. Ond roedd yr arestio ym mis Tachwedd 1938 wedi dod â phob ystyriaeth i ben. Ym mis Hydref roedd chwaer ieuengaf fy nhad wedi ei lladd ei hun yn Berlin. Roedd gŵr Eva, swyddog yn y fyddin, i gael ei daflu allan o'r fyddin, am ei fod yn briod ag Iddewes. Ar ôl ei marwolaeth roedd e'n gallu bwrw ymlaen â'i yrfa, a dod yn gadfridog hyd yn oed. Cafodd ei blant ef a Modryb Eva, Jochen, Wilma ac Eva-Monika, eu derbyn yn Ariaid. Bu farw Jochen yn filwr ifanc 19 oed yn ystod wythnosau cyntaf y rhyfel. Roedd gan fy nhad berthynas arbennig o agos ag Eva, ac roedd ganddo gylch o gyfeillion cyffredin yn Berlin (lle roedd e wedi cwrdd â'm mam) a gallai fel ewythr a oedd yn hoff o blant fod wedi gweld ei nai a'i nithoedd yn tyfu a'u hariannu'n sylweddol. Roedd e wedi byw nes ei fod yn 42 gyda'i fam yng nghartref helaeth ei rieni, ac roedd digon o amser a lle ar gael i dderbyn y teulu o Berlin. Cafodd ei ddychryn gan farwolaeth ei chwaer. Yn fuan wedyn cafodd ei arestio yn y swyddfa ac ar ôl rhai dyddiau yng ngharchar croesholi Wittenberg cafodd ei symud i Buchenwald.

Roedd Frau Walter wedi mynd â bwyd iddo bob dydd yn y carchar; un diwrnod daeth hi'n ôl yn waglaw: doedd Dad ddim yno mwyach.

Y nos ar ôl arestio fy nhad roedd heidiau o ddynion yn taro drws ein tŷ ac yn taro'r ffenestri i mewn ac yn y tŷ roedd y cyfan y gallen nhw gael gafael ynddyn nhw ar y pryd ar chwâl: drysau gwydr, lampau, drychau, cynnwys cypyrddau. Cafodd clustogwaith ei dorri ar agor, cafodd lluniau ar y muriau eu rhwygo, a chafodd fy noli ei difetha, nes i'r llygaid cysgu gael eu gwthio i mewn, a'r pen ei niweidio'n llwyr. Ni chafodd y cwpwrdd gwydr gyda chasgliad helaeth fy nhad o filwyr tun ond ei daro i lawr, chafodd e mo'i chwalu. Roedd rhai o bethau'r tŷ ar goll ar ôl y *Kristallnacht*, ond doedd dim o'r casgliad o filwyr tun ar goll.

Doedd fy mam, a oedd gyda fi ar ei phen ei hun yn y tŷ, ddim yn gallu galw am help, doedd y trydan na'r ffôn yn gweithio. Roedd ofn difrifol arnon ni. Roedden ni'n cael ein hel o gwmpas y tŷ, roedd hi'n dywyll, bydden ni'n baglu, yn cael ein hergydio gan y dynion, roedd pethau'n chwalu ac yn malu, roedd gweiddi ym mhobman...

Yna rywbryd roedd mam Walter yno ac aeth â ni oddi yno i'w thŷ hi. Am ddyddiau roedd Mam a Frau Griebel, yr hen ofalwraig, a fyddai'n dod sawl gwaith yr wythnos ar ei hen feic, er nad oedd hawl gan fy rhieni i gael morwyn mwyach, yn clirio. Teilchion ym mhobman, drysau cypyrddau wedi eu rhwygo'n rhydd, llenni wedi eu torri, lluniau wedi eu tyllu... Arhosodd Frau Griebel yn enaid ffyddlon. Siaradai'n aml am 'ei chlwb' (y Blaid Gomiwnyddol). Gartref roedd ganddi ei hen ŵr, yn ddall ac ar ei bensiwn, ŵyr anabl a lletywr ifanc yn ei hystafell fwyta ger y gegin...

Ar ôl i 'nhad gael ei ryddhau o Buchenwald yng ngwanwyn 1939, ar gais fy mam am iddo fod yn swyddog a enillodd wobrau yn y Rhyfel Byd Cyntaf, byddai'r Gestapo yn ei boeni byth a beunydd, er mwyn gyrru fy nhad allan o'r wlad. Trwy ddyn SA cafodd e daith long o Genua i Shanghai yr oedd Iddew wedi ei chadw, ond a fu farw cyn teithio. Roedd y daith ar gyfer un person. Roedd fy mam a minnau i fod i deithio'n hwyrach, ond yna wedi i'r Ail Ryfel Byd gychwyn ar 1 Medi 1939 doedd hynny ddim yn bosibl. Roedd gan fy rhieni erbyn hynny broblemau seicolegol, ac ariannol hefyd.

Mae'n debyg ei bod yn haws mynd i Shanghai nag i fannau eraill: doedd dim angen cael fisa na chaniatâd arbennig – roedd cael tocyn teithio'n ddigon. Cafodd le i aros yn y 'Navy Y.M.C.A.' yn Shanghai, ond roedd pethau'n ddigon anodd. Meddai mewn llythyr at Stina (cyfnither i wraig Günther yn Sweden) ar 2 Mehefin 1941 nad oedd neb yn Shanghai wedi gofyn iddyn nhw fod yno, doedden nhw ddim wedi dod â chyfoeth gyda nhw, ond roedden nhw'n ceisio byw a chael gwaith. O'i ran ei hun, dywedodd ei fod yn ffodus fod ganddo ddawn i ddysgu ieithoedd, ac wrth fyw yn y YMCA roedd yn cael cyfle i ymarfer Saesneg. Roedd hefyd yn cael gwersi Tsieinëeg ond yn cael yr iaith yn anodd dros ben. Anhawster arall oedd ei fod yn dysgu Mandarin, sef iaith yr awdurdodau, ond nid yr iaith a siaredid gan y cyhoedd. Roedd digon ganddo ar gyfer defnyddio'r iaith ar y stryd ac mewn bwytai, ond dywedodd fod angen dysgu'r iaith yn iawn er mwyn trafod busnes. Doedd Shanghai, oherwydd y rhyfel, ddim yn cael amser hawdd; ychydig o longau fyddai'n galw, ac roedd prinder glo, ac roedd rhaid bod yn ddarbodus gyda golau.

Dogfen gofrestr ariannol Hans Ledien pan oedd yn garcharor yn Buchenwald, ac yntau'n 51 oed ar y pryd

Ymunodd Hans â heddlu arbennig Shanghai ym mis Tachwedd 1941, a oedd yn wasanaeth gwirfoddol, ond byddai'n cael peth bwyd pan fyddai'n gwasanaethu ddwywaith yr wythnos. Erbyn hyn roedd y Siapaneaid wedi meddiannu'r YMCA, a chafodd le mewn sefydliad Ffrengig ac wedyn ystafell yn 131 Museum Road, lle roedd gerddi braf. Dywedodd fod ei Tsieinëeg yn gwella, ond dim ond tua 800 i 1,000 o nodau'r iaith yr oedd yn eu deall, ac roedd angen o leiaf 3,500 i ddarllen papur. Mae Hans yn awr yn ygrifennu yn Saesneg, gan fod hyn yn haws i'r sensoriaid. Adroddodd beth o'i hanes yn Shanghai wrth Kate mewn llythyr ar 11 Chwefror 1948:

Aeth y blynyddoedd yn Shanghai heibio'n gyflym. I ddechrau roedd pethau'n anodd iawn! Doedd dim Saesneg gen i, a doeddwn i ddim yn gweld unrhyw bosibilrwydd o fod o wasanaeth. Yna daeth pethau i drefn yn raddol, er imi hefyd fod yn llwgu am amser hir. Yna daeth diwedd 1941 ac yn 1942 daeth amser tipyn gwell, ond yn 1943 gwnaeth y Siapaneaid dro gwael ofnadwy â ni'r mewnfudwyr, gan iddyn nhw ffurfio rhyw fath o geto. Ar ôl diwedd Rhyfel y Môr Tawel daeth pethau'n well. O fis Tachwedd '45 roeddwn i'n rheolwr y Business Appliance Company ac yn trafod teipiaduron a pheiriannau cyfrif ac offer swyddfa arall, ac roeddwn i'n byw'n eitha da yng nghylch fy nghyflogwyr Tsieineaidd. Fe ddysgais Saesneg yn dda a Tsieinëeg gweddol ac mae gen i dipyn o gydymdeimlad â'r Tsieinëaid. Daeth amser chwerw wedyn gyda'r frwydr i geisio dod adref. Dim ond ar 25 Gorffennaf 1947 y llwyddais i adael Shanghai o'r diwedd ac roeddwn i'n ôl ar 29 Awst 1947 gyda fy nwy Erika... Fyddwn i'n bendant ddim wedi adnabod fy merch pe bai hi wedi dod ar ei phen ei hun. Mae hi'n mynd yn eiddgar i'r ysgol, yn nhraddodiad y teulu i'r *Melanchthongymnasium*...

Ar ôl treulio peth amser yn Wittenberg ar ôl dychwelyd, ymsefydlodd Hans yn gyfreithiwr yn Berlin. Ond bu diwedd y rhyfel yn gyfnod mwy cythryblus i Erika ei ferch, fel y cawn weld yn nes ymlaen.

Kate yn ffoadur

FEL Y GWELSOM, KATE Bosse a'i chwaer Dorothea, neu Dolly, oedd yr unig ferched a gafodd fynd i ysgol ramadeg y bechgyn, trwy ddylanwad eu tad. I Brifysgol München – Munich – yr aeth Kate Bosse ar ôl gadael yr ysgol yn Wittenberg, gan astudio'r Clasuron, a dewis Eiffttoleg yn rhan o'i hastudiaethau.[15] Yn unol â'r posibiliadau yn yr Almaen o astudio gwahanol gyrsiau mewn amrywiol brifysgolion, manteisiodd Kate ar y cyfle a threulio rhan o'i hastudiaethau yn Berlin a Bonn cyn graddio. Fe orffennodd ei doethuriaeth ar 'Y Ffigurau Dynol yng Ngherfluniaeth y Cyfnod Eifftaidd Diweddar', gwaith a cyhoeddwyd yn Glückstadt yn 1936, a'i ailargraffu yn 1978.

Ar gyfer y gwaith hwn cafodd Kate nawdd gan ei rhieni i astudio, a threuliodd amser yn yr Eidal,[16] Groeg a'r Aifft, gan astudio mewn amgueddfeydd yn Berlin, Bologna, Fflorens a Torino. Astudiodd hefyd Arabeg clasurol, celfyddyd Groeg a hanes yr hen fyd.

Ar y pryd roedd Kate yn caru â llanc o'r enw Niklaus von Mossolow (sy'n cael ei alw weithiau'n Niki, Niky a Nika) a oedd yn astudio yn Munich, ac fe gynorthwyodd e hi drwy dynnu nifer o luniau ar gyfer y gwaith. Wedi i Günther gyrraedd y coleg, aeth y tri ar daith i'r Zugspitze, mynydd uchaf yr Almaen.

Roedd Niki'n fab i Gadfridog o Rwsia, ond o ran ei astudiaethau ni chafodd lwyddiant mawr. Mae rhai llythyrau teuluol yn nodi iddo ddibynnu gormod ar Kate am ei waith. Bu i'r ddau ddyweddïo. Nid oedd Paul Bosse wrth ei fodd, am na chredai y byddai Niki'n llwyddo yn ei alwedigaeth. Yn nes ymlaen gorchmynnodd fod y

ddau'n torri eu dyweddïad, ac mae'n debyg mai dyna fu, er na fu hyn yn hawdd.

Cafodd y berthynas ddylanwad ar Kate; roedd ganddi eisoes ddiddordeb mewn Marcsiaeth, a chryfhawyd hyn, ond aeth ati hefyd i ddysgu Rwseg ac Eidaleg. Bu'r ddau ar daith yn y ddwy wlad, a Kate ar un adeg yn ymchwilio yn amgueddfa'r Hermitage yn St Petersburg (Leningrad y pryd hwnnw).

Roedd Kate wedi bod yn gweithio yn Adran Eifftolegol yr Amgueddfa Wladol yn Berlin ers 3 Medi 1935, ond yn nechrau 1936 dyma gyd-weithiwr iddi, Alfred Hermann, yn tynnu sylw pennaeth yr adran at ei thras hanner Iddewig. Nid oedd hwnnw, Rudolf Anthes, am ei diswyddo, ond doedd dim dewis ganddo ond ufuddhau i waharddiad y deddfau Natsïaidd ar gyflogi Iddewon i swyddi cyhoeddus. Cafodd Kate ei diswyddo ar 9 Mai 1936, a chafodd nodyn geirda gan Anthes ar 11 Mai yn dweud 'gan nad yw rhagamodau tarddiad Ariaidd wedi eu cyflawni, ni all hi weithio bellach fel swyddog i'r amgueddfa. Mae'n flin gen i golli cydweithwraig alluog'. Roedd yn glir bellach na fyddai modd i Kate gael swydd yn yr Almaen, a bu'n rhaid meddwl am wlad y gallai fynd iddi.

Erbyn canol Medi 1936, roedd Kaethe Bosse eisoes wedi bod yn gohebu â Syr D'Arcy Thompson o'r Alban i geisio gwaith i'w merch. Mae'n ymddangos bod cryn ymdrech wedi'i gwneud i gael gwaith i Kate, ond nid oedd cymryd ysgrifennydd wedi bod yn rhan o gynlluniau Syr D'Arcy. Meddai hwnnw mewn llythyr wrth Kaethe Bosse:

It is still true, of course, that no one of my daughters wishes, or is able, to go to Germany at present, and that my wife and I had no idea of inviting a young Germany lady to live with us.

But what you tell me of your daughter interests me very much, and I should much like to know more of her. I am now an old man, but have still much work to do. I have no Secretary or typist, and have been thinking lately that I must have some such assistance next year; and if I do have an assistant it must be one who knows Greek, above all things!

I am sending Fräulein Dr Käthe one or two small and unimportant papers, – just enough to show her the kind of work I do. She must write me a letter about herself and her own work, – and it would be nice and kind if she would send me a photograph of herself.[17]

Yn dilyn hyn, pan ddaeth Kate i Brydain, at Syr D'Arcy Thompson, a oedd yn swolegydd ac yn glasurwr, yn St Andrews, yr Alban, y daeth yn ysgrifennydd yn gyntaf, ac at yr Athro H. J. Roes a oedd hefyd yn glasurwr.

Syr D'Arcy Thompson

Roedd D'Arcy Thompson (1860–1948) yn academydd adnabyddus, ac yn fiolegydd a mathemategydd yn ogystal â bod yn ysgolhaig clasurol. Roedd ei dad, yntau hefyd yn D'Arcy Thompson (1829–1902), wedi bod yn athro Groeg yng Ngholeg Queen's, Galway. Ar ôl i D'Arcy'r mab raddio ym Mhrifysgol Caergrawnt, cafodd ei benodi'n Athro ym Mhrifysgol Dundee yn 1884, a dod wedyn yn Athro Hanes

Byd Natur ym Mhrifysgol St Andrews yn 1917. Ei lyfr mawr yw *On Growth and Form* (1917) ac ymddiddorodd hefyd yng ngwaith biolegol Aristotlys.

Mae sôn gan Kate yn ei dyddiadur am y fordaith i Loegr, am 10.15 ar 15 Ionawr 1937:

Ar y stemar Bury ger arfordir Lloegr. 'Fog'. Rydyn ni'n sefyll yma ers 11.30 neithiwr yn yr unfan. Mae'n debyg y dylwn i fod eisoes yn eistedd ar y trên i Lerpwl. Bydd Tante Annie yn aros; dim ond teithwyr sydd ar y stemar nwyddau...

Disgrifio rhai o'r teithwyr eraill wna Kate yn ei dyddiadur, un gŵr tua hanner cant oed, a dau fys ar goll ar ei law chwith. Mae'n sgwrsio ag ef am wleidyddiaeth.

Erbyn 17 Ionawr mae hi wedi bod gyda 'Tante Annie' yn yr eglwys. Mae'n bosibl iawn mai un o ffrindiau Kaethe Bosse oedd hi: roedd Kaethe Bosse wedi treulio peth amser yn Lloegr pan oedd yn iau, er mwyn dod yn rhugl yn y Saesneg. Pregeth am y 'crooked man' a'r 'crooked house' a'r 'crooked mouse' a gafwyd. 'Mae'n disgrifio'r rhain mor braf nes ein bod i gyd yn fwy hoff o'r "crooked house" nag o'r dyn union ar y ffordd union,' yw sylw crafog Kate.

Ar 2 Mawrth mae hi'n ysgrifennu yn Saesneg yn ei dyddiadur a hithau'n amlwg ar ganol ceisio meistroli'r iaith:

Now, after six weeks, I could fairly write a book[18] filled with all the little charming stories of a nice University town, being a little bit beside the ordinary world of trouble, unrest and anxiety of war.

There is the academical university: wives of professors, students, lecturers, there are the tea-parties, where people usually invite each other or following their social duty, or to make acquaintances.

Here are the German people, united in this little place by the most different fates. There's the professor himself with his strange but charming peculiarities. There are strange Scotch [*sic*] Houses and ruins, in which a lot of well brought up ghosts still are living together with an anxious but faithful humanity. There is the nature, the sea, the rocks, the sea-gulls, sea birds, shells...

Mae'r oerfel yn gafael erbyn 8 Mawrth: 'In a place like St Andrews the only way to keep warm is perpetual motion, mental and physical. You must walk... all day and then stand at a windswept street corner and argue about sin.' Nid oedd aros yno yn debygol o fod yn ben y daith iddi. Mae gen i frith gof iddi ddweud wrthyf ryw dro nad oedd cymaint â hynny o waith iddi gyda Syr D'Arcy Thompson, a chwiliodd ymhellach am waith, a chael addewid o waith mewn ysgol yn Brighton.

Erbyn 23 Mawrth mae hi'n sôn (yn Almaeneg) am symud i Lundain.

> Mewn wythnos bydda i yn Llundain. Mae gwlad o chwedlau y tu ôl i mi. Ond rwy wedi magu pwysau ac wedi dod yn fwy heddychlon, wedi dysgu llawer, wedi dysgu beth yw bod yn Albanwr ac yn Sais, ac wedi cael pellter o'r aflonyddwch gartref. Dyw'r bobl fan hyn ddim yn gallu deall yr Almaen, fwy neu lai fel nad ydyn ni'n deall Rwsia. Mae pob tŷ yn gastell, pob person yn gastell. Yn Llundain mae'r bobl yn fwy 'cyfandirol', medd Mrs Milne, yr Americanes.

Symudodd Kate i letya yn Tamar Lodge, 101 St George's Square, Llundain, a drefnwyd gan The Warwick Club ar delerau o 35 swllt yr wythnos, gan gynnwys prydau bwyd. Ysgrifennodd Kate am hyn,

> Gwnes i dreulio fy wythnosau cyntaf yn Llundain yn y 'Warwick Club', lle roeddwn i'n gallu coginio pethau bach i mi fy hun ar ffwrn nwy. Roedd brecwast a swper neu ginio yn orfodol – fel na byddai dyn fel gwestai sefydlog yn gwneud ei amodau ei hun. Ond heb fwy nag ystafell fach, byddai dyn yn talu 36 swllt am y fflat a'r bwyd. Fin nos ar ôl swper byddai'r hen wragedd a'r gwŷr a oedd fwy neu lai'n gleifion yn eistedd o gwmpas y tân yn yr ystafell gymdeithasu: yn gwau, yn darllen papurau, ac yn siarad nawr ac yn y man am rannau o'r ymerodraeth lle y bydden nhw wedi treulio'r rhan fwyaf o'u bywyd, Affrica neu New Guinea neu India.

Ganol mis Mawrth cafodd lythyr gan F. Parkin, British & Continental Educational Agent, yn gofyn iddi wneud cais am swydd fel *au pair*, i roi gwersi Almaeneg a sgwrsio yn Ysgol Westcombe, Dyke Road Avenue, Hove, Brighton. Ysgol i ferched oedd hon.

Ni chafodd Kate ganiatâd gan y Swyddfa Gartref i fod yn *au pair* i Mrs Salmon yn yr ysgol hon, ond gofynnodd y Swyddfa Gartref iddi gyflwyno cais arall fel y gallent ystyried a allai aros yn y wlad. Bu Kate yn yr ysgol am chwarter blwyddyn, gan gychwyn ar 3 Mai. Ar y pryd ysgrifennodd hyn:

> Roedd gwerth arbennig yn cael ei roi i'r wisg ysgol... po orau yw'r ysgol, uchaf oll yw'r galwadau o ran gwisg ysgol. Yn ein hysgol fach breifat ni gyda 25 o 'boarders' a thua 25 o 'day-girls', gyda merched rhwng saith a phymtheg oed, byddai'r merched yn gwisgo gwisg ysgol yn y dydd a dillad haf golau fin nos. Roedd y wisg yn cynnwys tiwnig, blows gyda breichiau hir, siaced gydag arfbais yr ysgol a'r arwyddair *per aspera ad astra*, nad oedd y rhan fwyaf o'r merched yn ei ddeall...
>
> Roedd rhaid i'r athrawesau wisgo het a menig ar y stryd, er mwyn peidio niweidio enw da'r ysgol.

Roedd y gwersi'n cynnwys Lladin ac Almaeneg, a dawnsio Groegaidd, hefyd 'elocution' a chwaraeon yn ogystal â'r pynciau

Tamar Lodge, 101 St George's Square, Llundain

Ysgol Westcombe, Dyke Road Avenue, Brighton

111

arferol. Mae nodiadau Kate ar ei chyfnod yn yr ysgol yn awgrymu nad oedd wrth ei bodd, ac nad oedd y merched yno'n gwerthfawrogi'r cyfle i ddysgu Almaeneg.

Yn ystod y cyfnod hwn mae Kate yn cyfnewid llythyrau â'i chariad, Niki. Mewn llythyr ar 10 Ebrill mae hi'n diolch iddo am ei lythyr yntau, ond yn dweud bod ei dyfodol ei hun yn ansicr.

Dyw swydd ddysgu gydag arian poced o bum swllt yr wythnos ddim yn baradwys ac mae'r ffordd tuag at gael ysgoloriaeth yn garegog iawn.

Erbyn 10 Mai, mae ei llythyr at Niki'n awgrymu'r anhawster o garu o bellter.

Nikuschka, rwyt ti'n gofyn i mi a ydw i'n dal i gadw dyddiadur fel y llyfr bach gwyrdd. Dwyt ti ddim yn deall rhywbeth: y pryd hwnnw roeddwn i'n aros, ac roedd pob egni o'm heiddo'n newid yn feddyliau amdanat ti. Yn awr rwy'n weithredol ac mae fy holl nerth wedi ei ddefnyddio.

Y pryd hwnnw roeddwn i'n credu y byddwn yn dy ennill, ond yn awr mae gobaith gwelw a gwan yn aros ond dyw fy ffordd ddim yn arwain bellach yn uniongyrchol atat ti...

Roedd ymdrechion ar droed i drefnu bod Kate yn mynd i America. Roedd H. Frankfort o'r Oriental Institute ym Mhrifysgol Chicago wedi ysgrifennu i sawl man, gan gynnwys y Metropolitan Museum of Art yn Efrog Newydd, yn canmol gwaith archeolegol Kate ac yn holi am bosibiliadau swydd. Ar 12 Mai 1937 mae llythyr gan H. E. Winlock, cyfarwyddwr y Metropolitan Museum of Art, yn dweud 'I see no prospect of enlarging the Egyptian department staff at present. I shall try to keep your letter in mind, however, and if anything occurs to me, I would be very glad to let you know.'

Roedd Dr Gurney o Fryste eisoes wedi ceisio cymorth o America ar ran Kate. Bu'n gohebu ag academyddion yn Princeton, New Jersey, a oedd wedi awgrymu y gallai Kate

gysylltu â'r Athro E. Erzfeld, ysgolhaig Iranaidd, a fuasai yn
Berlin. Roedd yr Arlywydd Park o Fryn Mawr yn bosibilrwydd
arall, a'r Athro E. A. Lowe a oedd ar y pryd yng Ngholeg
Balliol, Rhydychen.

Ar 8 Mehefin 1937 mae llythyr o Toledo, Ohio, yn dweud:
'There is no chance in Toledo for Dr. Bosse. I had occasion
recently to appeal to the Toledo Museum of Art for someone
else for whom they were unable to make a place... Conceivably
a place might be found for Dr. Bosse at Bryn Mawr College in
Bryn Mawr, Pennsylvania, near Philadelphia.'

Serch hynny, ar 24 Mehefin 1937, mae llythyr oddi wrth H.
Frankfort o'r Oriental Institute ym Mhrifysgol Chicago yn cynnig
posibilrwydd o waith:

> There is a possibility of a combined Museum-University job,
> which presumably would mean teaching Hieroglyphs and
> arranging the collections.
>
> Professor Speiser, who teaches Assyriology there [Philadelphia]
> writes me that he considers the chances for an appointment for
> one or two years to be better than 50 per cent. A permanent
> appointment could of course not be expected until you have
> shown your worth.

Ond nid aeth Kate i America, a rhaid derbyn na ddaeth dim o'r
cynigion hyn.

Doedd Kate ddim chwaith wedi gadael y gorffennol yn llwyr
o'i hôl. Mewn un man mae'n dweud bod popeth y mae'n ei
wisgo'n ei hatgoffa o 'Nika' (Niki):

> Fy sgarff... lliw browngoch fy nillad... fy oriawr arddwrn, y band
> dur roedden ni wedi'i gael gyda'n gilydd, y got... ac eto... Mae
> popeth a wnaf o dan ddylanwad Nika... Ar y funud, fel yr wyf i'n
> gweld 'mod i'n gallu fy nghynnal fy hun, rwyf wedi cael ateb i un
> cwestiwn. Bydda i'n byw eleni, fel pe bai'n baratoad ar gyfer Nika.
> Rwy'n ymwybodol fod gen i gyfle unwaith eto. Ar ôl y flwyddyn
> hon bydda i'n barod...

Ar y pryd roedd yn byw yng nghartref Mrs Gurney, 2 Brunswick Mansion, Handel Street, Llundain WC1. Ysgrifennodd ei mam gerdyn ati'n dweud ei bod wedi anfon dau lythyr ati, a bod Niki wedi mynd gyda Hans a gwraig Günther i Meissen. Dywedodd fod Paul wrth ei fodd yn derbyn llythyr gan Kate.

Bu Kate wedyn yn ysgrifennydd i'r Dr A. S. Yahuda, a oedd yn ysgolhaig Hebraeg ac Arabeg, ond yna cafodd le gyda'r Athro Stephen Glanville yng Ngholeg y Brifysgol, Llundain. Roedd e'n bennaeth yr Adran Eifftoleg a chafodd Kate beth gwaith darlithio a chyfle i wneud gwaith ymchwil yn Amgueddfa Petrie. Y Society for the Protection of Science and Learning fu'n fodd i drefnu hyn, ac un o aelodau'r corff hwn oedd gwraig Syr Clough Williams-Ellis o Bortmeirion. 'Penrhyndeudraeth' oedd y gair Cymraeg cyntaf a ddefnyddiodd Kate, wrth iddi ysgrifennu cerdyn o ddiolch i'r corff hwn. Cafodd gefnogaeth gan yr Athro Dr Alexander Scharff, Athro Eifftoleg Prifysgol Munich, yn ei chais am swydd ymchwil, a hithau wedi bod yn fyfyrwraig iddo yn Munich am sawl semester.

Mewn geirda i Kate ar 27 Gorffennaf 1938, a hithau'n ceisio swydd barhaol, meddai'r Athro Glanville amdani:

> Dr Bosse came here a year ago with a six months grant... to carry on with her research work... and this grant was renewed on my recommendation last January.
>
> She is a very diligent worker with a sound knowledge of Egyptian archaeology and sufficient linguistic competence to use inscriptional material for her purpose. Her training in classical archaeology is of great value for the work she is now engaged on, Egyptian iconography...
>
> In addition to her research work she has been of great assistance to me in the museum attached to this department in classifying and registering objects as well as re-arranging their exhibition for teaching purposes. Finally I have on several occasions been able to ask her to take seminar classes for me in my absence, and this she has done efficiently and with enthusiasm... it is with great

regret that we have to face the prospect of losing her owing to the inevitable termination of her grant.

Llwyddodd Kate i ddal cyswllt â'r teulu yn yr Almaen tan i'r rhyfel gychwyn. Mewn un llythyr mae ei mam yn disgrifio taith trwy Holand. Mae hi'n sôn hefyd am deithio i Loegr, a bu hi a Paul i Loegr i weld Kate.

12 Medi 1937

F'anwylaf Katrinchen,

Rydyn ni'n awr yn ôl yn hapus gartre, ac wrth i ni gyrraedd ddoe, roedd Niki gyda'r lleill yn yr orsaf. Mae am weithio'n ddyfal ar ei ddoethuriaeth, mae e'n dod yma ym mis Hydref i weithio am 10 diwrnod.

Roedd yr holl daith yn freuddwyd perffaith. Ar y ffordd yn ôl, benthyciodd y diwydiannwr mawr, a oedd yn cael gwahoddiadau'n barhaus i Loegr, ac felly nad oedd wedi defnyddio'i arian, yr arian am y daith car hyfryd trwy Holand – mae Holand mor fendigedig o braf o ran twtrwydd a chyfoeth ei phobl, y tai swynol y mae dyn yn gallu gweld ymhell i mewn iddyn nhw, does dim gan neb i'w guddio, fel ' mod i hefyd yn cael Leyden yn lle prydferth iawn. Beth bynnag, 'nghariad, fe gawsom y fath olwg i'r eangderau, mewn modd na wnes i erioed freuddwydio amdano...

Rwy'n fwyfwy gwerthfawrogol o'r lles a gawsom o'r daith i Loegr, ym mhob modd – does dim angen moddion cysgu ar Opa bellach, dyw hynny ddim wedi digwydd ers blynyddoedd. Heddiw mae ymarferion rhag cyrchoedd awyr. Mae Niky wedi nôl papurau at y pwrpas – mae hi dipyn bach yn rhyfedd yn y tywyllwch yma. O leia mae'n eitha hawdd gwneud hyn yn ein hystafell yn y to. Mae'n bosibl tywyllu pethau'n dda yma. Ond dyw hi ddim mor hawdd yn y gwaith yn y clinig. Mae Fritz yn awr yn barod ac rwy'n eitha balch ei fod yn astudio... Mae gan Opa lawer o gleifion o fannau eitha pell, lawer mwy nag yn yr ysbyty... Gofynnodd rhywun i Opa a oedd e'n awr yn mynd i'r ysbyty, ac atebodd Opa, 'Dim ond i glinigau rwy'n mynd nawr, nid i ysbytai bach.'

Mae Kate yn disgrifio'r ymweliad yma mewn llythyr at Tante
Annie (tua 16 Medi 1937):

I don't want you to wait too long a time for my letter about Vati
and Mutti's visit, though it is already more than a week that they
went home. Time passes so quickly in London.

We had a splendid time together, they lived quite near to
my room and all the days we had a surprisingly good weather,
italianlike blue sky and beautifully warm sunshine.

They arrived only about midnight on Thursday the 2.IX (as
you know, they came together with a kind of 'Reisegesellschaft'
[cwmni teithio]) but having had a beautifully quiet crossing they
were very fresh.

We went with the 'Reisegesellschaft' only to see Windsor
and Eton on Sunday, all the other time we spent together seeing
London life, streets, parks, traffic, Vati was especially pleased by
the big escalators of the London underground-stations and Mutti
by the beautiful shops with English good material and good food,
what, as it seems, they are missing more and more in Germany.
But they and all the other Germans were mostly pleased by
the freedom of speech and having not to be afraid of spies. I
imagine that it is worse than any other difficulty of life in modern
Germany.

I had lunch and dinner together with them in their hotel, as
Vati wanted badly to pay something for me, though I had got a
birthday present of £10 from Professor Newberry, who knew that
Vati and Mutti were going to stay with me.

At home everything seems to be alright. The clinic is growing
very quickly and all their food they get from Fritz's farm. Two
days ago I got a letter from Mutti, telling that they arrived safely
at home after having had a very nice trip in a car throughout
Holland. I am so glad that they had the short holidays after so
many years of hard work.

Ym mis Hydref 1937 mae ei mam yn annog ei merch i beidio
â rhoi'r gorau i'w hastudiaethau Eifftolegol, a hefyd yn trefnu iddi
fynd i'r Almaen dros y Nadolig:

Ond dw i am un peth, fy nghariad, dw i ddim am i ti dorri pob pont Eifftolegol y tu ôl i ti, rwy newydd glywed gan Niky fod y dyn sydd â'r wraig an-Ariaidd, sy'n ysgrifennu gwaith tebyg, wedi cael lle yn y Swistir. Meddwl oeddwn i y dylai dyn edrych â llygaid effro, a all dyn ryw ddiwrnod ddefnyddio'r wybodaeth a enillwyd mor ddyfal.

Gyda Niky mae un peth yn glir! Hebot ti fydd e byth yn barod. Hebot ti fydd e ddim yn cychwyn ar astudiaeth newydd nac yn gallu hynny... Mae Dolly'n credu bod deddf newydd heddiw, os yw dyn yn priodi estronwr, y gall dyn aros yn Almaenwr. Byddai hynny'n rhesymol iawn. Felly mae pethau, annwyl Katrinchen...

Yn bennaf oherwydd dy daith adeg y Nadolig es i i Berlin. Roedd hynny hefyd yn dda. Oherwydd trwy'r Post roeddwn i wedi cael ateb cwbl ddisynnwyr gan y swyddfa deithio. Felly dim ond os yw dyn yn defnyddio stemar Almaenig y mae modd gwneud hyn. Fel arall mae'r rhagolygon am gyfnewid arian yn ansicr. Byddai'n rhaid iti felly dalu dy hun am y daith o Southampton ac yn ôl. Mae'r daith yn costio tua 6.50M. Rwy'n anfon 15 Schilling atat heddiw. Mae'r stemar yn un Norddeutschen Lloyd, Hamburg, yn gadael Southampton ar 16.12 ac yn cyrraedd Hamburg ar Ragfyr 17. Nawr mae Vati'n dweud 'mod i wedi ysgrifennu sbwriel pur. Rwyt ti felly'n gallu dod gyda'r Hansa ar 22 Rhagfyr a theithio'n ôl eto gyda'r Hansa ar 6 Ionawr. Ysgrifenna'n syth os yw hyn yn iawn. Fe wna i archebu'r tocynnau ar unwaith.

Yn ystod y cyfnod hwn, fel y gwelwyd, roedd meddyliau'r teulu yn troi at bosibiliadau ymfudo, naill ai i Ogledd neu i Dde America, lle roedd rhai aelodau o'r teulu eisoes yn byw. Wedi sôn am farwolaeth ei chwaer mae Kaethe'n cynnig rhai posibiliadau i drefnu modd i Hans ei brawd, ac iddyn nhw, ymfudo:

8 Rhagfyr 37

F'annwyl ferch,

...

Yn amgaeedig felly mae nodyn:

Mae Otto Ludwig, Philadelphia, yn rhoi'r affidafid. Mae'r cyfeiriadau ar y nodyn.

Mae Karl Hentschel, Mecsico, ffrind o gyfnod ieuenctid, yr oedd Opa wedi ei gefnogi, wedi anfon gwahoddiad trwy deligraff, i fynd i mewn i America.

Mae ewythr i dad Erika'n byw yn Cleveland, Ohio. Mae e eisoes wedi dathlu ei briodas aur. Dyna pam nad yw Erika'n gwybod a yw e'n dal yn fyw. Wilhelm Sporke yw ei enw. Mae ei ferch, Frau Martesen, yn byw yno hefyd ac mae'r cyfeiriadau ar y nodyn.

Rwy'n anfon llun o Ingrid yn ifanc atat ti.

Yna mae ein cefnder, Ulrich Ledien, meddyg, yn byw yn Chicago, Surfstreet 638... wedi'r cyfan, mae e'n berthynas hefyd. Rwy'n credu bod hynny'n ddigon.

F'anwylyd, mor braf yw'r hyn rwyt ti'n ysgrifennu am goffi a phancos yn Oxford Street. Rwy'n meddwl wedyn am ein dwy daith braf eleni a'r llynedd. Mae hynny fel pe bai dragwyddoldeb yn ôl.

Mae'r Tippens wedi cael eu Sant Niclas.[19] Mor felys a heddychol yw hi pan mae Tippen yn adrodd hanes mor ddeallus gyda'i lais bach... Ac am Tante Eva, sydd bellach yn y nefoedd. Gobeithio nawr bod yr annwyl Dduw wedi cael digon gydag un wraig...

... oes gyda thi unrhyw ddymuniad am lyfrau? Achos mae llyfrau o hyd, hyd y gwn i, yn ddi-doll. Ysgrifenna'n fuan os gelli.

Cusan o'm calon,

Oma

Mae Kate yn ystod y flwyddyn sy'n dod yn cael ei rhwygo rhwng dymuno aros yn Lloegr a dychwelyd i'r Almaen. Erbyn hyn nid oedd amodau'r cartref yn yr Almaen yn hawdd, fel y dywed yn ei dyddiadur:

Dydd Gwener, 14.1.1938

Rwy'n ceisio gosod nod newydd i fi fy hun. Beth ydw i'n ei ddymuno, beth alla i ei ddymuno?

Gartref? Dyw e ddim yn gartref i fi. Dim ystafell yn perthyn i mi. Os ydw i allan am amser, mae Vati'n methu cysgu am oriau. Pe bai Niki am gael bath, byddai cymaint o anawsterau. Pe bawn yn ei helpu gyda'r gwaith, bydden nhw'n fy nghyhuddo o edrych yn flinedig...

Priodi yn yr Almaen. Dychmyga briodas gydag Onkel Gugu. Pe bai e'n gallu bod yn feddyg. Ond fi fel gwraig tŷ wasanaethgar yn yr Almaen heddiw – ! Yn Lloegr mae'r darlun yn wahanol, ond mae cymaint o draddodiadau diflas yma.

Mae popeth yn mynnu: bydd yn annibynnol. Yn yr Almaen rwy wedi 'mynd i ddifodiant'.

Felly dros y dŵr mawr.

Efallai hyd yn oed i Affrica.

Pe bai Niki ddim wedi dod yn un o'r Mongoliaid nwydus –

Er hyn mae'n rhaid i mi ddysgu gweld fy mod i wedi dod yn faich annaturiol iddo. Ond rwy'n teimlo'n drist nad oeddwn yn gallu'i helpu gyda'r 5 tudalen olaf. Byddwn wedi hoffi dod i ben â 'nhasg i.

Yn y cyfamser, yn sgil ei ddaliadau asgell chwith, daeth Kate yn aelod o'r Bloomsbury Left Book Club, a chafodd berthynas dymhestlog â gŵr o'r enw Stanley, a hanai o Sheffield ac a astudiodd Ffrangeg a Sbaeneg yn Rhydychen. Roedd yntau'n trefnu ysgolion haf i'r Left Book Club, a marcio papurau arholiad. Mae'n glir o'r llythyrau fod cyswllt agos wedi bod, gan gynnwys cydfwynhau cerddoriaeth, troeon a'r hyn a wna cariadon. Graddiodd Stanley tua 1932. I Kate roedd yn cynrychioli'r Sais teyrngar, ac yntau wedi bod yn Boy Scout ufudd i'r Eglwys, y brenin a'i wlad. Roedd yn fwy o Gomiwnydd na sosialydd, ac ymysg ei ddiddordebau roedd canu'r ffidil a chwarae gwyddbwyll.

Mae rhai llythyrau wedyn wedi'u cyfeirio at 'Onkel Gugu'. Mae'n anodd gwybod pwy yw hwn:

31 Mawrth 1938

Y prynhawn yma es i i Regentspark yn heulwen braf hyfryd y gwanwyn, awel y môr, ffurfafen las, y coed castan yn wyrdd, lawntiau gwyrdd y gall dyn gerdded arnyn nhw, a sŵn y ddinas

braidd i'w glywed. Wn i ddim a yw Onkel Gugu wedi sylwi
mewn ambell lythyr fy mod i yn ystod yr wythnosau diwethaf
wedi bod yn ymladd y frwydr fwyaf dewr yn erbyn y mwyaf o
bob duw, sydd am fy ngorfodi trwy bob modd i garu Sais, wfft
i'r diafol. Ac yn yr heulwen glir hon, gallwn i hefyd ofyn rhagor
yn sydyn. Beth wyt ti mewn gwirionedd am ei gael? Wyt ti wedi
dod mor bell nes bod bywyd heddychlon, 'husband' [defnyddir y
gair Saesneg yn y llythyr Almaeneg] gofalgar, sydd pan fo'n bosibl
yn coginio i ti, ac sydd o, mor gwrtais, yn gallu dy fodloni – Ond
mae o hyd deimlad diawledig gymaint mae dyn yn gallu ymbellhau
o'i 'freuddwydion ieuenctid'. Maddau i mi'r rhegi aml... Mae
gen i'r breuddwyd o hyd, fy mod i am fod yn GYMAR i berson
CYNHYRCHIOL, NID I UN GODDEFOL; fy mod yn parhau
gyda gwaith fy mywyd, os anghofiaf hynny. Ond rwy'n ofni'r
diwrnod pan fydda i'n dweud wrthyf fy hun: bydd fyw yn y modd
mwyaf cysurus, mae popeth mor ddibwys *sub specie aeternitatis*[20];
neu'n waeth, os byddaf i'n fy mherswadio fy hun mai priodas
Seisnig angylaidd o'r fath yw'r unig beth iawn i mi, yn union yr
hyn yr oedd Oma'n ei ddymuno i mi.

Mae'n anodd gwybod felly ai cariad oedd Onkel Gugu. Ni
chawn ateb, ond yr hyn sy'n ddiddorol yw ei bod hi'n gwrthryfela
yn erbyn bod yn ddiddig ddof mewn perthynas gonfensiynol.

Yn ei dyddiadur yn ystod y flwyddyn mae Kate yn mynegi
ei phryder am y dyfodol, ac mae ei chyfyng-gyngor yn amlwg.
Mae'n ei holi ei hun, ac mae ambell ymadrodd Saesneg yn ei
nodiadau Almaeneg:

4.4.1938

Beth wyt ti eisiau?
    Cael gwreiddiau.
Ble hoffet ti fod?
    Yn yr Almaen.
Pam nad wyt ti'n dychwelyd?
    Am na chaf i fod yn yr Almaen yn ystod rhyfel.
    Am fod gen i fwy o rwymau yn yr Almaen nag fel gweithiwr
yma.

Ei di ddim o dan unrhyw amodau?

Mae un amod – ond mae hi eisoes yn perthyn i'r balast sydd wedi'i daflu allan yn barod.

Beth sy'n aros i ti felly: face reality.

1) woman courier
2) secretary
3) priodi dyn y gelli di gael plant ganddo.

Ar gyfer rhif 3 mae gennyt amser o hyd. Rwyt ti'n ofni colli dy ddelfryd. Ond fe ddoi di o hyd eto i 'dad i'th blant'. Felly does dim rheswm dros gyffroi. Gwna bob amser yr hyn sydd yn dy ymyl.

Paid â llwytho'r llong yn rhy drwm!

Bydd Vati a Mutti'n siomedig!

Er mwyn Duw, bydd yn annibynnol...

Dim ond ti dy hun all fyw dy fywyd dy hun!

Ar 10 Tachwedd mae Kate yn ysgrifennu at Stanley, ac yn ôl naws y nodyn mae'n ymddangos bod y berthynas yn edwino, ac anesmwythyd am ei berthynas ef â'i gariadon:

It is half past ten. I am sitting in my room, the washed underwear on the horse in front of the fire before me and your broken but burning lamp standing on the chimney piece, while the melodies of Beethoven's C Major Quartet which I played on the gramophone just now, still resounding in my mind.

It is a strange thing about 'being proud', 'sense of honour' and all the other sentiments which grow like weeds on the ground of uncertain affection. So, all I can do is to let things go for a moment, to retire into 'splendid isolation' and to try to think.

Dear me, what are we doing. We follow our instincts like barbarians. Instincts which are tyrannised by scores of conscious and unconscious prejudices.

And what could we do! Instead of fighting like schoolboys against each other. How could we 'exchange' the traditions of our nations, how could we enjoy these fine and noble pleasures of music, nature, poetry, sport, handcrafts – yes I say so and I mean it – and relax from the mania which surrounds us. We ought to remember and we must learn, even in the 12th hour, that love-making is an art not only of the body but of the minds. That rules want to be created and observed – don't change partners so easily and quickly. Would you do that in rowing?

Ar 12 Ionawr 1939 mae llythyr Kaethe at ei merch yn rhoi syniad o'r modd yr oedd yn rhaid i lawer o'r teulu feddwl am fudo, a rhoi'r gorau i'w bywyd sefydlog. Mae hi yma'n sôn am y posibilrwydd y gallai Kate fynd i Sweden ac i America:

Daeth Günther a Knubben [ei wraig] yn ôl o Sweden. Roedden nhw am gael gwybod gennyt, pa ffurf rwyt ti am i'r hysbyseb fod ar gyfer Sweden. Dyw hi'n bendant ddim yn ddrwg cael sawl haearn yn y tân. Ond rwy'n credu dro ar ôl tro mai Lloegr yw gwlad dy ddewis di...

Rydyn ni i gyd wedi gwerthfawrogi'n fawr dy ymdrechion dros Hans. Bydda i'n rhoi cyfeiriad y wraig iddo. Soniodd Liesbeth Stürmer am deulu sy'n mynd i Peru, ond dywedodd fod yr hinsawdd yno'n afiach iawn. Rwy'n gobeithio y caiff e [Hans] affidafid yn wirioneddol fuan. Wyt ti wedi cynnig am wladwriaethau canol America, rwyt ti'n sôn amdanyn nhw yng nghyd-destun dinasyddiaeth flwyddyn?

Mae mam Knubben am ysgrifennu at y fodryb o dan sylw, yn America, ar dy ran. Hyd yn oed os nad oes angen hyn arnat, fyddai hi ddim yn niwed i neb, fe fydd Günther yn anfon y lluniau atat. Rho wybod yn syth os gallwn ni anfon *Wurst* a pha lyfrau y dylwn eu hanfon atat...

Roedd y teulu wedi bod yn anfon peth arian at Kate yn Lloegr, ond roedd amgylchiadau'n peri nad oedd modd parhau gyda hyn. Roedd Hans wedi gobeithio mynd i Dde America, a Dolly yn cael trafferthion yn ei gwaith fel meddyg yn dilyn yr anogaeth i Almaenwyr beidio â mynychu ei meddygfa. Ynghanol eu helyntion eu hunain, roedd rhieni Kate yn falch ei bod hi wedi cychwyn ar ei bywyd ei hun ym Mhrydain er gwaetha'r sôn am ymfudo pellach. Meddai ei mam mewn llythyr ar 17 Ionawr 1939:

Annwyl Kathe,

Roedd dy lythyr annwyl heddiw'n wledd wirioneddol i fi a Vati, ac roedden ni'n hapus trwy'r dydd ar ôl ei gael. Rwy wedi anfon atat yr *Inselbücher* [llyfrau am ynysoedd] roeddet ti am eu cael. Mae 16 o lyfrau ynysoedd a dau arall. Ddylwn i anfon catalog atat? Rwy'n falch dy fod yn dod i drefn cystal gyda dy bethau, felly mae'n bleser anfon rhywbeth newydd atat.

Mae hi mor braf dy fod yn teimlo mor dda yno. Mae hynny'n gwneud Vati a fi mor hapus. Rwyt ti'n gwybod yn barod nad oes modd anfon yr 20 marc bellach? Wyt ti wedi cael arian mis Tachwedd?

Mae Hans am fynd yfory i Berlin, er mwyn cael gwybod sut mae pethau gyda Montevideo neu Domaigo (rwy'n credu mai dyna'r enw). Dyw e ddim wedi cael newyddion o Mexiko, ond mae hynny wrth gwrs yn para tipyn, ac mae Hans ychydig yn ddiamynedd. Rwyt ti'n gwybod ei fod e'n awr yn gyfarwydd â gwaith ysbrydol yn unig ac yn naturiol mae e'n dioddef yn fawr o wneud dim, yn enwedig gan nad yw e'n gallu gyrru car.

Mae gan y bobl gydymdeimlad mawr ag e, am ei fod yn ddyn mor hynod o anrhydeddus.

Ddoe ac echdoe roedd Tippen[21] yma. Mae e'n gwneud ei orau glas i ddod yn ôl eto i'r tŷ ac mae e'n galw ar Opa a all e aros yma.

Rwy wedi cael dy luniau o'r Aifft wedi'u fframio mewn hen fframiau arian hyfryd i Vati. Mae llawer o waith gydag e, mae'r tywydd fan hyn yn ddiflas, ac mae llawer o'r bobl yn sâl. Mae'n dda bod Günther, sydd wedi cael hyfforddiant disglair, yn gymorth iddo. Rwyt ti'n gwybod bod astudiaethau meddygol fan hyn wedi eu cwtogi o bron ddwy flynedd, ac un Fritz o flwyddyn. Caiff y flwyddyn o waith meddygol ymarferol ei gosod yn y flwyddyn astudio.

Roedd Heken[22] yma ddoe, mae hi bob amser mor hapus pan fydd hi yma, ac mae hi'n gwneud gwaith dau. Dyw busnes Paula ddim wedi cael ei benderfynu eto. Mae'n rhaid iddi hi (h.y. ei mam) fynd unwaith eto at y swyddog iechyd. Wel gobeithio y bydd hynny'n llwyddo. Rwy'n gobeithio hynny i'r ferch druan.

Mae Dolly yn ymddangos ychydig yn bryderus. Hoffwn i pe bai hi'n cael rhywun yn y pen draw a allai ei chymryd hi. Mae hi'n union fel roedd Vati gynt ac fel pob meddyg. Gobeithio y bydd hi'n adfer yn fuan. Mae hi fel y rhan fwyaf o feddygon yn y gred ei bod hi bob amser yn gweld y gwaethaf. Ysgrifenna rywbeth ati i godi'i chalon.

Cyfarchion cynnes lu a chusan gariadus,
Mutti

Cafodd Kate lythyr gan Goleg Somerville, Rhydychen, ar 25 Ionawr 1939 yn cynnig grant ymchwil iddi, a gwaith hefyd yn Amgueddfa Ashmolean, lle roedd casgliad Eifftolegol newydd agor. Mae llythyr gan Helen Darbishire yn dweud 'you have been very warmly recommended to us' a bod ganddyn nhw 'grant for research to a scholar who is in this country as a refugee'.

Yng Ngholeg Somerville yr oedd yn uwch-aelod o'r coleg, gyda'i hystafell ei hun a lle wrth y Ford Uchel, pan gyfarfu hi â J. Gwyn Griffiths. Cafodd ei chyflwyno iddo gan Abd el-Mohsen Bakir, neu Wncwl Mochsen i ni pan oedden ni'n blant. Roedd Gwyn yn awgrymu bod perthynas rhwng y ddau, ond parhaodd hwnnw'n gyfaill iddyn nhw ar ôl eu priodas. Roedd Gwyn ar y pryd yn fyfyriwr ymchwil yng Ngholeg y Frenhines a byddai'n treulio tipyn o'i amser yn Sefydliad Eifftolegol Griffith a oedd yn adeilad yr Ashmolean.[23]

Roedd Stanley yn dal o gwmpas yn y cefndir. Meddai mewn nodyn ar 12 Mawrth 1939, 'I'll unbosom myself to you later in the week. I am thinking of coming up to Oxford next weekend with Karen – would you like to meet her? Or are the greenstick fractures our hearts sustained too recently mended? I leave it to you sister.'

Erbyn 18 Mai 1939, mae'n ymddangos bod Stanley wedi gadael Karen. Mae'n anfon at Kate yn gofyn am gael cyfarfod 'outside Woolworth's at 6.15' gan edrych ymlaen at ei gweld eto, ac yn ychwanegu am Karen: 'A much more amusing, and as little founded, belldame story, is that She is going round telling the world that I have taken to drink since I left her!'

Gwnaed trefniadau yn ystod haf 1939 i Kate fynd i Holand i gwrdd â'i thad ac ysgrifennodd Kaethe at ei merch i awgrymu'r trefniadau:

29 Mehefin '39

... mae'n ymddangos mai Scheveningen yw'r dewis iawn. Bydd Opa'n ysgrifennu atat ti pa mor bell mae'r arian yn ymestyn a pha mor hir y gall e aros. Rwy'n credu bod Lushey wedi dangos i ti'n barod mor braf yw hi arnat. Mae'n rhaid ei bod yn ardderchog yno. Mae'n ymddangos i ni fod popeth braf rwyt ti'n ei brofi'n rhyfeddol. Os galla i gael rhywbeth neis i'w ddarllen i'th gydnabod, ysgrifenna.

Gyda'r anawsterau yn yr Almaen yn cynyddu, a'i pherthynas â Stanley wedi dod i ben, roedd y swydd yn yr Ashmolean yn cynnig peth sefydlogrwydd i Kate. Go brin y meddyliodd y byddai'r swydd hon, yn anuniongyrchol, yn ei thynnu am byth o Loegr.

Caru yng nghysgod y rhyfel

Serch yn blodeuo rhwng y silffoedd yn yr Ashmolean? Roedd Kate yn chwilio am ŵr a fyddai'n rhoi plant iddi. Er hyn roedd hi am gael priodas gynhyrfus, lle y gallai hi gadw'i natur annibynnol a bod yn greadigol. Er bod yr Almaen o hyd yn ei thynnu, doedd dim modd mynd yn ôl; roedd ei dyfodol ym Mhrydain yn dal yn sigledig, a chysgod y rhyfel yn tywyllu'r wlad, a'i theulu yn yr Almaen yn gorfod byw dan amodau mwyfwy cyfyngus ac argyfyngus.

Roedd Gwyn wedi dychwelyd i astudio yn Rhydychen ym mis Mawrth 1937 ar ôl treulio pum mis yn Gynorthwywr Archeolegol yn cloddio yn Sesebi, Wadi Halfa, Swdan, o dan gynllun Cymdeithas Fforio'r Aifft (Egypt Exploration Society). Roedd ei yrfa golegol wedi ymwneud â'r un pynciau â Kate, sef y Clasuron ac Eifftoleg. Yn y lle cyntaf, yn 1933, graddiodd â gradd dosbarth cyntaf mewn Groeg yng Ngholeg y Brifysgol, Caerdydd ac wedyn gwneud blwyddyn o hyfforddiant athro. Rhwng hynny ac 1936 bu'n gweithio ar draethawd M.A. ym Mhrifysgol Lerpwl ar ddylanwad yr Hen Aifft ar ddefodau crefyddol Groeg a Mycenaidd cyn yr Oes Helenistig. Ar ôl dod yn ôl o'r cyfnod cloddio, ac yntau wedi dod yn Gymrawd Prifysgol Cymru, daeth yn Uwch-fyfyriwr yng Ngholeg y Frenhines, Rhydychen, gan astudio ar gyfer gradd Doethur ar y cweryl rhwng Horws a Seth.

Roedd y ddau wedi cyfarfod yn gynnar yn 1939 pan oedd Kate yn gweithio yn yr Ashmolean yn Rhydychen ac yn byw yng

J. Gwyn Griffiths

Ngholeg Somerville. Mae'n ymddangos bod eu perthynas wedi datblygu'n frwd, ac erbyn Gorffennaf roedd hi eisoes wedi cwrdd ag un o frodyr Gwyn ac â Pennar Davies, ei gyfaill o ddyddiau coleg yng Nghaerdydd, a bu cyfnewid llythyrau mynwesol rhyngddi hi a Gwyn pan aeth yntau i Lundain i astudio yn yr Amgueddfa Brydeinig.

Mae'r ddau'n ysgrifennu at ei gilydd bob pedwar diwrnod ym mis Gorffennaf y flwyddyn honno. Mae cysgod y rhyfel i'w weld yn amlwg yn y llythyrau ac un o bethau diddorol yr ohebiaeth yw'r trafod ar agweddau at y rhyfel yn yr Almaen a Chymru. Mae'r llythyr cyntaf gan Kate at Gwyn ar 3 Gorffennaf 1939. Mae'n sôn am berson y daeth ar ei draws a adawodd y Sudetenland ar ôl i Hitler oresgyn, a hwnnw'n ffoi o wersyll i ffoaduriaid yn Tsiecoslofacia. Aeth o'r gwersyll i Brag yr un diwrnod ag y cyrhaeddodd Hitler, ac osgoi cael ei gymryd i wersyll-garchar gyda gweddill y ffoaduriaid. Bu fyw ar herw ym Mhrag, a llwyddo i groesi'r ffin i Wlad Pwyl a mynd i lysgenhadaeth Lloegr. Medd Kate yn y llythyr,

> He also told us about the unnecessary cruelties which happened during the occupation, things which I dislike to repeat, as, after all, they concern my own countrymen and I felt ashamed in a double sense; ashamed because German people could change so quickly and ashamed that we all of us here are inclined to forget about the unjust sufferings which are going on and on, just because we are safe at the moment.
>
> A more amusing incident was that some newly converted Nazis who had to confiscate forbidden books had been rather too keen and in the case of this man (as in many others) Goethe and Schiller had the honour to be burnt together with Marx and Lenin.

Mae llawer o sôn am lenyddiaeth ac Eifftoleg yn eu gohebiaeth, gan adlewyrchu diddordebau'r ddau. Mae'r llythyr yn gorffen gyda sôn am gyfnewid cerddi a ysgrifennon nhw, ac wedyn nodiadau am fanion Eifftolegol.

Yn ei ateb ar 6 Gorffennaf, o 31 Rosedene Gardens, Ilford, Essex,[24] mae Gwyn yn cychwyn gydag esboniad gramadegol:

Fy[1] anwylaf[2] Käthe

Ar waelod y ddalen mae esboniad troednodiadol:

[1] Possessive pronoun, 1st person sing.
[2] Superlative degree of adjective 'annwyl', 'liebe'.

Roedd Gwyn eisoes wedi anfon soned Saesneg o'i eiddo ar y wawr at Kate mewn llythyr blaenorol, ac yna mae'n mynd ati i sôn amdano'i hun:

> It was an event to have your first letter, and I have read it many times. (Who was the Londoner who wished to correct your English?) I was struck by its muscled sobriety of style, and by the indefatigable patience to which the handwriting clearly points.

Knowing you as I do, I tend to disbelieve all theories about handwriting and personality.

You ought to be interested in my career, so I should tell you that I have not been appointed at Swansea University, but have an interview for Nottingham University next Friday ('Classics and Ancient History'). The latter is not such a good post but would be better than a school. Professor Tillyard of Cardiff advises me to try for a Commonwealth Fellowship to America during the winter, if I fail to find a university.

My work: Monday, Tuesday, Wednesday have yielded each two pages only. They are foolscap pages, and contain difficult material. I hope to write more, however, today...

I miss you very much.

Love,

Gwyn

Mae llythyr eto gan Kate ar 7 Gorffennaf 1939:

Mein liebster Gwyn,

...

Thank you for your note with your sonnet that gives words to the contrast in our lives: dwelling on antique thoughts and ideals and kept awake by the machines of the industrial age...

Mae Kate yn dangos diddordeb yng Nghymru a'r Rhondda, ac meddai mewn llythyr ar 11 Gorffennaf 1939:

You know, when one's mind is specially occupied with a name or person one is bound to find it suddenly everywhere. In the same way I go on hearing and reading about Wales and Welshmen and Swansea and Cardiff. I cut out a few newspaper notes that might interest you. Have you seen 'Rhondda Roundabout'?[25]

Mae gweddill y llythyr am lyfrau Eifftolegol, ac ar ben ei llythyr mae Kate, o sylweddoli hyn, yn dweud, yn Saesneg ac Almaeneg: 'I wanted to tell you pa mor hiraethus o felys yw arogl blodau'r pisgwydd yng ngardd y Coleg – but there you are – the whole letter about books!'

Mae dwy dudalen gyntaf ymateb Gwyn ar 13 Gorffennaf yn ymwneud yn llwyr â materion ieithyddol ac mae'n sôn wedyn am agweddau tlodion Swdan:

Actually, they have quite a considerable past to glory in... And there is no danger that the English will teach them any nationalism which will involve political liberty. When I was in the Sudan (which, incidentally, has the reputation of being the best-governed province in the Empire), it made me almost sick to find little dark children kissing my hands, as though I were a demi-god. How I longed for a little self-respect and independence!

You are quite right, of course, in deprecating the feverishness of modern nationalism in almost all its forms. It is very easy to do so, however, behind the guise of Imperialism. I would remind you of your Communist sympathies.

A hwythau ddim ond wedi adnabod ei gilydd ers rhai misoedd, mae'n syndod gweld eu bod yn sôn am briodi. Medd Gwyn,

We shall have time to discuss these and many other matters when you come here in August. I confess I am looking forward with zest to seeing you in a new role – as Hausfrau, and as mine. The prospect is indeed happy, and we must soon be fixing dates.

Ni chafodd Gwyn y swydd yn Nottingham. Mae Kate mewn llythyr ar 17 Gorffennaf yn gwneud trefniadau i gwrdd â Gwyn yn yr Amgueddfa Brydeinig, ond yn dweud ei bod am dreulio rhan o'i gwyliau ym mis Awst gyda'i theulu, cyn gorffen, 'I have some fears for my "Hausfrauenrolle". I hope we shall find some way to realize our plans.'

Ar 21 Gorffennaf, ar ôl cyfnewid llythyrau pellach, mae Kate yn ateb,

Mein liebster Gwyn,

...

Tonight after dinner we had a quite interesting talk in the S.C.R. about the state of mind of German University professors just before Hitler and the 3rd Reich. Frau B. attacked them so eagerly that I became almost Fascist in order to keep a little self-respect for my country: how they had been one-sided specialists not caring about the education of their pupils, envious of the fame of their colleagues etc.

Miss Sutherland told an amusing story, how in the beginning of 1933 they had arranged a conference of German and English teachers, in order to interchange democratic ideas, and how, as Hitler had just taken power, there came not the people they had invited but newly converted and very eager Nazis in their place...

Write soon.

Es küsst Dich

Deine Käthe

In the *Spectator* of July 14 I found a letter of Dafydd Jenkins about 'The Welsh Language'. Have you seen it?

Mae Gwyn yn ateb ar 22 Gorffennaf:

Fy anwylaf Käthe,

...

I had not myself forgotten your stela on Thursday night. But our time was short. And with all due respects to our common academic interests, you are more important than the stela, and all other stelae put together. It is strange what an urgency I have felt about you this week; as though the winds of love were blowing to tempest strength. And yet, when I recall your charms, your beguiling ways, your shining loveliness, it isn't strange at all! It would be thrilling to know that you are my Escape-Me-Never...

Mae llythyrau'n gwerthfawrogi ei gilydd yn dilyn, a Kate yn sôn ar 24 Gorffennaf am ei natur ei hun:

So many thanks for your dear letters which give me more and more the confidence that you are really able to give me that support and that affection which I need so much. You wrote about that spot of pity which you recognise in your love. To be quite frank: as much as I dislike pity (you are very clever in recognising Nietzsche as my teacher) I think I almost encouraged you to pity me by telling about the nunnery, by showing you the poem about

'Einsamkeit' [unigrwydd]. I showed you where I am vulnerable
as I know (and as you prove more and more) that you have
gifts of Geist und Herz [ysbryd a chalon] which only want to be
discovered in order to develop freely. I wonder whether you know
your own value.

Sonia wedyn am gael diwrnod gyda Mochsen, yr Eifftiad a oedd
yn gyfaill academaidd a phersonol i Gwyn yn Rhydychen.

Mae llythyrau Kate yn cyrraedd cyn iddi baratoi i fynd i Holand
i weld ei thad, heb wybod mai dyma'r tro olaf y byddai'n ei weld.
Mae Gwyn yn ysgrifennu'n werthfawrogol:

I have heard your voice, by now, in Rilke. Yes the authentic
tones:
'Es ist gut, einsam zu sein, denn Einsamkeit ist schwer; dass
etwas schwer ist, muss uns ein Grund mehr sein, es zu tun!' ['Mae
bod yn unig yn beth da, am fod unigedd yn anodd; mae bod
rhywbeth yn anodd o reidrwydd yn rheswm i ni ei wneud!']
This is your theory about Schwierigkeiten [anawsterau] alright.
But it doesn't agree, in this particular matter, with your poem
'Einsamkeit'.
As for my loneliness, I assure you it is mostly of your making.
Although my recent solitude has been more than I have generally
known – after all, to be quite alone in a house isn't very pleasant
– yet its intense quality is entirely due to you.
On second thoughts, you may bring the typewriter, unless it's
too much trouble... Of course, you can leave it with me when you
go to Holland.

Erbyn 3 Awst, mae Gwyn yn edrych ymlaen at gael Kate yn
galw arno ar ei ffordd i Holand.

... Now when I say 'Wie ich liebe dich!' how many mistakes are
here? That is surely not a Subordinate Clause, but an important
statement. I am all expectancy, my sweet. The house is not quite
so ready as I am – you will have to forgive male incompetence...
I expect you will have plenty of suggestions how we shall spend
our time together. We shall find the time all too short, I am sure!

Still, there will be a chance for both of us to reveal all our qualities so that nothing shall be hid.

Enjoying the present and planning the future...

Au revoir, meine Liebste!

Llwyddodd Kate i fod gyda Gwyn, ac erbyn 13 Awst ysgrifenna at Gwyn o'r Grand Hotel, Scheveningen,

Gwyn dear,

...

In the afternoon we went to the aerodrome to meet my father, brother and nephew who arrived almost an hour late via Leipzig-Köln. At 7 we arrived in Scheveningen, which is comparatively empty for August but the weather is promising...

Yesterday I remembered a conversation about the eternal problem man-woman.

He: That is just the trouble that women are so 'unprincipled' devils!

She: That is the trouble that men are so 'principled' devils.

Mae'r llythyr wedyn yn troi at yr Almaeneg:

Roeddwn i'n eistedd gyda 'mrawd ar ôl swper mewn caffe bach, yn gwrando ar gerddoriaeth Fiennaidd; 'Ti'r crwt ffôl,' meddyliais i yna, 'Rwyt ti am i mi brofi fy mod i'n dy garu. Dim ond gyda'r deall y gall dyn brofi. A chyn gynted ag y rhoddaf i resymau, rwyt ti'n dweud, Mae hynny mor fwriadus! Rwyt ti fel plentyn sy'n torri dol yn ddarnau er mwyn gweld beth sy y tu fewn.'

Eisteddon ni'n dau wedyn am amser hir gyda'n gilydd ac [mae'r llythyr yn troi i'r Saesneg yn y fan hon] in addition to conversations about politics my brother, Fritz, told me how he wanted to prepare his house first before marrying though he had not looked for a bride yet, and was sure to have many difficulties before being allowed to marry an 'Arian'. It is strange and very refreshing experience to be together with one's brother (by the way he is hardly taller than you), a male mind but without the disturbances of sexual attraction, perhaps the only real friendship possible between the two sexes, or should a friendship of similar affection and value be possible after 'die Leidenschaft flieht, die

Liebe muss bleiben' [ar ôl i angerdd ffoi, rhaid i gariad aros] fel
y dywed Schiller yn ei gerdd 'die Glocke' [y gloch]. We even
practice English together.

The stories I hear about Germany are depressing enough,
especially the strain on their nerves by the constantly changing
laws (the only thing constant left) is immense... If I went back I
probably would be forced to work in munition factories. You can
believe me how little I am longing to do that and especially forced!

My father told me that he had bought new dining room
furniture for me made out of light wood and in very good style.
But he thinks that to take over furniture I would have to give up
German citizenship... He also gave me some valuable things.

Kate yn Scheveningen
gyda'i thad a'i nai,
Tippen. Dyma'r tro
olaf iddi weld ei thad.

Y Grand Hotel,
Scheveningen, lle y
bu Kate a'r teulu'n
aros. Cafodd ei
ddymchwel yn 1974.

Mae Gwyn yn ateb o Ilford ar 15 Awst, a hwythau wedi cytuno'n derfynol i briodi. Mae'r rhyfel bellach yn amlwg ar y gorwel, ac mae gan Gwyn syniad cryf am gyfrifoldeb y Cristion:

I am having some fun with my democratic speech.[26] I find as my basic principle that dictatorship has throughout history been the result of war or revolution. Therefore the crux of my matter will be the importance of our attitude to war. Another war will indubitably mean the making fascist of the democratic countries – the thing is already happening – and it will mean further dictatorships and revolutions when it is over. The chief duty of the Christian Church is the duty which it willingly undertook in the first three centuries: to refuse to co-operate in war, and to generate the common desire that war must be avoided at all costs. You see that I am a trained rebel: that my thought is earnestly post-revolutionary in the Christian sense, if pre-revolutionary in the Communist sense.

Serch yw testun olaf y llythyr:

I was reading a piece from one of Shaw's prefaces last night. He was saying that most happy unions were formed on the basis of money, common interests, congeniality, and mundane affinity; and not love. In ten years' time I shall perhaps be wiser. But at the moment I am not thrilled at the suggestion. And though I know we have common interests (not much money, alas), congenialities etc etc etc: nothing matters to me now but that I love you, yes, in the primitive, pre-revolutionary, fleshly, bodily, sexual, all-inclusive way. Put that in your pipe and smoke it, you bewitching heart-snatcher!

A thousand-and-one kisses
Dein Gwyn

Nid yw dyfodol Kate yn y Deyrnas Unedig yn sicr ac medd mewn llythyr at Gwyn ar 17 Awst 1939:

To tell the worst first. It is quite impossible for me to get away this week. I shall return on Thursday 24th as my visum expires on the 25th. I am really very sorry that I shall not be able to see you for

135

such a long time but you know how strong family ties can be and I am quite occupied with cheering up people.

That is the only reason too for my going out almost every night to teach my brother the art of enjoying oneself which is quite forgotten in Nazi-Germany. To tell you one example. There was in W. [Wittenberg] a Fräulein von S., 20 years old who was not strong enough to do *Arbeitsdienst* [gwasanaeth gwaith] but was allowed instead of that to do a year's work as *Kindergärtnerin* [gweinyddes feithrin]. My brother was a good friend with her and together with my sister in law and my other brother they had nice evening parties etc. Suddenly she was sent away from W. to another place because she had been a friend with my brother, id est people of partly Jewish extraction. My brother went to several *Behörden* [awdurdodau] proving that if der Führer himself had been photographed together with my father, there was no reason to avoid our family. He even got people to agree that he was not the reason for Frl. v. S's *Versetzung* [trosglwyddiad] – but the facts remained nevertheless...

But worse than everything is the inconsistency; every day new laws, partly opposite to earlier ones and everybody uses them as he likes or as far as he is not opposed by somebody of higher rank.

Your sermon seems to be logically alright and has only that against it, that Germany would not fight against Poland if she knew that England would fight. So the only thing to avoid war is to threaten war, a *circulus vitiosus* [cylch dieflig] or as it is said [ysgrifenna wedyn yn Almaeneg] bod ein pechodau'n cael cartref yn ein plant hyd at y drydedd neu'r bedwaredd ach. Still, I am willing to agree that it is good to have an Ethic which remains true to itself in spite of consequences.

This Ethic, of course, is bound to be wrong at certain points, as anything rigid, but to follow Nietzsche, a lie consistently obeyed is *Kulturbildend* [ffurfio diwylliant] otherwise there would be no art, no form, no society...

To come back to the business part. I am afraid I have to ask you to pack my belongings and take them to the Student Movement House. It is rather bad luck.

Mae Kate yn dal yn Holand ar 19 Awst, ond am y tro mae hi wedi cael pleser o fod gyda rhai o'i theulu. Syniadau am deimlad a chariad sy'n cael sylw yn y llythyr hwn:

> More than for a long time before I felt during the last weeks how much I need being loved. Yes, love from father, brother, child's love and your love, mein Geliebter [f'anwylyd]...
>
> I remember the saying of a doctor-poet, Schleich (in 'die Weisheit der Freude' [Doethineb Llawenydd]), 'Ein Mann kann durch vieles glücklich werden – die Frau nur durch Liebe' ['Gall dyn fod yn hapus trwy nifer o bethau – ond trwy gariad yn unig y bydd gwraig yn hapus'].
>
> [Mae'n parhau yn yr Almaeneg] A natur yw'r cariad hwn – ac wedi'i gysylltu â'r corff, fel dy gariad di rwyt ti'n ysgrifennu amdano yn dy lythyrau, ac mae'r cariad hwn yn mynnu ac yn gorfodi uniad corff ac enaid.
>
> There is a slight possibility that I come before Thursday but only if the political situation turns to the worse.

Erbyn 20 Awst mae Gwyn yn ôl yn y Rhondda, yng nghartref ei rieni, Bryn Hyfryd, St Stephen's Avenue, Pentre. Gydag ef mae Gwilym, ei frawd iau. Mae Elizabeth (Bessie), ei chwaer hynaf (a fu farw gyda'i gŵr, y Parch. Hugh Jones, mewn damwain ym mans y Gopa, Pontarddulais, 5 Tachwedd 1947), yn Ilfracombe, Augusta (Ogi), ei chwaer arall, yn Weston-super-Mare, ei rieni yn y wlad, a David ei frawd i ffwrdd yn pregethu, a'r cyfan yn debygol o ddod adre'r penwythnos dilynol.

Daeth Kate yn ôl i Brydain yn fuan wedi hyn. Mae rhyfel bellach ar y trothwy. Meddai mewn llythyr ar 24 Awst, a hithau'n awr yn gobeithio bod peth sicrwydd ariannol i ddod trwy'r teulu:

> The British Museum closed, probably to carry the most precious antiquities out of danger. Everywhere posters giving information about air-raid signals and in addition to that the shock of the Nazi-Soviet pact!! What a world, dear.
>
> I do not want to keep secret from you that I see at least a

possibility now to improve our financial calamities, of course only if there is no war. My father thinks that I can take a 'Hypothek' [morgais] in England on my house in Baden, or that failing that I could exchange it with a house in England and then sell that. I shall have to research into it... We calculated that interests paid there might be left £1000. Only if!!

As there is nothing left in London to attract my sense of duty or of pleasure I shall fulfil myself a wish I have had for a long time, already before I knew you. I shall go to North Wales into the mountains to-morrow, if possible to Bettws-y-coed. I have an idea that with walking and studying the Welsh books I bought to-day I may manage to keep myself out of the 'war-psychosis' as long as possible. There is even a little hope left that you will come and see me before I go back to Oxford.

Roedd y penderfyniad hwn i fynd i Fetws-y-coed yn un sydyn ac annisgwyl. Dyma'r lle cyntaf yng Nghymru y bu Kate ynddo, a mynd heb roi rhybudd i Gwyn o hyn. Mae Kate yn gorffen y llythyr ar ôl cyrraedd Betws-y-coed, ac wedi cael llety yn Church Hill, Heol Bryn Conwy.

Hurrah, here I am in the middle of the mountains and intending to stay here for at least a week, if! –
    In the case 'if' would you mind ringing me up.
    Write soon, good luck.
    Your photo has got an honoured position on the mirror.
    Love
    Kate

Wrth dderbyn llythyr gan Kate o Fetws-y-coed mae Gwyn yn ysu am gael bod yno gyda hi:

I am glad you have left the Metropolis. And with what magnificent swiftness you did it! You will soon be out-Hitlering Hitler himself. And to think that you are in the heart of the real 'mountains' in Betws-y-coed! I confess that nothing has ever moved me to such passionate longing as to think of Käthe in Betws-y-coed. The thought makes me wild. And your kind warm words increase my yearning ten-fold... You have set my blood in a whirlwind.

Alas, I'm afraid I cannot accept the most adorable invitation I have ever had. If war comes, I shall have to see you soon. If not – and things seem a little more hopeful today – my original plan was to return to London at the end of next week or a little later...

You may have wondered why I have not suggested your coming here to my home. Actually the idea is not immediately possible, owing to sheer lack of room. My sister is not returning yet to Ilford owing to the crisis, and the fact of our being all at home together precludes visitors. I suppose the Rhondda is comparatively 'safe' despite the dense population...

The news about your financial prospects makes things more cheerful. Let's hope indeed that this wretched war does not come off!

I wonder what are the 'Welsh books' you have. I am to blame for not sending you the elementary primers which I promised to get. I will get them at the first opportunity, but there will be plenty of time again for you to dig into them.

Do send me your impressions of Betws-y-coed and district. I'm afraid I don't know much about it, although I once passed through on my way to Bangor. I can see that you will soon be showing me around my own country as you have shown London to me!

Mewn llythyr pellach (diddyddiad) dywed Gwyn iddo gael hwyl gyda'i araith yn Nhreharris:

My speech has been delivered and loudly acclaimed, but alas I am not sure whether it will affect the international situation.

The moon was very beautiful last night and it was probably more so in Betws-y-coed. There will be beautiful moons again. Let us hope we shall be soon together to enjoy them.

Mae'r llythyr nesaf gan Kate yn sôn am ei phrofiad o ddianc i'r mynyddoedd, ac mae'n cynnwys y geiriau cyntaf o Gymraeg a ysgrifennodd.

You ask me how I like your mountains. It was a falling in love at the first glance and I blessed my quick resolution many a time already.

The first impression was: There is something like a German 'Wald', the Schwarzwald [y Fforest Ddu], the Thüringerwald, real aimless nature, the thing I had missed so much in the tidiness of the lovely English countryside. As soon as possible I climbed upwards, not very far though, to the Llyn Elsi with its splendid view to over seven rows of mountains one behind the other with heather, Farnkraut [rhedyn] (what is the English word?) climbing sheep like on old pictures of biblical stories.

At the lake I met two 'ladies' who asked me for the way and were surprised that I was walking quite by myself. 'Are you not afraid?' – 'Afraid? Of what?' and I really meant it. No, I don't mind being here for a while by myself. Once I felt lonely, that was between the Somerville dons. But the mountains give some kind of relation in a strange way...

In town you have many aims and no aim, you are torn into different directions knowing by yourself that you may sit down as well and do nothing. Here you find at once one very definite aim: you must climb... There is something else as well: the hills have something sociable: you never get to know them completely. Even going to the same place again and again: flowers change, the clouds have different shapes, different animals are crawling and flying and climbing around you. You do not ask any longer: What is the aim of life? Is it worth living? [Medd wedyn yn yr Almaeneg:] Mae dyn yn mwynhau bodoli, ac eto nid yw heb feddyliau. Mae bodoli ei hun yn llawenydd, yn fendith, y mae dyn yn ei brofi bron yn ostyngedig gyda'r corff cyfan, 'Gwêl flodau'r maes, pa fodd y maent yn tyfu!'

Disgrifia wedyn sut y cafodd hi ei hun ynghanol creigiau, drain, rhedyn a muriau llechi, a cheisio dringo a neidio. Rhwygodd ei hosanau ac roedd ei choesau'n gwaedu. Cafodd ei breichled a'i siaced eu rhwygo gan gangen:

I discovered that my jacket had gone!... it was impossible for me to find it and I felt quite exhausted. And in the pocket was my 'Welsh made easy'. I was very angry with myself...

A propos Welsh books. Besides the lost one I bought a small dictionary and a Bible at your Welsh shop in Charing-Cross Road. Luckily enough I found in this house a number of children's schoolbooks edited by D. J. Williams which will help me along.

Now to your or better our plans: I read on a Photo-shop today: 'Closed until noon on Monday the 28th unless Hitler interferes.'

So I say: So God will or unless Hitler interferes I propose the following things:

Are you sure that the British Museum will be open so that you can work there?

Will your brother-in-law be back?

In that case there are two possibilities: we might meet in Wales at a place near Rhondda.

Or I may stay in London for a few days in a Hotel as I did before.

I want to be back in Somerville today (Monday) fortnight.

I certainly want to see you before going back to Oxford...

Much love

[Mae hi'n gorffen y llythyr wedyn gyda'i geiriau Cymraeg cyntaf:]

Yr wyf fi yn dy garu di, Gwyn, bob dydd a bob nos

Yours

Käthe

Mewn llythyr ar 24 Awst 1939, mae Gwyn yn sôn ymhellach am ei deimladau am y rhyfel sydd i ddod. Mae'n ystyried bod y grymoedd gwleidyddol yn Ewrop i gyd yn rhai imperialaidd, ac nad yw democratiaeth o ddiddordeb iddyn nhw, oni bai bod y bygythiad i ddemocratiaeth yn debygol o darfu ar ddylanwad eu himperialaeth eu hunain. Mae modd addasu'r ddadl hon i'r modd y mae'r Unol Daleithiau a Phrydain yn yr unfed ganrif ar hugain yn bomio gwledydd y Dwyrain Canol a gogledd Affrica o dan esgus diddordeb mewn democratiaeth, tra mai dylanwad gwleidyddol a meddu ar olew yw'r gwir reswm:

> When you get this you will of course be in London, and I expect we will be in the throes of the crisis. I have been worrying about you also on this account. And London, alas! is not a good place at a time like this.
>
> You already know my ideas about the crisis. I don't think there is one single argument for not letting Germany have Danzig, and England will be completely mad if she will try to stop her. The present mood of the English Government seems to be that, although Hitler has won an undoubted triumph on the Russian front, yet we will show him that we intend sticking to our guns! Nothing more foolish or ridiculous could be imagined. It would be much better for England to admit that she is beaten and give way to the inevitable. If she goes to war, it will be simply to prevent German hegemony on a broad imperialist basis. The talk about 'democracy' is sheer bunkum, with Poland, Greece, and Turkey as chief allies. If Wales had her own government, she would without doubt take her stand with Holland, Sweden, Denmark etc – which are real democracies. I am heartily sick of the blustering folly of the Big Powers, every single one of them.

Ar ddiwrnod olaf Awst mae Gwyn yn anfon llythyr arall. Mae'n dal i weithio ar ei ddoethuriaeth, ond erbyn hyn wedi cael swydd ddysgu yn Ysgol y Porth yn y Rhondda, i gychwyn ym mis Medi.

> With regard to plans, the crisis is still uncertain and now rather worse, owing to naval mobilisation. If you are quite free in your movements and are prepared to come to the South, near the Rhondda, I should advise Cardiff. From the point of view of safety, it will be not so good as in the lovely North, but it is easily accessible to me – a journey of an hour by train...
>
> On the other hand, if there was a chance of the museum opening soon, I would prefer you to be with me in London, as the next fortnight or so is the only chance for me to do some work before school.

My brother-in-law is unfortunately back at Ilford, so that I can hardy suggest you staying there, though you must certainly visit. If the Museum continues to be closed, I think I shall try Oxford.

You see that everything depends on these infernal politicians... I leave the decision in your hands, and hope that things will favour our meeting very soon...

Have you a radio in your present place? If not, you can be thankful. The news is now on, and it sounds as black as hell.

I am amused, and rather ashamed, that you have been amassing a Welsh library quite unassisted by me. And I was thrilled at that closing sentence! Yr wyf fi'n dy garu di, Käthe, – bob nos, bob dydd, ac am byth! The news is getting worse and worse. Has everything good to be sacrificed because of these imperial ambitions of England and Germany?

Medd Gwyn mewn llythyr arall fod Stephen, ei frawd-yng-nghyfraith, gŵr ei chwaer Augusta, wedi gorfod mynd yn ôl i Ilford 'to be ready to evacuate his school-children. There seems a little hope internationally, but the universal "precautions" must be costing a great deal'.

Roedd Kate yn dal ym Metws-y-coed ar 1 Medi, a'r rhyfel ar gychwyn:

There the sun is shining on a blue sky after a thunderstorm early this morning. And this is the first day of the evacuation! I wonder how much the *Völkerwanderung* [pobl yn mudo] will affect North Wales.

So many thanks for your notes every day that give me something to look forward to, quasi the backbone of my days, and just make me feel how much I would like to talk with you and to enjoy with you the beauties of your home country and to find a rest at the heavy breast of my satyr...

My Welsh exercises concern specially the Bible and the place names and I just begin to read Political Penguin books again. Last night it was 'I was Hitler's Prisoner' which I finished reading at 1 o'clock in the morning. To-day, I fear, the same thing will happen for me with Garrat's 'Mussolini's Roman Empire'.

Again and again one feels compelled to understand the mechanism of all what is happening to us.

Ond yr un diwrnod mae Kate wedi clywed y newyddion am y rhyfel ar y radio, ac ysgrifenna lythyr arall:

Things could not be worse. So I decided to go to Cardiff tomorrow morning with the train leaving here at 7.57... I should be extremely thankful if you could meet me at the station in Cardiff... I feel in an awful position though my father said a war would do away with Hitler and would be to be preferred to the present suffering.

Ar 2 Medi mae Gwyn yn ysgrifennu at Kate, yn amlwg heb amcan o sut y byddai Hitler maes o law'n mynd ati i geisio difa'r Iddewon:

Your first letter arrived at 11.10 a.m. (second post), your second at 4.0 p.m. (third post) so that it was impossible for me to meet you at Cardiff at either of the times you suggested. I could come tonight or tomorrow, but it would not be easy to find you by random search.

Things are still very black, but we have not yet given up hope. You will understand that England and her 'guarantees' have been many times consigned to hell at Bryn Hyfryd. There are three of us here liable to conscription, but we are unanimously agreed that if we believed in fighting it all, we would prefer to support Germany, in the present case, than England. Leaving the régime aside, one has to admit the justice of the claims against Versailles. However, as none of us believes in fighting, we shall, if war comes, be shot, jailed or sent to concentration camps. Your reading of 'Penguin' books will not help you to appreciate this standpoint, for if I am not mistaken, they are all written from the standpoint of the English 'Left' – with emphasis on English!...

My work has naturally suffered owing to the tension of these days. One wants to know what is to be or not to be. I am sorry to hear that you are distracted. Disgust and fury seem more prominent here. If England wants to secure the independence of nations, she needn't go as far as Poland, nor need she shed one drop of blood.

I have not seen you since August 11th! It does seem a long age ago, and many things have happened. The tides of love are as strong as ever and surge even stronger through yearning and long absence... To see you again is now the big thing...

Yr un diwrnod mae Kate wedi cyrraedd Hampton Hotel, 15 Pembroke Terrace, Caerdydd, ac yn ysgrifennu oddi yno:

Mon Dieu, Gwyn,

What a day! I left B-y-C in lovely sunshine and arrived here at 6.30 in pouring rain, because of the evacuation trains. Very interesting at one side, people were all very friendly and sociable, on the other hand a nightmare-like procession of mothers with babies from Liverpool slum quarters.

Here in Cardiff it was difficult to find a room, all full of A.R.P. people, they say. So I am glad to have found at last a nice but damp basement room with wet walls. Gott strafe Hitler!! [Boed i Dduw gosbi Hitler!!]

Y RHYFEL
YN GAFAEL

Profiadau Erika Ledien yn ystod y rhyfel

ROEDD ERIKA'N UNIG FERCH i Hans ac Erika ei mam, ac ychydig yn iau na phlant Paul Bosse a Kaethe. Wedi i'w thad orfod ffoi, roedd hi'n wynebu sefyllfa anodd gartref. Doedd dim modd i'w mam gadw'r cartref, a symudon nhw i Stettin, sydd bellach yng ngogledd-orllewin Gwlad Pwyl, ond doedd dim modd i Erika fynychu'r ysgol uwchradd yno. Cafodd fynd yn ôl wedyn i Wittenberg i aros gyda chydnabod. Doedd hyn oll ddim yn hawdd, a hithau eisoes wedi bod yn dyst i derfysg *Kristallnacht*.

Yr un pryd, roedd yn gweld sut roedd Paul Bosse, ei hewythr, yn hynod lwyddiannus yn ei waith ac ymysg ei deulu, ac roedd hyn yn peri anawsterau iddi wrth iddi gymharu hyn â hynt ei theulu a'i thad hithau, ac mae ei barn a'i golwg o'r cyfnod ac o ddigwyddiadau wedi'i lliwio gan y cymharu hwn. Cofnododd ddyddiau ei hieuenctid.[1]

A hithau yn y cylch chwarae roedd hi'n edrych ymlaen at gael mynd i'r ysgol gynradd, cwrdd â phlant eraill a dysgu darllen ac ysgrifennu, canu ac arlunio. Ond nid ei rhieni aeth â hi i'r ysgol, ond ffrindiau iddyn nhw. Roedd ei rhieni'n ofni y byddai gelyniaeth tuag ati pe baen nhw yno. Fe gafodd Erika'r bag mawr o losin arferol ac roedd yn hapus. Ond ni pharhaodd yr hapusrwydd cychwynnol.

Doedd amodau'r ysgol ddim yn atyniadol. Hen athro caredig oedd y cyntaf a gafodd, ond daeth athro newydd, a hwnnw'n un i'w ofni. Roedd yr 'heddlu melyn', fel y galwai'r gansen, yn

Erika Viezens (Ledien gynt) yn Munich, 2011

sefyll mewn cwpwrdd â drws agored. Byddai'r plant a oedd yn camymddwyn yn cael eu taro ar eu dwylo, ac eraill yn gorfod sefyll am gyfnod yn y gornel, a'u hwyneb tua'r mur. Yn anffodus roedd iard yr ysgol yn drewi oherwydd y tai bach.

Roedd ei rhieni wedi ceisio cael lle iddi yn yr ysgol breifat fach yn Wittenberg, ond ar ôl yr holl helyntion yn erbyn y teulu roedd hyn oll wedi mynd yn anodd. Medd Erika:

> Yn eitha buan dechreuais deimlo 'mod i'n 'wahanol' i'm ffrindiau dosbarth. Ar ôl i lawer o blant gael eu holi sut oedd eu tai, daeth fy nhro i, roedd rhaid i fi sefyll o flaen y dosbarth, ond doeddwn i ddim yn gallu dweud dim am fy nhŷ, am fod yr athro'n fy nisgrifio mewn modd oedd yn fy nghythruddo ac yn dweud llwyth o bethau negyddol amdana i... Dywedodd 'mod i'n anghyfeillgar, 'mod i ddim yn barod i helpu, 'mod i ddim yn rhannu, 'mod i'n celwydda ac ati. Roedd y dosbarth yn gwbl dawel. Dim ond wrth Mam y soniais i am y peth... Sut roedd hi i allu egluro ysbryd y cyfnod wrthyf i? Doeddwn i ddim yn wyth oed eto ac eisoes yn dra siomedig.
>
> Gartref fe gawn i anawsterau wrth chwarae. Roedd mamau dau o blant y stryd wedi eu gwahardd nhw rhag chwarae gyda fi...

I ddechrau roeddwn i'n aml yn cael fy ngwahodd i ddydd pen-blwydd plant... Byddai llawer o blant yn dod ynghyd, roedd yn hwyl, roedd curo drymiau, canu, gan amlaf hefyd marshmalow siocled a choco, weithiau salad tatws a selsig... Ond yn raddol roedd fy rhieni'n ofni na fyddwn i'n cael fy ngwahodd mwyach, a phan fyddwn i'n cwrdd â phlant a'u mamau ar y stryd, bydden nhw'n croesi i'r ochr arall. Roedd y plant eraill yn cael gwersi piano, neu ffliwt – ond doedd plant o dras Iddewig ddim yn cael gwersi cerddoriaeth... Roeddwn i beth bynnag yn gwbl angherddorol... Ond roeddwn i'n gallu ysgrifennu gwaith ar-ddweud gyda llai o wallau ac yn gynt na'r lleill. Roeddwn i'n gwybod cymaint o enwau blodau â Helgard, yr orau yn y dosbarth. Pam roedd rhaid i fi wedyn sefyll yn olaf yn y rhes ar iard yr ysgol wrth i'r plant gael eu galw?

Roedd Erika wrth ei bodd yng nghwmni ei rhieni, a'i thad yn arbennig, ac roedd hwnnw'n annog ei diddordeb mewn ieithoedd. Cynhesrwydd ei pherthynas â'i thad a'i gwnaeth hi'n anodd i Erika wedyn allu ymdopi â'r modd y bu'n rhaid iddo adael y wlad yn ddisymwth.

Roeddwn i'n gallu cyfrif hyd at gant yn Saesneg. Byddai fy nhad yn teithio i Berlin ac yn dysgu Sbaeneg ac yna Saesneg. Byddai'n darllen 'Winny the Puh' i mi. Roedd e'n ddyn hyfryd! Roeddwn i'n cael gosod fy hun ar ei esgidiau a byddai'n mynd â fi trwy'r ystafell; yn y parc byddwn yn rhedeg o dan ei got, a oedd yn wyrdd y tu allan ac yn goch y tu mewn, ac yn gysurus o gynnes. Byddai'n dod bob amser â phethau hyfryd i fi, pensil, ag un ochr yn goch a'r llall yn las... caleidosgop a oedd yn dangos byd o ryfeddod, teleffon i'r tŷ doliau, coeden Nadolig fach, a gymerais gyda fi'n ddiweddarach at Frau Schmidt, yr oedd yn rhaid i fi fynd ati pan oedd Dad yn Shanghai a Mam yn Dessau.

Roedd yr orfodaeth ar Hans, tad Erika, i ffoi ar ôl cael ei ryddhau o Buchenwald wedi cael effaith fawr ar y teulu, yn enwedig pan oedd ei wraig yn Dessau, ryw bum milltir ar hugain o Wittenberg, yn gofalu am fodryb iddi a oedd yn sâl.

Roedd rhan o asedau'r teulu wedi ei droi'n arian ac roedd rhaid
talu 'Reichfluchtsteuer' – treth ffoi o'r wlad. Doedd dim hawl
ganddo ond mynd â swm bach o arian gydag e ar y daith. Doedd
dim incwm gan Mam. Penderfynodd hi droi'r tŷ un teulu, yr oedd
fy nhad wedi'i drosglwyddo i mi, yn dŷ dau deulu, a'i rentu wedyn
i fusnes diwydiannol. Gwnaeth y garej helaeth yn lle i gadw'i
chelfi, ac aeth â phethau gwerthfawr i'w thad yn Stettin. Roedd
e'n byw yn ŵr gweddw gyda morwyn mewn tŷ yr oedd fy mam
wedi ei adeiladu fel buddsoddiad ar dir ei thad ac a oedd mewn
ardal dawel o filâu. Yn nhŷ'r rhieni roedd fy mam yn byw gyda'i
brawd a'i wraig a'i ddau o blant, tua fy oed i.

Pan aethpwyd â fi at fy nhad-cu, roeddwn i'n cymryd yn
ganiataol y byddai'r cefnder a'r gyfnither oedd yn byw drws
nesa'n gallu chwarae gyda fi. Ar y cychwyn, roeddwn i'n cael
gwneud hynny, ond pan oedd rhaid i'm hewythr fynd i ymladd,
gwaharddodd y fodryb fi rhag gwneud dim gyda'i phlant. Pan ges
i fy nghofrestru ar gyfer yr ysgol uwchradd yn 1931, dangosodd
hi yno fy nhras 'an-Ariaidd'. Er nad oedd rheolau pendant, ches i
ddim mynd i'r ysgol, roedd hi'n sydyn yn 'orlawn'.

Yn Wittenberg sicrhaodd fy mam fy mod i'n cael addysg yn y
Lyceum, 'Katharinen-Oberschule für Mädchen' – ysgol uwchradd
i ferched. Ar ôl y Pasg 1941 aethpwyd â fi at Frau Schmidt, gwraig
weddw oedrannus a oedd wedi bod yn un o gleifion Paul Bosse...
Roedd hi'n byw mewn amgylchiadau gostyngedig mewn fflat
wedi ei threfnu'n dair ystafell gyda chegin fyw yn nho tŷ ei rhieni.
Roedd hi'n ategu pensiwn ei gŵr a oedd wedi marw'n ifanc drwy
rentu. Yn yr ystafell ger fy un i roedd ysgrifenyddes ddeg ar hugain
oed yr 'Ysgol Aeaf', a oedd yn dod o Flämming ac a oedd yn gyrru
adre bob penwythnos. Byddai hi'n aml yn dod ag wyau, menyn ac
iâr ambell dro, a oedd yn gwella'r ddarpariaeth fwyd o gryn dipyn.
Roedd gen i ystafell â ffenestr gymharol fach, a oedd braidd yn
dywyll ac roedd y celfi'n tywyllu'r lle ymhellach. Roedd y cyfan
yn hen-ffasiwn ac roeddwn yn hiraethu ar ôl fy ystafell blant olaf.
Roedd gen i fy mhram doliau o'm cartref a rhai pethau bach, a
choeden Nadolig artiffisial roedd fy nhad wedi dod â hi i mi.

Doeddwn i ddim yn hoffi'r bywyd yma yn y gegin fyw o
gwbl, doedd y soffa gysgu yn y gegin ddim at fy nant. Doedd yr

ystafell ymolchi, heb ffenestr a heb fasn ymolchi, ddim yn neis...
Roedd Frau Schmidt yn wraig dduwiol iawn. Byddai'n mynd
yn gyson i'r eglwys... byddai'n mynd i angladdau pell ac agos y
byddai'n dod i wybod amdanyn nhw trwy'r 'Wittenberger Tageblatt'.
Byddai'n gofalu hefyd yn gyson am res o feddau, llawer gormod
i'm chwaeth i, achos roedd rhaid i fi fynd gyda hi'n aml i'r fynwent
oedd ymhell y tu allan, y byddai hi'n mynd iddi ar ei beic. Roedd
rhaid i fi redeg ar ei phwys hi a chario'r rhaca fach. Roedd hi'n
dyfrhau ac yn tacluso bedd ei rhieni, ei gŵr, ei mab (a oedd yn
ffrind dosbarth i Fritz, felly blwyddyn 1915), bedd yr hen deulu
Bosse, yr hen deulu Ledien. Pan oedd fy amynedd ar ddod i ben
yn llwyr, byddai hi wedyn am fynd at 'Fedd Onkel Willi' (sef
brawd mawr fy nhad, a oedd wedi marw o ddifftheria'n dair neu
bedair oed ychydig cyn tro'r ganrif) ac at 'Peterchen' (a fu farw'n
bedair oed o detanws, mab Dolly Maier-Bosse).

...

Roedd Frau Schmidt yn gwrthwynebu'r Natsïaid. Roedd hi'n
drefnus, yn lân, yn gyfrifol, yn ddarbodus, ond roedd hi bob amser
yn fân-fwrdeisaidd, yn foslyd, ac yn anaddas ar gyfer merch mor
fach fel yr oeddwn i'r pryd hwnnw – deg a hanner oed oeddwn
pan es i ati. Prin bod unrhyw lyfrau yn ei chartref ac roedd hi'n
anghymeradwyo fy hwyliau. Gan nad oedd neb yn cael dod i'w
fflat, roeddwn i bob amser ar fy mhen fy hun gyda hi ac felly
roeddwn yn darllen llawer, yn aml o dan y blancedi gyda thorts.

Byddwn yn cael y batris bob amser gan Knubben, gwraig
Günther o Sweden, nad oedd ei fflat ond ugain munud i ffwrdd
ar droed. Roeddwn i'n hoffi bod gyda hi. Roedd hi'n gymharol
ifanc, 16 mlynedd yn hŷn na fi, ac roedd ganddi ddwy ferch fach
a anwyd yn 1938 (Ingrid) ac 1940 (Kristina). Roeddwn i wedi
cael bod yn ei phriodas hi a Günther. Roedden nhw wedi dathlu
yn nhŷ'r Bosses y pryd hwnnw, yr oedd Onkel Paul, ar ôl iddo
orfod rhoi'r gorau i'w waith fel prif feddyg Ysbyty Wittenberg,
wedi ei drosi'n glinig preifat ar gyfer llawfeddygaeth a chlefydau
menywod (a genedigaethau). Roedd y bwrdd wedi'i osod mewn
neuadd eang, ac roeddwn i'n eistedd gydag Eva-Monika oedd bum
mlynedd yn hŷn na fi a Hänschen Bosse, a oedd yn ei arddegau'r
pryd hwnnw, ac rwy'n gwybod ein bod ni wedi cael gwin. Doedd

hynny ddim wedi cytuno â mi ac roedd yn fy siwtio i bod fy nhad
wedi gadael y wledd yn gynnar, a ches i fynd i'r gwely, a minnau
hefyd yn dioddef o'r pas.

Roedd fy nhad yn aml yn cael dadleuon mawr gyda'i frawd-
yng-nghyfraith [Paul Bosse], yr oedd ganddo berthynas gymysglyd
ag e. Roedd e'n ei adnabod ers pan oedd e'n blentyn bach, ac
roedd e wedi arfer chwarae gydag e, a hwnnw ond chwe blynedd
yn hŷn, ar y llecyn a oedd yn estyn y tu ôl i gartref y rhieni, ac
roedd yn aml wedi cael pensiliau bach yn anrheg ganddo. Roedd
hynny wedi ei blesio ar y naill law, ond ar y llall roedd e wedi
adweithio'n llym yn erbyn ei ddull llawer rhy nawddogol, ac felly
yr arhosodd pethau trwy gydol ei fywyd.

Roedd fy nhad yn rhyfeddu at dalentau niferus ei frawd-yng-
nghyfraith ac yn eu gwerthfawrogi, ond roedd e'n condemnio'i
ymddygiad hynod o awdurdodol a phatriarchaidd, a oedd yn
achosi bod chwaer fy nhad yn cael ei gorfodi, yn ei farn e, i
chwarae rôl annheilwng. Roeddwn i'n gweld bod Tante Kaethe,
a oedd flwyddyn yn hŷn na 'nhad, bob amser yn ddibynnol iawn
ar ei gŵr, a bob amser yn ei wasanaethu, wedi'i gysgodi gymaint
ganddo, fel yr oedd e'n dymuno.

Roedd e'n trefnu ei fywyd yn ôl ei anghenion, byddai'n dilyn
ei dueddiadau, yn ymddiddori'n frwd, er enghraifft, mewn pethau
technolegol newydd, ac yn prynu pethau yn Ffair Leipzig [ffair
dechnolegol flynyddol fawr] i'r clinig, y cartref, y fferm. Byddai'n
casglu stampiau ar raddfa fawr, yn cymryd ystafell gyfan at hynny,
a doedd neb er mwyn popeth i darfu arno pan fyddai ynghanol
yr edrych a'r trefnu. Byddai'n mynd yn selog i'r sinema, ac roedd
ganddo ei 'sedd' ei hun yn y 'Central Theater', sinema fodern oedd
ger y cartref. Ar achlysuron anaml, byddai Tippen [mab cyntaf
Dolly] (ei ŵyr hynaf a oedd yn cael ei addoli'n llwyr ganddo) a fi'n
cael mynd gydag e i weld ffilm.

Roedd e'n arbennig o hoff o blanhigion, ac roedd tŷ gwydr
yn yr ardd ac roedd hyn yn gwbl addas i'w ddiddordebau, pan
brynodd e fferm i Fritz ei fab ieuengaf, pan oedd rhaid i hwnnw
roi'r gorau i'w astudiaethau yn yr ysgol uwchradd oherwydd
yr wrth-Iddewiaeth gynyddol, fel y gallai'r mab gadw'n brysur
gyda hyn. Cafodd offer modern i'r fferm hon, gyda pheiriannau,

nad oedden nhw'n sicr yn broffidiol ar gyfer busnes mor fach, adeiladodd e dai cynnes ac oer, a byddai'n tyfu llysiau a oedd yn ymddangos yn egsotig i ni y pryd hwnnw, fel paprica a melonau. Roedd cynnyrch y fferm hon, gyda saladau cynnar, cwcwmerod, tomatos ac ati, yn fedrus iawn yn cael eu danfon i gegin y clinig ac roedden nhw'n dipyn o atyniad yno, a'u trefniant yn y gegin yn gwneud iddyn nhw edrych yn ddymunol.

Roedd gwragedd o'r cyffiniau amaethyddol neu o'r byd busnes yn hoff o fynd i'r clinig preifat i fenywod, a gafodd enw da oherwydd ei naws, diolch i ofal cyfeillgar y nyrsys Catholig o Koblenz a'u doniau coginio gwych o ardal y Rhein. Roedd awydd 'Opa' [Paul Bosse] i gadw stoc, yr oedd yn defnyddio hanner anecs ar ei gyfer, yn gymorth mawr ym mlynyddoedd prinder y rhyfel ac roedd hyn yn sail gadarn i nyrsys y gegin.

Byddai 'Opa' yn falch o ymffrostio yn ei drysorau. Byddai'n mynd â ni trwy'r ystafelloedd gyda'u holl silffoedd, lle y byddai pethau'n cael eu cadw nad oedd bellach i'w cael: resins, almon, coco, coffi, jam, hefyd llwyth o ddeunyddiau, a raffia. Pan fyddai 'Opa' mewn hwyliau da, byddai'n ymddangos yn hael. Byddai'r teulu a oedd wedi tyfu'n fawr yn cael peth o'r cynnyrch. Roedd cotwm glas tywyll gyda dotiau gwyn yn y pen draw i'w weld ar holl aelodau benywaidd y teulu, hyd yn oed mor bell â Dessau, at fy mam. Cafodd ei orfodi ar Itti [Brigitte, merch Walter Mannchen a Leonore] a fi. Roedd y defnydd yn ymarferol ac yn bert, ond yn Wittenberg roedd yn cael effaith annymunol o gondemniol, gan ei fod yn arwydd a ddangosai ein bod yn perthyn i'r teulu.

Roedd y raffia'n ffynhonnell o lawenydd pur. Roedden ni wedi gwneud cymaint o bethau ohono, anrhegion ar gyfer gwahanol achlysuron, yn bennaf bagiau siopa, nad oedd mwyach i'w gweld yn y siopau. Roedden nhw'n cael eu bwydo â lliain olew – hefyd o stoc 'Opa'! – ac roedden nhw'n cael eu trysori'n fawr yn y teulu.

Fe dreulion ni lawer o oriau gydag Oma [Kaethe Bosse] yn cynhyrchu'r rhain. Yn y pen draw roedden ni'n dda wrth gynhyrchu 'pocedi cardiau'. Roedd galw arbennig am y waledi hyn, ar gyfer y cardiau bwyd di-rif a oedd â rhan bwysig, bwysig ar gyfer byw, ym mhob teulu. Am bob aelod o'r teulu byddai dyn yn cael cardiau newydd bob mis: cardiau am fara, bara gwyn a theisennau, braster, cig, wyau, bwyd wedi'i brosesu, llysiau, tatws, nwyddau smygu, a 'cherdyn pwyntiau' ar gyfer tecstilau. Roedd y dognau'n amrywio yn eu maint. Ni fyddai Iddewon yn cael rhai cardiau, er enghraifft dim cardiau cig a dim cardiau smygu. Roedd y cardiau smygu'n cael eu trysori'n fawr fel cardiau cyfnewid.

Roedd y waledi cardiau'n cael eu defnyddio fwyfwy. Ar ôl blwyddyn ar y mwyaf roedd y galw am un newydd yn fawr. Doedden ni felly fyth heb syniad am anrhegion. Roedd Oma wedi cael 'troed igam ogam' o'r Ffair yn Leipzig ar gyfer ei pheiriant gwnïo ac roedd hi'n ei defnyddio'n frwd. Os oedd hynny'n bosibl o gwbl, byddai gwnïad igam ogam yn cael ei ddefnyddio. Byddai'r holl waith yn cael ei ddechrau'n fyrfyfyr, ac yn cael ei orffen yn gyflym ac yn grefftus, gyda chyfoeth o syniadau ond hefyd 'gyda nodwydd boeth'. Roeddwn i'n hoff o ymweld ag Oma, a oedd yn groesawgar ac yn llawn bywyd ac a oedd yn ymddangos i mi'n optimistig o'i chymharu â'm mam, nad oedd yn llwyddo i guddio'i phryder a'i phoen...

Rwy'n dal i gofio'n fyw ddiwrnod 20 Gorffennaf 1944. Roeddwn i yn Dessau, lle roedd fy mam yn gofalu am Tante Lore, a oedd yn glaf o'r diciáu, a'i theulu. Heblaw am Tante Lore roedd y teulu hefyd yn cynnwys Onkel Walter (Walter Mannchen, cemegydd yn Aken/Elbe mewn ffatri baent IG a oedd yn bwysig i'r rhyfel ar ôl iddo orfod rhoi'r gorau i'w yrfa ym Mhrifysgol Göttingen oherwydd Tante Lore), a dau o blant, Brigitte (ganed 1946) a Justus (ganed 1939). Roedd y teulu'n byw mewn ardal werdd, maestref i'r gorllewin, mewn tŷ i bedwar teulu. Roedd y landlord yn weithiwr metel blin, ond di-fai'n wleidyddol, ac wedi ymddeol. Yn y fflat ar ei bwys roedd Herr Krebs, dyn bach tew amryddawn, a oedd wedi bod yn fasnachwr glo ond a aeth i'r wal. Roedd e wedi gadael i'w fusnes gael ei arwain gan ei wraig, menyw fach yr un mor dew, â gwallt cwbl ddu, a oedd yn edrych fel pe bai wedi codi o daflen bropaganda wrth-Iddewig, ac roedd e wedi bachu swydd bwysig: fe oedd y prif swyddog amddiffyn rhag cyrchoedd awyr yn Dessau. Roedd e'n annymunol o bwysig, yn taflu'r drysau ar agor pan fyddai'n brysio i'w swyddfa, a rhedai o gwmpas yn ei wisg lwyd gwarchod awyr. Roedd Herr Krebs yn bendant yn Natsi, ond roedd yn cydymdeimlo â'n teulu ni. Pe bai awyrennau'r 'gelyn' yn agosáu byddai'n rhoi dau ganiad ar y ffôn cyn y 'larwm rhybudd' fel arwydd i ni. Roedd gyda ni wedyn fwy o amser. Roedd Tante Lore, gyda llaw, yn cael mynd i'r seler amddiffyn, peth oedd ddim yn cael ei ganiatáu i Iddewon fel arall.

Ar 20 Gorffennaf 1944 canodd y ffôn sawl gwaith, roedd Herr Krebs wedi'i gyffroi ar y ffôn: Roedd rhywun wedi ceisio lladd Hitler, roedd Hitler wedi goroesi. Cafodd Tante Lore a Mam ofn mawr ar unwaith o gael pobl yn archwilio'r tŷ a chael eu harestio, ac aethon nhw i nôl y blychau o lythyrau a oedd wedi'u hysgrifennu gan ffrindiau ar achlysur y cynllwynio yn erbyn rhieni Tante Lore a'i chwaer yn fuan cyn i rieni Tante Lore gael eu hanfon o'r wlad. Roedd y ffrindiau a'r rhai oedd yn eu nabod wedi mynegi eu cydymdeimlad ac yn awr ddylen nhw ddim cael eu peryglu o gwbl. Darllenodd Mam a Tante Lore rannau o'r llythyrau ardderchog unwaith eto ac yna'u llosgi. Roedd hynny'n para oriau. Cawson nhw fraw gan alwad ffôn o Wittenberg gan Frau Schmidt, a ddywedodd fod yr holl deulu Bosse wedi 'mynd ar daith', hynny yw, eu bod i gyd wedi'u harestio...

Roedd 20 Gorffennaf i fi o hyd yn ddiwrnod gwyliau, ond yn un o bwys, gan mai dyma ddiwrnod olaf fy nghyfnod ysgol. Gan 'mod i am fynd i'r ysgol eto ar ddiwedd y gwyliau, eglurwyd wrthyf fi nad oedden nhw am fy ngweld eto ac er gwaethaf protest fy mam, newidiodd y sefyllfa ddim i fi. Roedd y pennaeth mor fygythiol nes bod Mam yn ofni y gallai'r un peth ddigwydd i mi ag a ddigwyddodd i feibion cyd-weithiwr fy nhad, Dr Simson o Jessen. Roedd Dr Simson wedi bod yn swyddog yn y Rhyfel Byd Cyntaf ac yn 1918 collodd fraich, ond roedd wedi cymryd ei fywyd er mwyn amddiffyn ei wraig Ariaidd a'u meibion cymysg ond lwyddon nhw ddim. Anfonwyd y ddau ddisgybl ysgol ramadeg i 'wersyll gwaith ac addysg'.

Aeth fy mam â fi fel morwyn i dŷ'r ddiacones yn Dessau, a oedd yn cynnwys nifer fawr o adeiladau, gyda chartref mamau, cartref hen bobl, cartref plant, ysbyty a chartref lloches. Roeddwn i i fod i gael lle yn y cartref lloches, tŷ ar gyfer 'merched wedi syrthio'. Roedd fy mam wedi llwyddo i drefnu fy mod i'n gweithio yn y dydd yn nhŷ'r ddiacones, ac yn gallu mynd adre fin nos.

Gartre roedd fflat bedair ystafell, lle roedden ni'n awr yn dri oedolyn a thri phlentyn.

Doedd y ffordd i dŷ'r ddiacones, a oedd yn yr un stryd â'r Bauhaus, ddim yn bell, tua 15 i 20 munud i mi. Roedd rhaid i fi fod yn y bore yn y 'gwasanaeth', roedd y diaconesau a gweithwyr y tŷ'n ymgasglu yn nhŷ'r fam, adeilad bric coch o dro'r ganrif. Yr hyn a roddodd fraw i mi, wrth i mi weld diacones ar y diwrnod cyntaf, oedd ei bod hi'n gwisgo bathodyn y blaid ar ei gwisg! Ond doedd gen i ddim cyswllt â'r chwaer hon a ches i mo'm trafferthu'n wleidyddol...

Bydden nhw'n gweddïo bob bore ac yn canu emynau, ond roedd y cweryla a'r gwrthdaro, y gystadleuaeth a'r genfigen rhwng y chwiorydd yn fawr...

Bwyd oedd un o'r prif themâu ymysg y chwiorydd, a'r ofn am y cyrchoedd awyr oedd yn digwydd yn amlach, a hwythau am hawlio eu lle eu hunain. Doedd dim modd meddwl am welliant i'r sefyllfa fwyd. Yna un diwrnod digwyddodd gwyrth: fel mewn chwedlau rhedodd nifer ddi-rif o bobl i'r strydoedd gyda photiau, bwcedi, jygiau a daethon ni i wybod bod ffynnon o suddog wedi tarddu: roedd seilos y ffatri siwgr wedi eu taro gan ddarnau o'r bomiau. Yn awr roedd ffrydiau melys eu harogl yn dod o lawer o dyllau. Yn nhŷ'r ddiacones roedd rhaid i fi nôl bwced, hen gert llaw sigledig o'r stabal, ac yna aeth merch o'r cartref i ffoaduriaid a fi at y ffynnon boblogaidd. Po agosaf yr aethon ni, mwyaf cryf oedd yr arogl, aeth y ddaear yn llaith, yn llithrig a chredon ni ein bod yn gyfrwys, pan ffeindion ni fod cledrau rheilffordd yn arwain yn syth heibio i'r seilos, yr oedd y suddog yn llifo'n llyn gwastad...

Cawson ni lwc. Daethon ni at y tyllau yn y cynhwysydd metel oedd wedi eu hachosi gan ddarnau'r granâd, yr oedd hylif melys yn llifo'n afonydd ohonyn nhw. Yn fuan roedd ein bwcedi'n llawn ac ar ôl peth anhawster ar y ffordd yn ôl cyrhaeddon ni dŷ'r ddiacones, ond chawson ni mo'n croesawu'n gynnes yno, oherwydd yn y cyfamser roedd rhywun wedi mynd o gwmpas gyda megaffon ac wedi rhybuddio rhag bwyta'r suddog, am ei fod yn wenwynig iawn a bod rhaid ei daflu. Ei daflu, i ble? I'r tai bach? Roedd y sylwedd yn rhy ludiog at hynny. Taflon ni fe ar ôl rhai dyddiau yn yr ardd, yn gwbl siomedig.

Gartref roedd Onkel We [Walter] wedi cael ei anfon gyda'r beic i nôl tipyn o'r 'suddog gwyrthiol'. Roedd e wedi teithio gyda Justus, oedd yn bum mlwydd oed, ac roedd ei esgidiau e, Justus, wedi glynu'n llwyr, ond roedden nhw wedi cael dau fwcedaid o suddog. Roedden ni'n awr yn sefyll gartref gyda'r broblem o waredu'r sylwedd gludiog. A sut bydden ni'n cael yr esgidiau'n lân eto? Roedd yr holl ymdrech yn ofer, roedd yn ofnadwy, oherwydd doedd dim modd dychmygu cael esgidiau newydd. Ar y gorau gallen ni gael sandalau 'dogni' neu esgid o ddeunydd gyda gwadnau pren. Roedd y rhain yn boenus i'r traed a byddai dyn yn cael pothellau... Roedd fy mam wedi clywed am fodolaeth canolfan cyfnewid esgidiau. Roeddwn i'n gobeithio gallu newid fy esgidiau, oedd wedi mynd yn rhy fach, am esgidiau mwy, ond yn anffodus roedd cyrch awyr wedi chwalu'r ganolfan ac wedi llosgi fy esgidiau.

Pan ges i fy nerbyn i'r Eglwys ym mis Mawrth 1945 cefais i esgidiau gan fy mam, un maint cyfan yn rhy fach! Ond nid yr esgidiau'n unig oedd yn rhy fach, roedd y wisg hefyd yn rhy dynn. Roeddwn i wedi ei benthyca gan Tante Lisa, chwaer fechan Onkel Walter Mannchen. Yn gwbl afresymol gyda'r rhyfel ar ddod i ben roedd y gorchymyn gwisgo ar gyfer y conffyrmasiwn yn dal mewn grym: siwt dywyll i'r bechgyn, gwisgoedd tywyll i'r merched. Fe gefais flwyddyn a hanner o wersi conffyrmasiwn, ond ddysgais i fawr ddim. Gwybodaeth o'r Beibl = dim. Amser coll! Roedd yr 'ŵyl' yn digwydd yn eglwys y dref yn Wittenberg, ond yn eitha byr, gan iddi gael ei tharfu gan 'larwm bomiau'... cawson ni goffi o'r fflat yr oedd Günther ac Edith (Knubben) Bosse wedi'i gadael yn Lutherstraße 14a. Roedd Günther yn y gwersyll yn Zöschen, a Knubben ar ei ffordd i Sweden. Roedd llywodraeth Sweden wedi gorchymyn bod ei thrigolion yn gadael yr Almaen ac yn teithio adref. Roedd Knubben ar y pryd gydag Ingrid a Kristina yn Aumühle ger Hamburg...

Yn gynnar yn y nos roedd larwm newydd, a chlywson ni awyrennau bomio'n rhuo, ac yn y pen draw ffrwydradau yn y pellter. Ar ôl y larwm, pan fyddai raid i ni aros yn y seler, fe welen ni'r awyr yn goch yn y gorllewin – pa le oedd ar dân? Y diwrnod nesaf roedden ni eisiau mynd i Dessau (37 cilomedr i ffwrdd), roedd y rheilffordd ar gael, ond hyd at Roßlau yn unig, yr ochr hon i'r Elbe. Adroddodd y bobl yn y trên fod Dessau wedi'i bomio, ac roedd modd gweld yr awyr gochddu, pobl wedi'u tarfu. Ymunodd Mam â grŵp a oedd yn mynd tuag at yr Elbe, ac yno ar ôl peth aros bydden ni'n gwasgu i mewn i gwch llawn, a cherddon ni'r saith neu'r wyth cilomedr trwy feysydd tuag at Dessau. Aeth yr awyr yn llwyd ac yn llwytach, yn llawn mwg. Cerddon ni heibio i dai oedd yn llosgi, gwelon ni adfeilion, rhai'n dal i losgi. Roedd rhwbel, teilchion gwydr, bomiau tân, pobl chwil. Roedden ni ar bigau'r drain, a fydden ni'n dod o hyd i'n tŷ unwaith eto? Wrth i ni ddod at y 'Saith Colofn' ar ben draw'r Georgengarten, a chyrraedd ein Ziebigker Straße, prin oedden ni'n meiddio edrych o gwmpas y gornel. Rhedon ni, gwelson ni dai wedi'u dymchwel ym mhobman, ond ein tŷ ni'n sefyll! Baglon ni i mewn, roedd pawb yn fyw! Roedd pawb ar eu deg egni'n clirio'r malurion, ac yn rhoi cardbord neu rywbeth tebyg yn lle'r gwydr yn y ffenestri... ar y ffwrn roedd cawl wedi'i goginio i bawb, roedd yn blasu fel gwledd. Prin oedden ni'n gallu credu ein bod wedi'n harbed, er bod tri chwarter y dref wedi'i ddifetha ar 7 Mawrth 1945...

Erika Viezens (canol) yn hel atgofion gyda'i theulu yn aduniad y teulu, Munich, 2011

Aeth dwy flynedd arall heibio cyn i'w thad Hans allu dychwelyd
at y teulu. Roedd mam Erika wedi mynnu ei bod hithau'n tyfu ei
gwallt nes y byddai ei thad yn dychwelyd:

> Doedden ni ddim yn gwybod am flynyddoedd a oedd e'n dal yn
> fyw. Ond yn ystod hydref 1947, yn Wutta ger Eisenach, roedd
> fy mam yn gallu cyflwyno ei merch â'i gwallt heb ei dorri i 'nhad
> (ond rhedais ar unwaith wedyn i'r torrwr gwallt...) Ond doedd y
> plethau gwallt ddim wedi bod yn fodd i 'nhad adnabod ei ferch.
> Roedd e yn yr adran gwarantîn yn sefyll o flaen ei wraig gyda thri
> o blant bach, pwyntiodd at Itti, a oedd y pryd hwnnw'n un ar ddeg
> oed, gan holi: 'Ai hi yw hon?' Roeddwn i'n drist ofnadwy...

Cyfoeth y Rhondda

CYN DOD I GYMRU roedd Kate wedi dymuno cael priodas a bywyd heriol. Prin bod hyn wedi cynnwys awydd i newid iaith a chenedl, ond wrth gychwyn carwriaeth â Gwyn roedd hi eisoes wedi dechrau ymddiddori yn y Gymraeg. Roedd y garwriaeth wedi bod yn un sydyn a chwim, ac erbyn canol Awst 1939 roedd y ddau wedi derbyn y bydden nhw'n priodi. Wrth i'r rhyfel gychwyn, a'r perygl y byddai rhai o'r Almaen yn cael eu carcharu, priododd hi a Gwyn ar frys. Sut y byddai pentref glofaol yn y Rhondda'n croesawu merch dramor a oedd yn perthyn bellach i'r gelyn?

Daeth yn anodd gohebu â'r perthnasau yn yr Almaen, ond roedd llythyrau'n cael mynd a dod i Sweden. Manteisiodd Kate ar ei chysylltiad â Stina Anderson o Landskrona, Sweden, a oedd yn gyfnither i Edith, gwraig Günther. Dyma'r unig ffordd oedd ganddi o geisio cael gwybodaeth am ei theulu yn yr Almaen, ac roedd eisoes wedi ysgrifennu ati yn 1939 ar ôl iddi ddychwelyd o Holand, lle y cyfarfu â'i thad, ei brawd a'i nai:

Dear Stina,

So many thanks for your letter which I received just now. Please pardon me for writing in English. But the letters abroad are censored and they pass quickly like that. I think the best thing will be if you write to Wittenberg a report about the things I tell you...

I have not heard from home since my father and Fritz and Tippen left me in Holland and therefore I did not write to them as I was afraid that it might be dangerous for them to have relations with England.

Mae Kate wedyn yn sôn am ei bywyd newydd yng Nghymru,
ac yn dweud pam y bu iddi briodi'n sydyn:

Now you will be surprised. Because of the war I have married
very quickly. It happened quite dramatically. So now I am the
wedded wife of Gwyn Griffiths, school teacher in Porth and
formerly student of Egyptology in Oxford. We're living with his
parents (and at the moment with two brothers and one sister)
in a very pleasant hilly spot in South Wales and while writing I
have a look at the mountains through the window. It is the same
man about whom I have told my father in Holland.

At the beginning of the war (I was in North Wales at the
time) Gwyn asked me to stay with his family which I did. They
were all very nice but it was sure that we would have much
difficulty if we asked them to allow us to marry. So we did it
secretly and announced the result only afterwards and after the
first shock was over they are really very nice indeed and almost
proud of our deed.

It is hardly necessary to tell that I have in Gwyn a husband
with whom I harmonize almost in every direction and it is a
very nice feeling to know that he is proud of me.

Now I have to learn Welsh as people here prefer speaking
Welsh to speaking English. I shall write more soon. But I want
you to assure my parents that I am much happier than it is
right in war times and that my life is as dramatically romantic as
ever...

Mae Gwyn yn egluro'r angen i briodi'n fuan:

Roedd elfen o frys yn y briodas ar 13 Medi 1939, a hynny
am fod y briodferch, fel Almaenes, yn wynebu'r ffawd o
gael ei chadw mewn gwersyll caethiwo o dan drefniadau'r
Rhyfel. Treuliwyd y mis mêl yn Rhydychen. Roeddem yn
aros yn Wellington Square. Doedd dim gwledd briodasol, ond
cawsom ginio personol-gynnes yng Ngholeg Somerville gyda'r
Brifathrawes Helen Darbishire. Hefyd daeth yr Athro Gunn
(Eifftoleg) i'n gweld, gan gyflwyno anrheg a llongyfarchion.[2]

Gwyn a Kate Bosse-Griffiths ar ddiwrnod eu priodas

Ar 26 Chwefror ysgrifenna Stina at Kate yn dweud nad oedd ei rhieni wedi derbyn y llythyrau a anfonodd atynt trwy'r Groes Goch. Dywed fod Günther ei brawd yn ymladd yn y fyddin ond wedi mynd yn sâl, a bod Fritz hefyd yn ymladd gyda'r fyddin.

Ar 4 Mawrth 1940 mae Kate yn ateb ei llythyr; mae hi bellach yn byw gyda'i gŵr newydd yn 14 St Stephens's Avenue, y Pentre, Rhondda, a cheir rhai o argraffiadau cyntaf Kate o'i bywyd newydd:

> Now, I really have got a home of my own. It is only a few houses away from the house of Gwyn's parents, right up on the hill, at the foot of the mountains and when the sun is shining it is very beautiful here. The house we bought from an old man with the furniture, which of course is not quite new either. But we are papering some of the rooms and got a big new bookshelf and my mother-in-law helps me find the right people to do things and tells me how to do Welsh cooking. Gwyn is teaching at a school in Porth and is living here in Pentre, of course.
>
> From time to time people ask me to give lectures or to take the chair in some singing festivals and so I feel very happy as I see that they like to hear me speaking in public.
>
> Oma will feel glad to hear that we have got plenty of food. How much I wished that they could come and see everything themselves.
>
> I got a letter from Onkel Hans about a week ago, but by mistake the censor had put a soldier's letter to his wife into the envelope and so I do not know what Onkel Hanne wanted to tell me...
>
> Tell them my love and say that they shall try and carry through in these hard times and that they shall not lose confidence, that there is an end to every evil if we only wait long enough.

Yna mae Kate yn llwyddo i gael llythyr gan ei rhieni, trwy law Stina. Caiff glywed bod Günther yn dal yn sâl yn ysbyty'r fyddin, a bod y teulu'n bryderus amdano.

Mae argraffiadau pellach Kate o'r Rhondda wedi'u mynegi mewn dau gynnyrch gwahanol. Yn rhifyn Tachwedd/Rhagfyr 1940 o *Heddiw*, cyhoeddwyd cerdd ganddi ar Foel Cadwgan:

Gwêl modd y cwyd y rhesi tai o'r cwm,
Yn benllwyd, fel ar bererinol daith;
Tu hwnt mae'r hen fynyddoedd beilchion, llwm,
Llwythog gan lo, er hyn, trysfawr gan waith.

Yn igam-ogam ar ddibalmant lwybr
Dringasom yma i fangre hardd yr haul,
A rhywrai odditanom yn ddiwybr
Yn cloddio'r mwyn disgleirddu er eu traul.

Gorffwysa'r ŵyn ar hyd y glaswellt ir
Megis pe daethent o ryw santaidd lun.
Ac fel yr esgyrn sydd yn gannaid draw,

Olion crwydredig ddefaid a fu'n hir
Heb ofal bugail, felly i lygaid un
Mae gwynion gerrig-feddau'r gladdfa wrth law.

Er bod Kate wedi dechrau dysgu Cymraeg erbyn hyn, mae'n amhosibl dychmygu y byddai wedi meistroli'r iaith yn ddigonol i ysgrifennu cerddi. Dywedodd Gwyn wrthyf fod y broses yn un o gyd-gyfansoddi ar y pryd. Yn yr Almaeneg y byddai Kate yn barddoni, ond bydden nhw wedyn yn cyd-gyfieithu i'r Gymraeg. Mae'n sicr mai hyn a ddigwyddodd maes o law pan gychwynnodd Kate ysgrifennu storïau i'w cyhoeddi yn Gymraeg. Yn achos y gerdd hon, mae'n amlwg mai cyfieithiad ydyw.

Ddwy flynedd ar ôl hyn, paratôdd Kate sgwrs chwarter awr i *Home Service* y BBC, a ddarlledwyd ar 27 Hydref 1942, o dan y teitl *I Married a Welshman*. Ynddi mae'n sôn am y Gymraeg ac am ei hargraffiadau cynnar o'r Rhondda.

I saw the first written Welsh in one of my most desperate periods as a refugee when I received the holiday address of Amabel

Williams Ellis [gwraig y pensaer Clough Williams-Ellis oedd hi, a oedd yn rhan o fudiad a roddai gymorth i ffoaduriaid]. I copied it out as what was to me a sequence of meaningless letters, 'Plas Brondanw, Llanfrothen Station, Penrhyndeudraeth, North Wales'. It was in Oxford that I heard the first spoken Welsh, when my husband told me: ''Rwy'n dy garu di', which seemed to me then rather a complicated way of saying 'I love you'.

Already on my first visit to the Rhondda, on the way to see my future family-in-law, I fell in love with the Welsh mountains. It was love at first sight which has not diminished since. In the train I looked through the window, fascinated by the beauty of the bare, sharply cut hills which enclosed us. What pictures they recalled to my mind! The bare hills of the Hymettos mountains near Athens; an afternoon in the Bavarian Alps, when I stood on the top of the Brauneck looking down on a sea of clouds; morning sunshine in the Egyptian desert... 'Don't you find them ugly?' – my husband interrupted my day-dreams. 'Ugly?... What?' – 'Those black coal tips and especially those holes high up there.' Only with difficulty could my inexperienced eye distinguish the row of caves which hung around the neck of the mountains like a string of black beads. 'The colliers cut their own coal there during the Big Strike,' he explained... Then I heard for the first time those fateful words 'The Big Strike', which has become almost a means of dating in the valleys, just as in England they would say 'in the year of the Coronation'...

Mae Kate wedyn yn sôn am achlysur pan ddaeth Pennar Davies, y bardd a'r ysgolhaig a'r diwinydd, a oedd yn gyfaill coleg i Gwyn yng Nghaerdydd a Rhydychen, i alw arnyn nhw ganol nos:

A familiar voice was heard, and wet in spite of the dry night, with dirt all over his best suit and completely exhausted, a poet friend from a neighbouring valley came in. In a fashion which I know prevailed with the Greek Homeric heroes, the first thing I offered him was a hot footbath; after that the cup of tea which is given in the Rhondda at any time of day and night to every visitor, and a quickly prepared supper. Only then did we ask him, again in accordance with the ancient Greek code of manners, where he came from that night... He had tried to take a short cut and had lost his way in a starless night to such an extent that he was nearly drowned in a mountain pool. After going round in a circle once or twice he decided to keep his direction by walking towards a searchlight. After hours of stumbling about, he arrived at last at a place which was many miles away from us. He did not finish his 'wanderings' without meeting a Home Guard who took him for one of those tall fair-haired German parachutists. Luckily enough he did not shoot him at sight, but only asked him for his identity card.

I said with intention that I followed the old Greek code of manners in receiving our guest, because one thing that strikes me again and again is the similarity between some of the Welsh ways of thinking and living and those of the ancient Greeks. Have you ever seen how a Welsh mother throws around her body the big shawl in which she holds her child safely and warmly? The beauty of the fall of its folds reminds one of the grace of Greek and Roman statues.

Mae Kate yn rhyfeddu wedyn at fywyd cyfoethog y Rhondda, ac at y modd y cafodd hi ei hun ei derbyn yno:

Did you ever hear a Welsh non-conformist congregation discuss the merits of a sermon? Only in Wales did I learn to understand why the rhetoric of Greek and Roman orators received so much praise... But only when you have taken part in a poetic, dramatic or singing competition in one of the local Eisteddfodau – or even in the annual National Eisteddfod – do you know how near the Welsh spirit is to that competitive spirit which, in Athens in the fifth and fourth century B.C., founded our European culture...

The eagerness of the Welsh to appreciate knowledge gave me one of the greatest surprises in my new life... I kept in my mind the popular prejudice that a real woman should not be a 'blue-stocking' and that a girl who has the bad luck to be an 'intellectual' should at least try and hide it as well as possible.

But even before I had time to settle down to married life my husband's family urged me on: 'Surely you will give an address to our Young People's Society?'... A new life full of activities opened itself for me, quite different from the monotonous provincial life of which some friends had warned me. The Rhondda seemed to be teeming with societies, most of them connected with the Non-conformist chapels... Adult schools, sisterhoods, Young People's Societies, Unemployed Clubs: they sensed that I had something to offer them even before I had realized it myself...

I felt as if I had started a new life; and really, like a growing child I am now trying to master a new language – the Welsh language. I learn Welsh not only in order to get to know the riches of the Welsh literature... but in order to come nearer to the soul of the Welsh... Every attempt of mine to express myself in Welsh was greeted with a smiling satisfaction which was already a reward of its own, and urged on through this smile I hastened to get over that stage when people stopped talking Welsh as soon as I entered the room and changed to English, to show that they did not have any secrets in front of me...

The Russian nobility have rightly been praised for the grace with which they took manual work as porters and waitresses when exile forced them to do so, but in Wales I found a nation where working people have the culture and dignity of princes.

Bu pryderon eraill yn ystod y flwyddyn 1940. Bu farw Peter, mab Dolly, chwaer Kate, ar ôl i hwnnw dorri'i hun â chyllell, a'r teulu wedyn heb sylweddoli bod y gwenwyn yn troi'n farwol. Roedd Kate ei hun yn disgwyl ei baban cyntaf, a Gwyn yn gorffen ysgrifennu ei draethawd doethuriaeth. Medd Kate wrth Stina ym mis Tachwedd:

I feel very well indeed without being sick or any greater discomfort than being just a little more tired than usual.

I went to the clinic last Friday, and they found everything O.K. But nevertheless we decided that I shall have the baby in hospital to be quite sure...

Now I started to knit little baby things out of the lovely Scotch baby wool. I even finished my first pullover for Gwyn and have learned how to knit gloves. Beside that I am writing poems and stories for a Welsh magazine, and Gwyn and I are reading and writing together... Our food is as good as ever: fruit, full corn bread, milk, meat etc, cereals in the morning...

Fodd bynnag, ym mis Ebrill 1941 pan ddaeth y baban, roedd yn farwanedig, yn dioddef o hydroseffalws. Mae Pennar Davies, a oedd yn dal yn 'Bill Davies' y pryd hwnnw, yn ysgrifennu atynt:

Drwg gan fy nghalon yw clywed am yr anffawd y bore yma. Mae'n siomedigaeth ofnadwy ichwi, mi wn, ond rhaid inni roddi diolch bod Käthe ei hun yn dod ymlaen mor dda. Mae hithau'n ddiogel – dyna'r peth pwysicaf, ac y mae'n llawen iawn gennyf am hynny. Gresyn tost yw bod einioes bechan yn darfod fel hyn, ond dyna ran o gyfrinach bywyd. Rhwydd hynt iddi yng ngwlad yr ysbryd.

Mae llawer o amser iti a Käthe gael plentyn eto... Cafodd fy mam ddau faban marw cyn esgor ar fy chwaer hynaf, ond fe gafodd hi bedwar plentyn wedyn sydd yn gredyd mawr iddi ar y cyfan. Mae'n dweud wrthych: Peidiwch â digalonni ar bob cyfrif. Braf yw bod Käthe'n dal mor ddewr er gwaethaf y siom. Fel y dywedi bydd ganddi a gennyt tithau hefyd fwy o amser 'nawr i lenydda a chelfyddyda ac athronydda. Ac y mae'n sicr gennyf y bydd gennych faban hawddgar cyn bo hir iawn. Paid rhoi fyny. Paid byth rhoi fyny...

Bil

Roedd y trefniadau rhyfel yn galw am filwyr. Fel yn achos y rhan fwyaf o bobl ifanc o oed ymladd, gallai fod disgwyl i Gwyn ymuno â'r lluoedd arfog. Dyna a wnaeth Gwilym, ei frawd, ymhen peth amser. Â dynion ifanc capel Moreia, lle roedd Robert Griffiths eu tad yn weinidog, yn ymuno â'r fyddin i ymladd yn y rhyfel y gellid honni ei fod yn un cyfiawn, teimlodd Gwilym fod angen iddo ymuno. Gwnaeth hynny, a dod yn rhan o'r llu awyr. Ond nid oedd yn gallu dioddef yr ymarferion lladd, na'i weld ei hun yn rhan o system a oedd yn annog lladd. Yn hytrach na phasio profion mathemateg a rhai eraill a fyddai'n ei gymhwyso yn y pen draw i fod yn beilot, penderfynodd Gwilym wneud yn wael yn fwriadol. Cafodd dreulio amser yn sgwrio lloriau yn lle paratoi ar gyfer hedfan wrth iddo fethu prawf ar ôl prawf.

Yna penderfynodd redeg i ffwrdd. Treuliodd flynyddoedd y rhyfel yn cuddio rhag yr awdurdodau, a mynd adre yn gudd. Defnyddiodd bapurau adnabod tad Pennar Davies a mynd i Rydychen gan gymryd arno bod yn fyfyriwr. Yn ystod y cyfnod hwn ysgrifennodd draethawd hir ar Mazzini. Roedd chwilio mawr amdano yn y Rhondda, a phawb yn gorfod gwadu gwybodaeth am ble yr oedd, ac yntau eisoes yn caru ag Edna Lewis o Don Pentre. Treuliodd gyfnodau yng Nghapel-y-ffin, yng Ngwent, yn y mynachdy a sefydlwyd gan y Tad Ignatius ger Priordy Llanddewi Nant Hodni. Bu hefyd yn ffugio bod yn fyfyriwr yn Lerpwl, a bu bron iddo gael ei ddal yno pan anfonodd Dafydd ei frawd lythyr ato gan ddefnyddio'i enw iawn. Ar ddiwedd y rhyfel cerddodd Gwilym i swyddfa Scotland Yard yn Llundain i gydnabod iddo redeg i ffwrdd o'r fyddin, a chafodd rai misoedd o garchar.

Roedd Gwyn, ar y llaw arall, fel y gwelwyd eisoes yn ei lythyrau at Kate, yn gwrthwynebu'r rhyfel. Ym mis Mehefin 1940, bu'n rhaid iddo gyflwyno achos i'r Tribiwnlys Lleol ar gyfer cofrestru fel gwrthwynebydd cydwybodol.

Rhoddodd Pennar Davies gyngor iddo mewn llythyr dyddiedig 2 Medi 1940:

Cofia siarad yn gadarn, yn dawel, yn foesgar, ac yn daer. Os gofynnant y cwestiwn am wallgofddyn yn ymosod ar dy wraig neu dy chwaer, dywed yn negyddol na fyddi di'n lladd dyn mewn unrhyw amgylchiadau, ac ychwanega mai gelyn mawr dy wraig a'th chwiorydd a phob dyn a phlentyn yn y byd yw rhyfel! Dywed mai'r unig ffordd i goncro Natsïaeth a phob gormes arall yw gwrthwynebiad goddefol, dywed gyda phwyslais dy fod yn barod

i wynebu carchar neu'r firing squad. Am yr RAMC dy ddadl yw
ei fod yn rhan o'r fyddin. Dywedant hwy ei fod yn rhan arbennig,
ddyngarol, Gristnogol! Yna rhaid iti ddweud ei fod serch hynny
yn rhan o'r fyddin a chan dy fod yn credu bod yn rhaid diddymu
byddinoedd, na elli ymuno â hi. Ond gwyddost hyn oll, a llawer
mwy! Maddeua y sylwadau cynghorol hyn. A hwyl fawr i ti. Bydd
yn syndod ofnadwy imi os cei di lai na rhyddhad diamodol.

Paratôdd Gwyn ei gais ar sail Gristnogol, a'i gyflwyno yn y
Gymraeg:

Argyhoeddiad crefyddol ydyw unig sail fy ngwrthwynebiad.
    Credaf yn angerddol fod rhyfel yn groes i ewyllys Duw fel yr
amlygir ef yn Iesu Grist a'i Efengyl. Yn ei amcanion a'i ddulliau
a'i ganlyniadau, y mae rhyfel, yn fy ngolwg i, yn drwyadl groes
i ffordd y Crist; ac am fy mod yn ceisio dilyn y Crist hwn,
addunedais i ymwrthod â rhyfel yn llwyr. Yr wyf yn ddiolchgar
am gyfle i dystiolaethu fel hyn. Y ffordd a bregethodd y Crist
yn ei fywyd, a'i rhodio hefyd, dyma'r ffordd y ceisiaf finnau ei
phregethu a'i rhodio. Ni allaf gymryd rhan mewn rhyfel a bod yn
ffyddlon i'r ddelfryd hon. Teimlaf ar yr un pryd, wrth reswm, nad
gwrthwynebu yn y modd hwn yw fy unig ddyletswydd, eithr bod
yn gyfrwng i hyrwyddo'r ysbryd a'r awydd am heddwch gwir.
Cafodd yr egwyddor hon le pwysig yn fy mywyd. Dylanwadodd
yn helaeth, er enghraifft, ar fy nghredo wleidyddol. Credaf
mewn cenedlaetholdeb Cristionogol, ac mewn rhyddid i Gymru.
Argymhellais lawer tro yn gyhoeddus, mewn gair ac mewn ysgrif,
mai trwy ddulliau di-arfau y dylid ymlwybro.
    Ni bu'r egwyddor erioed yn ddieithr imi. Yr wyf yn fab i'r
Parch. Robert Griffiths, gweinidog gyda'r Bedyddwyr Cymraeg yn
y Pentre, Rhondda, ac yr wyf bellach yn flaenor yn eglwys Moreia,
Pentre, ac yn athro yn yr Ysgol Sul. Bûm yn weithgar gyda'r achos
heddychol ym mhrifysgolion Cymru, Lerpwl, a Rhydychen, a
gallaf ddangos tystysgrif yn tystio i'm gweithgarwch gyda'r Balot
Heddwch yn 1934. Yr oeddwn yn un o'r rhai cyntaf i ymuno, yn
1936, â mudiad Heddychwyr Cymru, a gychwynwyd [sic] yn Y
BRYTHON gan y Parchedigion J. P. Davies a J. W. Jones. Yn fy
enwad fy hun mawrygais arweiniad gwŷr fel y Dr E. K. Jones, a

chymerais yn ddwys ddifrifol benderfyniad heddychol yr Undeb yn Rhosllanerchrugog.

Yr wyf yn bregethwr cynorthwyol, ers rhai blynyddoedd, gyda'r Bedyddwyr Cymraeg. Yn Awst 1939 cefais y fraint o annerch Undeb Bedyddwyr Cymru yn Nhreharris. Y pryd hwnnw mynegais fy argyhoeddiad y dylai'r Eglwys fod yn ddi-gyfaddawd yn ein hagwedd at ryfel. Oddi ar hynny ni ddigwyddodd dim i newid yr argyhoeddiad hwn. Yr wyf yn gwrthwynebu am na allaf yn wahanol.

Yn y gwrandawiad dywedodd Gwyn ei fod yn gwrthwynebu dyletswyddau di-ymladd, ond na fyddai'n gwrthwynebu gweithio ar y tir. Llwyddodd yn ei gais, a chafodd dystysgrif rhyddhad diamod.

Tystysgrif rhyddhau Gwyn o wasanaeth milwrol

Arestio Günther a Fritz

Ers ei ddyddiau ifanc, roedd Fritz, brawd Kate, wedi bod yn aelod brwd o'r mudiad ieuenctid yn yr Almaen, ac er gwaethaf anawsterau gwleidyddol yr Almaen, a'r modd y cafodd y teulu ei drin, pan ddaeth galwad gan y *Wehrmacht*, y fyddin, ymunodd Fritz, Günther a Georg, gŵr Dolly eu chwaer. Mewn un digwyddiad yn y brwydro, cafodd Günther glwyf ar ei frest. Doedd bod o dras Iddewig ddim fel pe bai'n rhwystr i wasanaeth milwrol ar gychwyn y rhyfel ond erbyn 1940 cafodd y tri eu gollwng o'r fyddin. Y nodyn yn eu cerdyn milwrol oedd nad oedden nhw'n ddibynadwy iawn.

Roedd Fritz erbyn hynny wedi dyweddïo â Sophie, a oedd yn ferch leol o dras Almaenig. Dywedodd y Gestapo wrtho bod rhaid iddo dorri'r dyweddïad.

Defnyddiwyd yr anaf a gafodd Günther yn esgus gan gangen Wittenberg o'r Blaid Natsïaidd i wrthod caniatâd iddo barhau â'i waith meddygol.

Un agwedd achubol y cyfnod hwn yn yr Almaen oedd y modd arwrol y bu i lawer wrthwynebu Hitler. Roedd peth o'r gwrthwynebu'n heddychol, ond bu sawl ymgais i ladd Hitler gan ei wrthwynebwyr ar wahanol adegau yn ystod y rhyfel. Yr ymdrech gan Stauffenberg a'i gyd-gynllwynwyr ar 20 Gorffennaf 1944 yw'r enwocaf. Cafodd hyn ei gofnodi yn y ffilm Americanaidd *Valkyrie* (2008). Yng Nghymru, cafodd yr hanes ei gofnodi'n afaelgar gan Saunders Lewis yn ei ddrama *Brad* a berfformiwyd gyntaf yn ystod Eisteddfod Genedlaethol Glyn Ebwy yn 1958.

Yn ei ddrama mae Saunders Lewis yn trafod anrhydedd

Günther Bosse

Fritz Bosse

swyddogion y fyddin Almaenig a oedd yn gweld bod Hitler yn ddrwg mawr. Ceir profiadau personol swyddog o'r fath gan Philipp von Boeselager yn *Valkyrie, the Plot to Kill Hitler.*[3]

Canlyniad yr ymgais hwn, fodd bynnag, oedd erlid pellach ar yr Iddewon ledled yr Almaen. Cafodd rhai o dras Iddewig ac eraill eu harestio o dan ddrwgdybiaeth o fod yn gysylltiedig â'r cynllwyn, er nad oedd un iot o dystiolaeth. Doedd Wittenberg ddim yn eithriad. Arestiwyd holl aelodau teulu Dr Paul Bosse a oedd yn Wittenberg ar y pryd. Cafodd ef, Kaethe ei wraig, Fritz ei fab a'i ferch Dolly a Georg ei gŵr eu harestio.

Cafodd Fritz, ar ôl cael ei arestio gan y Gestapo a'i garcharu am gyfnod, ei anfon ddiwedd Medi 1944 i wersyll gwaith Zöschen, sydd yn ne talaith Sachsen-Anhalt, lle mae Wittenberg. *Arbeitserziehungslager* – gwersyll gwaith ac addysg – oedd teitl y gwersyll. Tua diwedd y rhyfel, rhwng mis Awst a mis Medi 1944, cafodd y gwersyll hwn ei godi gan garcharorion o'r Iseldiroedd i gartrefu cannoedd o rai a oedd wedi eu harestio o bob rhan o Ewrop ac a oedd yn gweithio dan orfodaeth i'r drefn. Roedd

1,500 o *Zwangsarbeiter* (gweithwyr dan orfodaeth) yn y gwersyll erbyn diwedd y rhyfel. Heddiw yn y fynwent yn Zöschen mae cofeb i'r 517 a fu farw mewn amgylchiadau annynol yno.[4]

Y rheswm dros ei garcharu, yn ôl Fritz, oedd ei fod 'fel hanner Iddew... o dan ddrwgdybiaeth iddo gymryd rhan yn yr ymgais i ladd Hitler ar 20.7.44'.[5]

Yn rhyfedd, cafodd Günther ymuno eilwaith â'r fyddin i wasanaethu fel swyddog meddygol, ond ym mis Tachwedd 1944 cafodd ei ollwng o'r fyddin, ei arestio heb gyhuddiad a'i anfon i wersyll. Yr awgrym yn ei erbyn oedd ei fod wedi sleifio i mewn i'r fyddin. Trwy gyd-ddigwyddiad, i wersyll Zöschen yr anfonwyd ef hefyd.

Dyma sut y mae'n disgrifio'r hyn ddigwyddodd iddo mewn nodiadau a ysgrifennodd wedi'r rhyfel:

Tra cafodd Opa, Oma, Dolly a Fritz eu harestio ar 21 Gorffennaf 1944, roedd hi'n fis Tachwedd erbyn iddyn nhw fy ngorfodi i adael y fyddin, gan mai dim ond trwy droseddau difrifol y gallai'r Gestapo arestio aelodau o'r fyddin yn uniongyrchol. Cyrhaeddodd fy niswyddiad i gan *OKW (Oberkommando der Wehrmacht)* y Gestapo gyda'r wybodaeth nad oedd dim gwasanaeth ar flaen y gad yn bosibl mwyach i mi oherwydd yr anafiadau rhyfel a gefais!!! Ar 6.11.1944 cefais fy ngollwng ac ar 14.11 cefais fy arestio yn Wittenberg. Dridiau'n ddiweddarach aethpwyd â fi i Halle, lle y cafodd honiadau cwbl chwerthinllyd eu gwneud yn fy erbyn. Ar 30.11 des i i'r gwersyll yn Zöschen ger Merseburg, lle roedd Fritz eisoes ers diwedd Medi.

Roedd amgylchiadau'r carchar yn gyntefig ac yn annynol. Meddai Fritz yn ei adroddiad,

Ddiwedd Medi roedd rhwng 300 a 400 o garcharorion yng ngwersyll Zöschen. Roedden nhw i gyd yn byw mewn pebyll Otto sgwâr neu mewn pebyll crwn (Finnenzelt). Ar y cychwyn doedd dim gwelyau yn y pebyll hyn. Byddai pob carcharor yn cael 1 neu 2 flanced a gwellt... Yn y pebyll Otto roedd rhwng 12 ac 16 o ddynion, ac mewn un Finnenzelt byddai hyd at 26 o ddynion yn byw.

Mae Fritz yn sôn am amodau a threfn y gwersyll. Yn ystod mis Medi adeiladwyd pum barics carreg, ac yn y rhain roedd gwelyau deulawr. Byddai'r pebyll yn dal i gael eu defnyddio ar gyfer y cleifion a gweithdai, tra byddai'r gegin a'r ystafell ymolchi mewn barics pren. Roedd y gwylwyr yn aros mewn barics pren yn y 'Roten Hirsch' – gwesty'r Carw Coch yn y pentref – cyn i farics pren cael ei godi iddyn nhw yn y gwersyll. Erbyn mis Rhagfyr roedd golau trydan yn ystafell y cleifion.

Roedd dynion o lu o wledydd yno meddai Fritz, yn enwedig Rwsia, Gwlad Pwyl, Gwlad Tsiec, Ffrainc, yr Iseldiroedd, Fflandrys, yr Eidal, a rhai o'r Almaen, Hwngari, Denmarc, Latfia, Groeg, Bwlgaria a dau o Loegr. O blith y Rwsiaid roedd llawer o blant rhwng 11 ac 16 oed, wedi eu carcharu am ladrata. Ymysg y Pwyliaid roedd rhai a ddefnyddiodd y trenau heb ganiatâd; roedd rhai Tsieciaid yno am fod â pherthynas â merched o'r Almaen. Roedd eraill yno am fod ymhell o'u cartref heb ganiatâd. Roedd rhai Almaenwyr yno am ddweud pethau gwrth-Natsïaidd, a hefyd hanner Iddewon ar gyhuddiadau anhysbys y Gestapo ac am gynnal perthynas ag Ariaid. Roedd y ddau Sais yno am wrando ar ddarllediad radio o Loegr.

Carcharwyd nifer am gyfnod o rhwng 8 ac 16 wythnos, a rhwng 12 ac 16 wythnos am gynnal perthynas â merched yr Almaen, ond yn aml byddai'r awdurdodau'n anghofio eu rhyddhau.

Swyddogion yr SS oedd goruchwylwyr y gwersyll. Roedd rhai'n aelodau o'r Blaid ac eraill yn swyddogion y Gestapo a'r rhan fwyaf yn dod o'r cyffiniau. Roedden nhw'n amrywio'n fawr o ran eu natur, a rhai'n trin y carcharorion yn dreisgar, ond roedd eraill yn wrth-Natsïaidd ac yn trin y carcharorion gyda gofal.

Arolygwyr heddlu oedd yn gyfrifol am weinyddu'r gwersyll a

nhw fyddai'n gyfrifol am ddillad, offer ac arian. Byddai aelodau eraill o'r heddlu yn gweithio yno hefyd.

Doedd y carcharorion ddim yn cael gohebiaeth drwy'r post. Doedd dim hawl gan y gwylwyr i ddweud mwy nag un gair wrth y carcharorion, ac yn sicr doedd dim hawl cynnig unrhyw fwyd iddyn nhw.

Yng ngwersyll Spergau gerllaw, byddai carcharorion yn cael eu curo'n ddisynnwyr. Yn Zöschen, byddai'r carcharorion yn codi am 4.45 ac yn sefyll ar eu traed tan 6.30 i'w rhannu i weithio, yn aml yn yr awyr agored a hithau'n rhewi. O fis Hydref hyd fis Tachwedd, roedd llai o sefyllian, a llai yn cael eu curo, ond byddai nifer o oruchwylwyr

yn taro'n wallgof. Byddai esgyrn yn cael eu torri, breichiau'n cael eu cloffi, a chlwyfau agored yn aml... Roedd yn amlwg bod llawer o'r Goruchwylwyr wrth eu bodd yn taro'r carcharorion... Roedd gan y Goruchwylwyr bistolau ac arfau saethu a bydden nhw'n saethu ar unwaith pe bai rhywun yn ceisio ffoi.

Roedd y gwaith o gadw trefn yn y gwersyll yn cael ei roi i garcharorion a gâi eu dewis i fod yn *Kalfaktoren* neu 'mân swyddogion'. Roedd uwch-swyddog, ac wedyn swyddogion ar gyfer pob cenedl.

Roedd gwaith Leuna, gwaith cemegol mawr, yn ariannu'r holl wersyll ac roedd 500 o garcharorion yn gweithio yno, a'r diwrnod gwaith yn hir. Bydden nhw'n dal y trên am 6.19, ac yn ôl am 19.45. Byddai'r rheilffordd yn aml yn cael ei difrodi, a byddai'n rhaid iddyn nhw gerdded yn ôl.

Roedd y carcharorion yn cael siwt weithio lwyd, a phâr o glocs, os oedd rhai ar gael, ond yn anaml iawn y bydden nhw'n cael dillad isaf. Roedd rhai'n torri darnau o'u blancedi, ac yn cael eu cosbi'n llym am hyn.

Ganol dydd bydden nhw'n cael cawl dŵr, a'r un peth, ond yn dewach, fin nos. Dim ond moron a dŵr oedd yn y cawl yn aml.

Yn yr hydref bydden nhw'n cael bresych am wythnos gyfan, yna o ganol mis Hydref, ddwywaith yr wythnos, gallen nhw gael tatws. Byddai bwyd yn cael ei ddogni, a'r prydau poeth yn lleihau. Bara, caws a selsig oedd y brif ddarpariaeth. Doedd dim modd eistedd i fwyta, ac roedd rhaid bwyta'r bwyd ar unwaith, yn hytrach na'i gadw, rhag iddo gael ei ddwyn. Byddai llawer yn dwyn tatws a moron a'u bwyta'n amrwd.

A hwythau'n swyddogion o fath yn y gwersyll, cafodd Fritz a Günther ddyletswyddau amrywiol, ond y brif fantais iddyn nhw oedd osgoi'r driniaeth waethaf gan y goruchwylwyr. Meddai Günther:

> Yn bersonol ni chafodd Fritz yn y gwersyll fawr ddim triniaeth ddrwg gan y goruchwylwyr, a phrin y ces i hyn. Yn fuan cafodd Fritz fod yn isweinyddwr y stordy... ac o'r dyddiau cyntaf cefais i ofalu am gleifion. Roedd yn ymddangos fod y bobl yn sgil profiadau'r rhyfel wedi dod i ofni eu dewrder eu hunain, roedd yn drawiadol sut roedd y driniaeth o'r carcharorion wedi gwella ers mis Hydref (hynny yw, trawiadol o ran perthynas â'r Gestapo – doeddwn i fy hun ddim wedi cael profiad o bobl yn cael eu curo'n farw!). Ces i'r gwaith o wella'r gyfradd farwolaeth drychinebus – o achos newyn a bryntni! Roedd yn waith i Sisyffws,[6] ond roeddwn i'n gallu bwrw iddi gyda pheth llwyddiant a chydag egni llwyr. Tra oedd 150 yn marw yn fisol o'r 1,000 oedd yn fy ngofal, llwyddais yn y pen draw i gael hyn i lawr o dan 50, er gwaethaf derbyn rhai o wersylloedd allanol a oedd ag amgylchiadau mwy dychrynllyd. Prin y mae modd disgrifio'r golygfeydd a oedd yno. Y peth mwyaf erchyll yw pa mor gyflym y gall dyn gwâr droi'n anifeilaidd!
>
> Ar ddiwedd Chwefror cefais fy ngollwng yn swyddogol, ond roedd rhaid i mi weithio'n 'wirfoddol' fel swyddog hylendid – h.y. fel carcharor gyda modd i fynd allan, llwyddais i deithio unwaith i Wittenberg a gweld fy nheulu yn union cyn eu taith i Sweden.

Fel yr awgryma Günther yma, roedd amodau glendid ac iechyd yn arswydus. Am fisoedd dim ond un tap dŵr oedd yn y gwersyll. Byddai 30 o bowlenni ymolchi wedi eu gosod, a chymerwyd dŵr

i ymolchi o bwll gerllaw. Collodd llawer yr ysbryd i gadw'n lân.
Doedd dim modd golchi dillad a'u newid. Roedd llawer wedi
cyrraedd y gwersyll yn llawn llau, yn frwnt ac yn newynog ar
ôl bod mewn carchardai eraill cyn dod i'r gwersyll. Dim ond
yn ddiweddarach, pan oedd teiffws yn y gwersyll, yr oedd y
carcharorion yn ymolchi'n gyson. Meddai Fritz:

> Roedd y tai bach yn arbennig o gyntefig. Twll, cornelyn yn
> yr awyr agored, man crynhoi llawer o anwydau oerfel a lledu
> dysentri. Yn ddiweddarach roedd tai bach trefnus o garreg, ond
> heb do am amser hir. Doedd llawer o garcharorion ddim yn mynd
> i'r drafferth o fynd i'r tŷ bach, ond yn hytrach yn rhyddhau'u
> hunain yn y nos rhwng y pebyll, eraill hyd yn oed yn y pebyll, a
> phrin mae modd disgrifio'r golygfeydd. Am amser hir doedd dim
> papur chwaith. Roedd y dŵr o'r pwll yn frwnt a doedd e ddim yn
> yfadwy, ond byddai'n cael ei yfed gan nad oedd dim coffi yno o
> gwbl. Byddai rhai carcharorion yn yfed o byllau glaw...
>
> Byddai carcharorion a oedd yn marw yn y gwersyll yn cael
> eu claddu mewn mynwent i dramorwyr, yn gyntaf mewn eirch
> pren, ond yna mewn bagiau papur... Byddai carcharorion eraill yn
> gyson yn mynd ag eiddo rhai oedd yn marw yn y nos, a phe bai
> rhywbeth i'w fwyta ganddyn nhw, bydden nhw'n bwyta'r bwyd.
>
> Roeddwn i'n dyst o sut roedd Geißler (goruchwyliwr glendid)
> yn hel pobl allan o farics y cleifion gyda phastwn a phistol. Roedd
> y cleifion yn aros hefyd yn y pebyll Otto. Byddai pawb â chlefyd
> heintus yn mynd i'r Finnenzelt, nes iddyn nhw farw. Teiffws,
> dysentri, teiffws epidemig, pob un yn gymysg, heb welyau, gyda
> dim ond ychydig wellt, nad oedd byth yn cael ei adnewyddu.
> Byddai'r carcharorion iach yn tynnu dillad y rhai oedd yn marw
> i ffwrdd, ac yn bwyta'u lluniaeth. Byddai'r rhai difrifol sâl yn aml
> yn gwacáu'r corff i mewn i'w platiau bwyd, yn ysgwyd y platiau
> y tu allan i'r babell, ac yna'n bwyta eto o'r platiau heb eu golchi.
> Roedd yr amgylchiadau'n erchyll. Gwelais i Almaenwr yn cael
> ei glymu wrth ei ddwylo a'i draed ac yn cael ei daflu i'r babell.
> Y bore canlynol roedd e'n farw. Er nad oedd trowsus wedi bod
> ganddo, byddai'n rhaid iddo ymddangos bob bore a sefyll. Roedd
> yn rhaid iddo felly rolio blanced o'i gwmpas. Tan 30.11.44, pan

ddaeth fy mrawd i gymryd cyfrifoldeb am farics y cleifion fel parafeddyg a garcharwyd gan yr heddlu, roedd yn rhaid i'r cleifion nad oedd prin yn gallu gwneud hynny ymddangos a sefyll am 1-2 awr...

Am fod gan y carchariorion esgidiau gwael a bod rhaid iddyn nhw weithio er gwaethaf eu clwyfau, byddai clwyfau bach yn mynd yn fwy'n gyflym yn grawniadau mawr ac yn llidus.

...

Hyd at 30.11 byddai 6–11 o ddynion yn marw bob dydd. O 2.12 lleihaodd hyn i 2–3 y dydd, wrth i'm brawd lwyddo i atal y dysentri. Wrth lanhau'r ddwy babell heintus, er mwyn rhoi llety gweddol drefnus i'r cleifion, cafodd e deiffws heintus ei hun a bu'n orweddog rhwng 21.12 a 14.1.45. Oherwydd ei anaf rhyfel drwg bu ei fywyd e mewn perygl (30.12). Ar 14.1.45 dechreuodd e weithio eto, oherwydd yn ystod ei salwch cynyddodd nifer y cleifion o tua 200 i 415.

Buan y lledodd heintiau i'r goruchwylwyr. Wrth i rai o'r rhain fynd yn sâl cafodd Günther fwy o ryddid i ofalu am y cleifion. Bu farw dau o'r goruchwylwyr. Cafodd Fritz y clefyd hefyd, a bu'n rhaid iddo fynd i farics y cleifion.

Ddiwedd Ionawr, ar adeg yr haint teiffws, roedd rhaid i fi fynd allan o'r stordy ac i farics y cleifion. Yn ystod y pedair wythnos heb feddyg roedd yr amgylchiadau wedi mynd yn drychinebus. Ynghyd â'r gwaith yn y storfa fe wnes i ofalu am fy mrawd a hefyd, cyhyd ag y gallwn, y rhai oedd yn sâl â theiffws heintus, gan nad oedd unrhyw oruchwyliwr yn cael dod i'r gwersyll a chan fy mod i wedi goresgyn y teiffws heintus... Fu neb ohonyn nhw farw. Ces i bleser o ofalu am y cleifion, wrth imi weld fy mod yn gallu helpu'r cleifion. Ymroddais i'r gwaith yn egnïol iawn. Roedd yr anawsterau roedd angen eu goresgyn yn enfawr...

Roeddwn i fy hun wedi gweld nad oedd y cleifion yn cael dim i'w fwyta am sawl diwrnod, ac roeddwn i yn ystod fy salwch gan y teiffws heintus wedi gorfod gwneud ymdrech i ddal i fwyta. Roedd Rwsiad, yr oeddwn i'n rhoi fy mara a'm bwyd iddo, yn gofalu fy mod o leiaf yn cael dŵr yfed a gwresogodd y babell.

...

Pan oedd y ddau farics pren yn barod ym mis Tachwedd, cafodd y cleifion eu symud o'r pebyll i'r ail farics. Gan nad oedd drysau yno a chan nad oedd y ffwrn yn rhoi digon o wres, bu dadl ffyrnig rhwng fy mrawd â Schf. Reuter, oedd yn gyfrifol am y gwersyll... Bob bore byddai 80–90 o rai newydd yn cael eu nodi'n sâl... Gan fod gan fy mrawd law weddol rydd o leiaf o ran barics y cleifion, cafodd yr arfer o ddosbarthu'r cleifion ei osgoi. Trwy ei archebion cyson roedd digon o foddion, yn gymharol o leiaf, ar gael.

...

Pan ddes i i farics y cleifion ddiwedd Ionawr, ffeindiais i tua 400 o gleifion a oedd yn llawn llau, yn fudr, ac wedi colli pob gobaith, rhai oedd wedi colli pob ewyllys i fod yn iach. Roedd tua 60–70 ohonyn nhw heb ddillad.

...

Wrth i'r cleifion gael eu symud i farics cleifion newydd daeth gwaith caled newydd, gan fod cynifer i'w dadleuo ac i'w dilladu. Doedd dim modd golchi dillad y cleifion. Cyhyd ag yr oedd yn bosibl, ces i bob pants rhydd a phob crys rhydd i'w olchi, fel bod y rhai a dderbynnid o'r newydd yn cael dillad glân.

...

Yn aml byddai digon o fwyd twym, yn dibynnu ar bwy fyddai'n rhoi'r bwyd allan yn y gegin... O ran clefydau, enteritis a chlefyd arennau oedd y gwaith mwyaf, am nad oedd y rhan fwyaf yn cadw at y rheolau meddygol, fel ymprydio, a bwyd heb sbeis, felly roedd clefydau newydd yn ymddangos o hyd. Doedd llawer ddim yn nodi'n ddigon cynnar eu bod yn sâl. Doedd gan eraill wedyn ddim o'i le a bydden nhw'n cymryd yr amser gofal oddi ar y cleifion. Roedd y rhan fwyaf o'r cleifion a fyddai'n manteisio ar ofal meddygol ac a oedd yn dangos ewyllys i fyw yn gallu dal i fyw a dod yn iach. Y rhai â'r lleiaf o nerth i wrthsefyll, er gwaethaf pob anogaeth, oedd yr Holandwyr, a oedd trwy eu harestio ers amser maith, a hwythau'n ddiniwed, wedi colli eu hysbryd.

Roedd yn rhaid i ni frwydro yn erbyn cymaint o wrthwynebiad, a hynny hefyd o ochr y cleifion, nes ei bod yn rhyfeddod ein bod yn ystod y tri mis diwethaf wedi cael dim mwy nag 1 neu 2 achos o farwolaeth bob dydd, bron yn unig oherwydd enteritis a gwendid cyffredinol.

Llwyddodd y ddau frawd i'w hachub eu hunain, ac i achub bywyd ugeiniau os nad cannoedd o'u cyd-garcharorion. Un o'r problemau oedd cynnal ysbryd carcharorion, a gweld bod cynifer yn colli ysbryd, ac o anobeithio am eu cyflwr, yn colli eu synnwyr cydwybod a moesoldeb.

> Doedd rhai ddim yn ymolchi, ddim yn cadw'u dillad yn drefnus, yn esgeuluso'u golwg allanol ac yn mynd yn ddim mwy nag anifeiliaid yn poeni am eu bwyd. Bydden nhw'n dwyn darn bara olaf eu cymdeithion. Bydden nhw'n teneuo eu cawl ac yn cyfnewid hynny am fargarin neu fara, yn rhoi sigaréts i'r Wcrainiaid yn gyfnewid am glocs ac yn dwyn rhai gan eu cyd-garcharorion y noson nesaf... Roedd y rhan fwyaf yn colli'r ewyllys i helpu eu cyfeillion claf...
>
> Trwy gyfleu newyddion y rhyfel gan y Sais Senders roedd fy mrawd a mi ynghyd ag un Ffrancwr yn gallu rhoi ysbryd newydd i lawer o garcharorion. Pe bai hynny wedi'i ddarganfod, byddai hynny yn sicr wedi bod yn achos marwolaeth yn y gwersyll.

Tua diwedd y rhyfel roedd carcharorion yn cael eu rhyddhau, ond daeth hyn yn anodd wrth i ddogfennau'r carcharorion yng ngwersyll Spergau gael eu llosgi mewn cyrch awyr. Roedd rhai'n cael eu gollwng yn rhydd bob dydd Iau, ac yn cael eu hanfon i swyddfa waith, ond byddai'r rhai oedd yn dioddef o'r teiffws heintus yn gorfod aros o leiaf ddau fis yn hwy. Cafodd y man gweithio ei fomio sawl gwaith, a byddai hyn yn ychwanegu at yr amser yr oedd yn rhaid i'r carcharorion aros yn y gwersyll. Byddai penderfyniadau ar y carcharorion yn cael eu gwneud yn Berlin, a bu'n rhaid i nifer aros am fisoedd yn y gwersyll. Byddai rhai'n cael eu hanfon ymlaen i garcharau eraill. Ni ddaeth y gorchymyn i Fritz gael ei anfon ymlaen i Buchenwald tan ar ôl iddo dreulio wyth mis yn y carchar.

Tua 14–15 Ebrill 1945 roedd Ail Garfan y Troedfilwyr

wedi rhyddhau tua 1,000 o garcharorion yn y gwersyll llafur/
addysg yn Spergau/Zöschen.[7] Aeth yr Americaniaid ati i
gyfweld carcharorion a chroesholi gwarcheidwaid SS i gofnodi
amgylchiadau yn y gwersyll ac i gasglu tystiolaeth ar gyfer erlyn
am droseddau rhyfel.

Ar ddiwedd y rhyfel roedd gorchymyn nad oedd Günther
a phum carcharor arall i gael eu trosglwyddo'n fyw i ddwylo'r
Americaniaid. Wrth i'r gwersyll gael ei wacáu, dylai Fritz a
Günther fod wedi cael eu saethu. Meddai Günther:

> Pan ddaeth yr Americaniaid, roedd rhaid i'r gwersyll orymdeithio
> i ffwrdd... ac roeddwn i a Fritz, fel y dysgais yn ddiweddarach,
> ynghyd â rhai carcharorion eraill, wedi'n dedfrydu i beidio â mynd
> i ddwylo'r Americaniaid yn fyw.

Ni chafodd y gorchymyn hwn ei weithredu; yn hytrach cawsant
eu gadael ar ymyl y ffordd, yn fyw, a chawsant eu hachub gan
filwyr Americanaidd a oedd wedi cyrraedd yr ardal.[8]

Yn ôl Ulrich, mab Fritz, roedd y gwersyll wedi'i wacáu a'r
orymdaith wedi cychwyn tua'r dwyrain i wersyll lladd.[9] Roedd
Fritz yn gyfrifol am gerbyd wedi'i dynnu gan geffyl, ac roedd
Günther gydag ef. Fe wnaeth Fritz esgus bod y ceffyl yn gloff, ac
yn araf cynyddodd y pellter rhwng y cerbyd a'r orymdaith, nes yn
y pen draw i luoedd y Cynghreiriaid eu pasio a'u rhyddhau.

Byddin yr Unol Daleithiau yn
rhyddhau gwersyll-garchar

Fritz a'i wraig Sophie

Medd Fritz ar ddiwedd ei adroddiad:

Yr un oedd llwyddiant y carchariad ymysg yr Almaenwyr ag ymysg estroniaid. Casineb tuag at y Gestapo, casineb at bopeth oedd yn Natsïaidd. Chwalwyd llawer yn fewnol, collodd llawer eu hunan-barch a'u gwedduster. Aeth llawer yn galed.

O fis Medi 1944 – Ebrill 1945 bu farw mwy na 480 o garcharorion yn y gwersyll. O ran canran, yr Almaenwyr a'r Holandwyr gafodd eu taro fwyaf.

Adroddodd Ulrich hanes ei dad ar ôl y rhyfel:

Ar ôl y rhyfel priododd fy nhad a'm mam a symud i'r fferm yn Schatzungsstraße [Wittenberg]. Oddi yno roedden nhw wedyn yn cyflenwi nwyddau i'r Bosse-Klinik hefyd. Cafodd fy nhad ei benodi gan yr awdurdodau Sofietaidd, oherwydd ei orffennol anffasgaidd, yn weinyddwr nwyddau amaethyddol. Cydlynodd hyn – yn amlwg yn ddigon llwyddiannus, oherwydd roedd ei faes cyfrifoldeb yn mynd yn fwy a mwy. Gydag amser roedd y

pwysau'n cynyddu arno i ymuno â'r *Sozialistische Einheitspartei*
[Y Blaid Sosialaidd Unedig], pe bai am ddal at ei alwedigaeth.
Dywedodd wrthyf nad oedd e am ymuno eto â'r *Einheitspartei*. Fe
wnaeth e wedyn baratoi i ffoi gyda'm mam i orllewin Berlin. Fel
arweinydd yr adran nwyddau roedd yn gallu cael nifer o ffafrau.
Dyna sut y cafodd e gar, er enghraifft, a gallai deithio i Berlin er
mwyn nôl pethau angenrheidiol ar gyfer yr amaethu.

Ar y teithiau hyn byddai fy nhad yn mynd bob tro â phethau
personol (porslen, dillad, cyllyll a ffyrc, darnau o'i fodel trenau
ac ati) i'r gorllewin. Yn y pen draw gadawodd e Wittenberg
gyda'm mam a'm chwaer a gadael ardal y meddiant Sofietaidd yn
anghyfreithiol, ac ymsefydlu wedi teithio trwy Berlin i Gehlenbeck
yn ymyl Lübbecke. Roedd fy mam yn dod o'r ardal honno.
Roedden nhw'n byw yn gyntaf mewn man cyfyng iawn mewn
fflat o dan y to gyda chwaer fy mam. Gwnaeth fy nhad rai ceisiadau
i ymfudo, hefyd i'r Unol Daleithiau, ond chafodd e ddim caniatâd.
Byddai'n ennill bywoliaeth gyda dyfeisiadau bach gan gynnwys
offer amaethyddol ac fel cynrychiolydd cyfarpar amaethyddol.
Doedd e ddim am dderbyn taliadau iawndal yn sgil ei erlid. Roedd
yn amlwg yn ennill digon o arian trwy ei waith i allu adeiladu tŷ
yn Lübbecke a symudon ni yno yn 1953 (yn y cyfamser cefais i
fy ngeni). Sefydlodd gwmni yno a oedd yn cynhyrchu peiriannau
cloddio bach, y byddai dyn yn gallu eu gosod ar dractorau. Roedd
y gweithdy cyntaf yn y garej. Yn ddiweddarach ehangodd y busnes
a byddai'n symud o bryd i'w gilydd i fannau eraill. Yn y pen draw
roedd tua 20 yn cael eu cyflogi. Ar ôl marwolaeth fy nhad yn 1965
daeth y cwmni'n anffodus i ben.

Cylch Cadwgan

WRTH SEFYDLU EI CHARTREF newydd yn y Rhondda, bu Kate yn cynnig llety croesawgar i gyfeillion, a chyda'i hoffter o lenydda a choginio, holi ac athronyddu, cychwynnodd bron yn ddiarwybod y cylch a gafodd ei alw'n 'Gylch Cadwgan' neu'n 'Ysgol Cadwgan'. Roedd Pennar, Gwyn, Kate a Rhydwen Williams y bardd, a ddaeth yn ôl i'r Rhondda yn weinidog yn Ynys-hir yn 1941, yn aelodau brwd, ac roedd eraill o deulu Gwyn yn aelodau, sef Elizabeth Jones neu Bessie, ei chwaer hynaf, y ferch gyntaf i gael gradd dosbarth cyntaf yn y Gymraeg yng Ngholeg Prifysgol Cymru, Caerdydd, Augusta Davies ei chwaer, a Gwilym a Dafydd (D.R.), brodyr Gwyn. Ymhen amser daeth Gwilym yn brifathro nifer o ysgolion yng ngogledd Cymru, a Dafydd, ar ôl cyfnodau yn weinidog, yn ddarlithydd yng ngholeg y Bedyddwyr yng Nghaerdydd ac yna yng Ngholeg Prifysgol Cymru, Caerdydd. Roedd Marged, gwraig Rhydwen Williams, a Rosemarie Wolff, a ddaeth yn wraig i Pennar, yn mynychu a hefyd Edna Lewis a ddaeth yn wraig i Gwilym. Roedd Gareth Alban Davies yn fyfyriwr dosbarth chwech yn y Rhondda, a mynychai ef y cyfarfodydd a dod yn aelod brwd. Byddai eraill yn mynychu o bryd i'w gilydd, gan gynnwys John Hughes y cerddor, y Parch. William Thomas a Sali Williams ei ddyweddi, D. R. Thomas, T. Vaughan Lewis a George M. Ll. Davies.

Bu Pennar a Gwyn yn gydfyfyrwyr yng Ngholeg y Brifysgol yng Nghaerdydd, ac er i Pennar astudio'r Gymraeg yn yr ysgol, a'i hastudio wedyn yn y coleg, Gwyn a'i cymhellodd i siarad yr iaith. Ar ôl iddo raddio yng Nghaerdydd, aeth Pennar i Goleg Balliol, Rhydychen ac ennill B.Litt., a mynd oddi yno i Brifysgol Iâl yn America ac ennill doethuriaeth. Parhaodd eu cyfeillgarwch wedyn wrth i Pennar fynd yn ôl i Rydychen, i Goleg Mansfield, rhwng 1940 ac 1943. Nid oedd bwriad ar y cychwyn i sefydlu Cylch Cadwgan yn ffurfiol, ond roedd rhan Kate yn allweddol. Meddai Gwyn yn ddiweddarach:

> Fy mhriod a'i cychwynnodd drwy wahodd cyfeillion arbennig i aros gyda ni ar adegau, gan eu bwydo yn gorfforol ac yn ysbrydol. Hi yn sicr oedd y prif symbylydd llenyddol. Roedd cenedlaetholdeb a heddychiaeth yn gredoau dwys i ni; hefyd rhyddid y llenor mewn mater a modd.[10]

Cyfnewid syniadau, trafod a herio'i gilydd i lenydda oedd y nod, a bod yn barod i dorri confensiynau'r dydd. Bydden nhw'n cyd-ddarllen ac yn trafod, a Kate yn eu harwain trwy *Faust* Goethe ac *Inferno* Dante.[11] Er gwaethaf mynnu trafod rhyw yn agored, a chwilio crefyddau ac athroniaethau'r byd am ysbrydoliaeth, mae'n wir dweud bod y rhan fwyaf o'r aelodau'n rhannu daliadau cyffredin fel Cristnogion, cenedlaetholwyr a heddychwyr. Cymerodd aelodau'r cylch ran amlwg mewn cyfres o ysgrifau o dan y teitl 'Proffwydi'r Ganrif Hon' yn *Seren Cymru*. Ysgrifennodd Pennar ar D. H. Lawrence, ond yna fe ddyfeisiodd ef a Gwyn, o dan ffugenw T. Griffiths-Davies, ddiwinydd o'r enw Feodor Bashkin, o Rwsia, a gafodd y syniad o gymathu crefyddau'r Gorllewin a'r Dwyrain. Yn ifanc roedd ynddo 'dueddiadau gwrthryfelgar ac anfoesol' ond yna daeth yn 'weledydd mawr ei barch'. Mae'n ddiddorol meddwl tybed a oedd y cymeriad dychmygol hwn yn adlewyrchu'r naill neu'r llall o'r awduron.

Yn y gyfres ysgrifennodd Gwyn ar Amenemope, Lao-Tse a Georges Sorel (o dan ei ffugenw Nefydd Owen); Kate ar Ernest Toller, Madame Curie a Lenin; Rhydwen ar Mohamed; Elizabeth ar George Lansbury; Augusta ar Helen Keller; Pennar (o dan yr enw Davies Aberpennar) ar George Santayana a

D. H. Lawrence; Rosemarie a Pennar ar Zarathwstra; Rosemarie ar Martin Niemöller; a T. Vaughan Lewis ar Mary Slessor.[12]

Roedd Gwyn eisoes wedi bod yn ysgrifennu o dan ei enw ei hun a sawl ffugenw, gan gynnwys Nefydd Owen a Wil y Wern, i sawl cylchgrawn. Aeth yr aelodau ati'n frwd i gyfrannu i'r cylchgrawn *Heddiw*, a gyhoeddwyd rhwng Awst 1936 a Hydref 1942, o dan olygyddiaeth Aneirin Talfan Davies, a Dafydd Jenkins ar y cychwyn.[13] Cyhoeddwyd rhyw hanner cant o gerddi, storïau ac ysgrifau ganddyn nhw (mae cyfraniadau D. R. Griffiths ar y cyfan o dan yr enw 'Lawnslod'). Cyhoeddodd Gwyn ryw saith o gerddi yn *Y Llenor* a'r *Tir Newydd* hefyd.

Gwelir natur chwareus Gwyn a Pennar eto yn yr ysgrif sydd ganddyn nhw o dan yr enw Gruffydd Davies yn *Heddiw*[14] sy'n adolygu llyfr dychmygol gan 'A. L. Paget-Smith', *George Whitefield: A Study in Religious Egoism*, lle y dywedir bod Hywel Harris yn 'a genius drunk with the lusts of the spirit and the flesh'. Mae un llythyr gan Pennar yn trafod yr enw dwbl:

> ... mae Gruffydd Davies yn seinio'n naturiol iawn. 'Roedd Dafydd Gruffydd yn amhosibl, wrth gwrs (yn anffodus). [Dyna ffurf Gymraeg enw D.R.] A fuasai G. W. Griffiths-Davies, neu rywbeth felly, yn rhy awgrymiadol... A gaf i dy weld di a Käthe yn 'Cadwgan' nos Sadwrn am saith neu wyth?...

Rai blynyddoedd wedyn cafwyd cyhoeddiad ar y cyd gan aelodau'r Cylch, *Cerddi Cadwgan*, a gyhoeddwyd yn 1953 ond sy'n cynnwys cynnyrch blynyddoedd y rhyfel ymysg cerddi eraill.

Ond roedd y rhyfel yn pwyso'n drwm arnyn nhw, a hwythau'n heddychwyr, ac wrth gwrs am fod Kate yn Almaenes o dras Iddewig. Gwelai hi'r difrod y byddai Hitler a'r rhai a roddodd rym iddo yn ei achosi. Cyhoeddwyd cerdd o'i heiddo yn *Heddiw* fis Gorffennaf 1940:

Cyn y storm

Mae'r cyfoethogion tewion yn gorfoleddu draw,
Yn lledu'n braf eu hwyliau i gipio'r gwynt a ddaw.
   Cyn y storm.

Ar warrau'r trefwyr syber fe bwysa'r syrthi'n hir,
Lled-gofiant am hen ddyddiau, llefant am awel ir.
   Cyn y storm.

Mewn ofn y gwaedda'r tlodion: "Dwg rhyfel angen in!
Ragluniaeth, Arglwydd, Führer! Rhowch gysgod rhag yr hin!
   Cyn y storm!"

Fe ddaeth y storm a derfydd. Ti, fab y werin, clyw!
O cadw ac ymgeledda yr hyn a ddylai fyw
   Wedi'r storm!

Aeth Kate ati i geisio deall y cysylltiad rhwng syniadau
Nietzsche am Oruwchddyn a'r defnydd ohono a wnaed gan y
Natsïaid. Mewn ysgrif yn *Heddiw*, Tachwedd/Rhagfyr 1940,
mae'n dychmygu y gallai honiad Nietzsche bod ar werin ufudd
angen unben i'w chyfarwyddo fod wedi apelio'n fawr i Hitler.
Mae Kate yn beirniadu methiant Nietzsche i sylweddoli bod
peiriannau'n cymryd lle'r caethion ac nad oedd modd efelychu
cymdeithas hen Roeg heddiw. Beirniada hefyd ei fethiant i
gydnabod cydraddoldeb merched. Ond dywed hefyd fod y
Natsïaid wedi ei gamddehongli, neu ei anwybyddu, yn llwyr
ar fater hil. Dyfynna sylwadau Nietzsche ar yr Almaenwyr,
eu bod wedi'u cymysgu'n llwyr o ran hil, a'u bod 'yn fwy
dychrynllyd nag unrhyw genedl arall'. Dywedodd, ar y llaw
arall, mai'r Iddewon oedd yr 'hil gryfaf a phuraf sy'n byw yn
Ewrop yn awr', ac awgrymodd y dylai swyddogion Prwsiaidd
aristocrataidd gymysgu â'r Iddewon. Dyna droi hiliaeth Hitler
ar ei phen.

Sut roedd Gwyn bellach yn ystyried ei honiad ar drothwy'r
rhyfel y byddai'n well ganddo ochri gyda'r Almaenwyr na

chyda'r Saeson? Ym mis Awst 1940, yn *Heddiw*, mae'n ymosod yn chwyrn ar yr Athro W. J. Gruffydd am roi cefnogaeth frwd i'r rhyfel yn erbyn yr Almaen. Dywed fod Gruffydd yn gweld Prydain 'yn ymladd achos yr Eglwys Gatholig yn erbyn y Wladwriaeth Eithafol'. Honna Gwyn y byddai ysfa gwleidyddion Prydain i gael 'buddugoliaeth gyflawn waedlyd a gyrru'r Almaen i'w gliniau' yn 'bwrw beichiau gwaeth na Hitleriaeth ar warrau'r gwledydd'. Dadleua mai 'cymodi ei elynion a wnaeth y Crist, nid eu trechu'. Medd ymhellach, 'wrth ymdaflu i fwystfileiddiwch cyntefig nid yw cenedl yn sicrhau na difodiad yr hen drefn na dechreuad trefn newydd'.

Ymosod ar safonau dwbl yr Almaen a Lloegr a wna Gwyn mewn erthygl bellach yn *Heddiw*, Medi/Hydref 1940. Â Lloegr yn dal ag Ymerodraeth, a'r Aifft yn ddarostyngedig iddi, gwêl y bydd Lloegr 'yn dal i gaethiwo'r India a Jamaica, er pregethu rhyddid i Awstria a Phwyl; bydd yr Almaen yn gweiddi am ryddid i'r India, ac yn rhoddi rhyddid i Lydaw, ond gwae y Tsieciaid a'r Pwyliaid sy'n nes adref iddi!'

Roedd llenydda yn ddiddordeb unol i aelodaeth Cylch Cadwgan, ac roedd y cylch yn cymryd camau penodol i gael y gwahanol aelodau i ysgrifennu. Mae gan Gwyn wedyn apêl i lenorion fod yn gynhyrchiol yn *Heddiw*, Ionawr 1941, ac nid syn wedyn canfod dogfen yn nodi cytundeb rhwng Pennar a Kate, a Pennar wedyn yn ychwanegu cymal i Gwyn:

Cytundeb A WNAED RHWNG

William Thomas Pennar DAVIES

a

Käthe Julia Gerthrud BOSSE-GRIFFITHS

ar y trydydd dydd ar ddeg o Fis Awst 1941.

13.8.41

Y mae i'r cytundeb ddwy ran:-

I. Ymdyngheda W. T. Pennar Davies y bydd iddo mewn tymor nid llai na blwyddyn ac nid mwy na dwy flynedd ysgrifennu nofel fer Gymraeg o gan tudalen neu fwy (teipiedig); ac y bydd iddo anfon at K. J. G. Bosse-Griffiths o leiaf bedwar tudalen mewn mis, ac os mynn, un tudalen yr wythnos, neu fwy. Ymdyngheda K. J. G. Bosse-Griffiths i ymbaratoi ar gyfer arholiad mewn Cymraeg a gymer le yr un amser ag y byddo W. T. Pennar Davies wedi gorffen ei nofel fer. Yn yr arholiad ysgrifenedig hwn bydd yn ofynnol iddi

    i. Gyfieithu unrhyw ddarn o nofel y dywededig W. T. P. Pennar Davies,

    ii. Gyfieithu i ryddiaith Gymraeg unrhyw ddarn o ryddiaith Almaeneg hawdd;

II. Ymdyngheda W. T. Pennar Davies i ysgrifennu bob wythnos bum gair ar hugain o Almaeneg o'i gyfansoddiad ei hun a'i anfon yn wythnosol erbyn bore Mawrth at K. J. G. Bosse-Griffiths. Ymdyngheda K. J. G. Bosse-Griffiths i ysgrifennu pum gair ar hugain o Gymraeg o'i chyfansoddiad ei hun a'i anfon yn wythnosol erbyn bore Sadwrn at W. T. Pennar Davies.

Os anfonir y geiriau hyn ar ben pythefnos (a ganiateir mewn achos arbennig) rhaid anfon hanner cant o eiriau.

ATODIAD

III. Ymdyngheda John Gwynedd Nefydd Owen Alban Lloyd Griffiths i sgrifennu bob wythnos nid llai na dau gant a hanner o eiriau o unrhyw gyfansoddiad llenyddol a'u danfon bob wythnos neu, os mynn, bob mis at y dywededig W. T. Pennar Davies.

Mae'r ddwy adran gyntaf yn llawysgrifen Gwyn, a'r olaf yn llawysgrifen Pennar. Mae'r enwau sy'n dilyn 'John Gwynedd' yn rhai a ddefnyddiodd Gwyn yn ffugenw ar wahanol adegau. Wrth ddysgu'r Gymraeg, a bod yn rhan o gylch llenyddol o'r fath yn y Rhondda, cafodd Kate fywyd newydd, ac ynghanol pryder y rhyfel, roedd modd cau drws i raddau ar ei chefndir cythryblus.

Roedd Rhydwen yn aelod iau o'r cylch a chlywodd Pennar amdano gyntaf yn 1941:

> Da gennyf glywed am Rhydwen. A wnewch sgrifennu ataf yn fuan? I roddi disgrifiad llawn ohono. Hyfryd meddwl bod Ysgol Cadwgan wedi ennill recriwt. Clywais ychydig amdano oddi wrth Dafydd a oedd yn aros gyda mi dro yn ôl am gyfnod byr iawn ond llawen dros ben.

Y flwyddyn ganlynol mae gwrthdaro personoliaeth rhwng Pennar a Rhydwen i'w deimlo yn nodyn Pennar at Gwyn a Kate, 19 Ionawr 1942:

> Gwelais Rhydwen yn siop John Evans ddydd Iau diwethaf, dim ond am ennyd. Ofnaf imi ymagweddu fel dieithryn – er fy ngwaethaf, megis. Ni all ein tymherau gyd-gymysgu'n rhydd y tu allan i awyrgylch cyfareddol Cadwgan. Ni all y llew a'r oen gydorwedd...

Datblygodd tyndra amlwg rhwng Rhydwen, a'i ddawn llefaru amlwg, a Pennar, a oedd yn fwy mewnblyg ac academaidd ei dueddfryd. Fe ddychanodd y ddau ei gilydd maes o law mewn nofelau, sef *Adar y Gwanwyn*[15] gan Rhydwen a *Meibion Darogan*[16] o eiddo Pennar.

Beth bynnag am hynny, roedd Rhydwen yn cydnabod bod Cylch Cadwgan yn cynnig lloches meddwl i rai a arddelai heddychiaeth ynghanol y rhyfel. Roedd Gwyn, D.R. ei frawd, Rhydwen a Pennar yn pregethu, a dywedodd Gwyn i Pennar fethu cael galwad i eglwys Saesneg yn Rhydaman am iddo bregethu heddwch.[17]

Roedd arloesi a beiddgarwch mewn llenyddiaeth yn fater o bwys i aelodau'r cylch. Mae Gwyn yn ysgrifennu at Pennar ynghylch stori a anfonodd at y *Faner*, na chafodd ei chyhoeddi.

Annwyl Bil,

Can diolch am dy lythyr heddiw. Yn gyntaf ynglŷn â'r *Faner*. rydym wedi dod i'r casgliad unfrydol mai Sodomiaeth y stori sy wedi siocio Prosser Rhys a dim arall. Gwir mai ef yw awdur *Atgof*,[18] ond y mae gwaed ifanc yn gallu ymglaearu dipyn gydag amser. Bûm yn darllen y stori i Rosemarie heno. Ac rwyf yn sicrach nag erioed o'i gogoniant dihafal. Dyma un o storïau gorau'r iaith.

Mae'r llythyr yn mynd rhagddo i annog Pennar i gynnig am swydd yng ngholeg Caerleon.

Rwyt yn gwybod ein barn am y swydd hon. Mae wedi ei chreu er dy fwyn! Credaf y dylet ymgeisio ar bob cyfrif ac anfon y papurau gofynnol ar unwaith. Ar y llaw arall ni chredaf y dylet roi pregethu i fyny! Yn rhyfedd mae Merchant (er saled gŵr ydyw yn dy ymyl) wedi gosod *precedent* hwylus yn y cyfeiriad yma. Ac nid wyf yn siŵr na ddylet ystyried hyd yn oed gael dy ordeinio maes o law (heb ofal eglwys). Teimlad Käthe yw dy fod yn bregethwr campus ond mae'n amheus a fyddi'n ffitio i fugeiliaeth eglwys. Beth bynnag am hynny, ni ddylet osod y ffaith o'r siom a gaiff Mansfield yn dy ymadawiad yn erbyn y llwybr cymwys a esyd Rhagluniaeth o'th flaen. Meddwl yn ddifrifol am y cyfle campus a ddeuai iti gael gwasanaethu CYMRU! Dylai dy galon lamu yn y rhagolwg, fel y gwna fy nghalon i yn siŵr iti.

Gallai rhywun angharedig feddwl (byddi'n dadlau) dy fod yn cellwair â'r weinidogaeth: dywedaf finnau ei fod yn ddyletswydd arnat bregethu a lledaenu'r ffydd heddychol – y peth byw ysol y sydd yn rhan o'th brofiad – a hynny o Gaerleon. Rhaid cofio bod mantais aruthrol gan bregethwr *nad yw'n weinidog*. O'r safbwynt academig dylai Caerleon dy alluogi i orffen dy radd doethor.

... wrth gwrs, nid oes sicrwydd y cei di'r swydd (cofier y conshïeidd-dra).

Yn ystod y cyfnod hwn mae llawer o lythyrau gan Rosemarie Wolff at Kate. Daeth hi'n wraig i Pennar, ar ôl cael ei chyflwyno iddo gan Gwyn a Kate yn Rhydychen. Roedd hithau, fel Kate, wedi ffoi o'r Almaen oherwydd ei thras Iddewig, ac wedi cael gwaith yn y Radcliffe Infirmary, Rhydychen.

Ar 22 Ionawr 1942 ysgrifenna Rosemarie am y llwyddiant a gafodd Kate yn cyhoeddi ei nofelig gyntaf, *Anesmwyth Hoen*.

> Gan fod Bil yn awr eto yn Rhydychen rwy'n teimlo mod i eto'n fwy cysylltiedig â Chymru ac nid mor bell oddi wrthych.
>
> A ti'n gwybod, dw i ddim wedi dy longyfarch am dy lwyddiant mawr. Mae hynny'n gywilyddus. Dywedodd Bil wrthyf dy fod wedi aros iddi ymddangos, ac roedd e'n gobeithio ei dangos i mi ddoe, ond doedd e ddim wedi dod. Fe hoffwn i beth bynnag ei darllen yn y testun gwreiddiol – mae'n sicr dy fod wedi ysgrifennu yn Almaeneg, a Gwyn wedyn wedi cyfieithu. Wyt ti bellach yn siarad 'Cymraeg' yn dda? Roeddwn i'n gwbl gyffrous pan glywais i... dy fod wedi ennill y wobr ac mor falch fel pe bawn i'n ei haeddu...
>
> Mae Bil wedi sôn wrthyf am Rhydwen a dweud ei fod yn 'fachgen gwych' – quite different from us ac yn awr rwy'n edrych ymlaen yn eiddgar i ddod i nabod y cymeriad y mae sôn amdano...

Dyfarnwyd y stori'n orau mewn cystadleuaeth a drefnwyd gan Lyfrau'r Dryw yn 1941, a chafodd ei chyhoeddi gyntaf yn y flwyddyn honno, a'i hailargraffu bedair gwaith erbyn Ebrill 1942. Dyma'r gyfrol gyhoeddedig gyntaf o eiddo awduron Cylch Cadwgan. Meddir amdani ym mroliant y llyfr gan Aneirin Talfan Davies, 'Ni byddwn yn defnyddio gormodiaith trwy ddweud bod yma awdur a neidiodd ar un naid megis, i reng flaenaf llenorion Cymru.'

Mae'n nofel sy'n sôn am brofiadau merch o Gymru'n dod ar draws cyfeillion newydd yn Llundain ac yn yr Almaen, ac yn dygymod â'i theimladau wrth anturio i berthynas newydd. Mae llawer o'r stori'n adlewyrchu profiadau Kate yn yr Almaen.[19]

Mae llythyrau rhwng Pennar, Gwyn a Kate am *Anesmwyth Hoen* a materion llenyddol eraill yn dangos y math o drafod a fyddai rhwng aelodau o Gylch Cadwgan. Fe dderbyniodd Pennar lythyr gan Aneirin Talfan Davies, a oedd yn trefnu'r gystadleuaeth, ac meddai hwnnw wrtho (llythyr Pennar at Gwyn a Kate, 3 Hydref 1941),

> Daeth rhyw 14 o nofelau byrion i mewn i'r gystadleuaeth, ac yn eu plith nofel o'r Pentre, Anesmwyth Hoen! Mae'n debyg eich bod chi'n gwybod amdani. Rhywbeth newydd yn Gymraeg. 'Rwy'n credu bod yma ddechrau o ddifrif gyda'r nofel Gymraeg, mae'n edrych i mi fel cyfieithiad ac mae'n debyg mae [sic] Kate Griffiths a'i sgrifennodd!

Mae'n glir bod Aneirin Talfan Davies wedi deall y broses o greu a chyfieithu, ond maes o law, wedi i'r nofel gael ei chyhoeddi, a hynny heb awgrym bod cyfieithu wedi digwydd, mae rhai adolygwyr yn feirniadol o'r Gymraeg. Cafwyd adolygiad o'r nofel gan J. T. Jones, a roddodd fwy o sylw i'r iaith nag i'r stori. Meddai Pennar mewn llythyr (22 Chwefror 1942), 'Gellir gweld yn awr mai anffodus i'r eithaf oedd penderfyniad Aneirin i beidio â datguddio i ba raddau yr oedd *Anesmwyth Hoen* yn gyfieithiad o'r Almaeneg.'

Mae Pennar ei hun, fodd bynnag, mewn llythyr at Kate (22 Ionawr 1942), yn llawn edmygedd:

> O mor falch ydwyf o fod yn gyfaill i ti, a dyna waith mawr sydd o'n blaen pan fyddwn ni i gyd yn rhydd i'w wneud... ac mae Gwyn wedi gwneud gwaith ardderchog gyda'r Gymraeg – mae'r iaith yn naturiol ac yn nerthol ac yn greadigol, a phrydferth odiaeth yw Cymraeg stori'r delyn. Rhwng popeth yr wyf yn gyforiog o orfoledd a brwdfrydedd. Yr eiddgarwch sydd yn y stori! O diolch, Käthe, diolch am byth...
>
> Fel astudiaith [sic] o lencyndod merch *Anesmwyth Hoen* yw'r gorau a ddarllenais yn fy mywyd.
>
> Myrdd o fendithion arnat, Käthe, yn uno Cymru a llenyddiaeth ac Ysgol Cadwgan. 'Rwyf mor falch a barwnig heno. Cariad Gwyn a thi yw'r peth anwylaf a gwerthfawrocaf sydd gennyf yn awr...

Roedd 'hunan-ddatguddiad' yn un o fwriadau Pennar yn ei

lythyrau at Gwyn a Kate. Mewn llythyr a ysgrifennodd at y ddau,
18 Ionawr 1942, meddai, gan gyfeirio at luniau beiddgar ohono
a anfonodd atynt, yng nghyd-destun ei fywyd fel myfyriwr yn yr
Unol Daleithiau:

> Hyderaf na chafodd Gwyn sioc farwol wrth weld 'Archangel
> Ruined'. Rhaid iddo gofio bod tymheredd New Haven yn yr
> haf (roedd yn oerach o lawer na Pentre yn y gaeaf) yn debycach
> i Sbaen neu Dde Ffrainc nag i Gymru. Mae'r berthynas rhwng
> moesoldeb a thymheredd yn werth archwilio ynddi. Cyn hir bydd
> rhaid i mi adrodd wrthych yn fanwl holl stori fy nghysylltiad ag
> Angelo. Nid yw fy nghydwybod yn hollol hapus wrth edrych
> yn ôl. Gallaswn fod yn garedicach wrtho. Ond efallai mai'r gaeaf
> oerddu a laddodd ein perthynas. Ac wrth gwrs yr oedd episod y
> Fadfall Lwyd wedi cymhlethu ar bethau...[20]
>
> I mi, eiddgarwch yw'r rhinwedd pennaf. Hyfryd yw
> prydferthwch corff a gwedd. Melys yw addfwynder a
> serchogrwydd cymeriad. Hawddgar yw swyn ystum ac agwedd, a
> bonedd, a moesau da. Gogoneddus yw llymder a chraffter meddwl.
> Ond rhowch i mi eiddgarwch. Ni all holl ragoriaethau'r duwiau
> wneud iawn am ddiffyg eiddgarwch, am ofn meddyliol, am
> syrthni deallol, am ddifrawder ysbryd, am gyffredinedd calon, am
> fodlonrwydd enaid. Eiddgarwch yw'r unig beth sy'n rhoddi urddas
> i fywyd.
>
> Yn rhwymau Crist,
> Pennar
> Gallwch chi gadw'r ffotograff. Ond na ddangoswch i Mrs
> Rowlands!

Roedd y llun yn un artistig ohono, ac ychwanegodd mewn
llythyr arall,

> Os nad yw hwn yn ddigon o brawf rhaid imi ddanfon 'Celtic
> Meleagros' neu 'Pryderi' atoch. 'Credo quia inenarrabile.'[21] Ond
> gweler Ioan xx. 29...
>
> Gyda bendithion,
> Aberpennar

Mae'r teitl 'Archangel Ruined' yn ddyfyniad o *Baradwys Goll* Milton, ac mae Pennar yn dyfynnu dwy linell o'r gerdd:

'Less than Archangel ruined, and the excess of Glory obscured'

Arwr Groegaidd oedd Meleagros, a oedd yn gysylltiedig â hela'r twrch. Teithiodd gyda Jason a'r Argonotiaid yn eu cyrch am y Cnu Aur. Cyrhaeddodd y ddau lun ychwanegol hyn, a Pennar yn portreadu'r Meleagros Celtaidd yn y naill ac yn pwyntio'n herfeiddiol tua'r awyr yn ei bortread o Pryderi.

Mae'n amlwg bod y profiadau hyn wedi digwydd pan oedd Pennar yn America, yn fyfyriwr yn Iâl. Yn ei dyddiadur (2 Ebrill 1942) mae Kate (yn Almaeneg) yn nodi rhai o amgylchiadau'r lluniau, pan oedd Pennar mae'n amlwg yn rhan o gymdeithas fohemaidd myfyrwyr y brifysgol enwog honno.

Mae llythyrau eraill gan Pennar yn sôn am ei brofiadau crefyddol cynnar, a'i berthynas â Rosemarie. Maen nhw'n gofnod cyfoethog o gyfnod ac o gymeriad arbennig.

Yn 1942 enillodd Kate ar y stori fer yn yr Eisteddfod Genedlaethol a gynhaliwyd yn Aberteifi. Cafodd lythyr gan J. H. Lothar, golygydd *Die Zeitung*, un o bapurau'r *News Chronicle*, yn gofyn am gael cyfieithiad Almaeneg neu Saesneg i'w gyhoeddi, gan na allai ddarllen Cymraeg. 'Y Bennod Olaf' oedd y stori hon, dyddiadur merch ddeunaw oed yn marw, sy'n cofnodi teimladau ac emosiynau ac sy'n ceisio dehongli beth yw ias byw.

Gosododd y beirniad, Kate Roberts, y stori hon yn unig yn y dosbarth cyntaf a dweud yn ei beirniadaeth:

Dyma ni mewn byd gwahanol hollol erbyn hyn... Mae yma feddwl mawr y tu ôl i'r stori hon, meddwl sy'n gallu treiddio, drwy'r dychymyg, i brofiad geneth ifanc y mae ei nwydau yn dechrau deffro, a'r corff wedi ei barlysu. Ceir yma'r profiadau chwerw sy'n dilyn hynny; y meddyliau sy'n aros gyda marw a thragwyddoldeb, y gwrthryfel parhaus rhwng y gwendid a'r awydd am fyw.[22]

Nid yw'n beth syn bod Kate Roberts yn dweud 'bod yma rai ymadroddion chwithig yn y stori, nid yw'r idiom Gymraeg yn sicr bob tro' ond dywed hefyd 'fe gwyd yr arddull i dir uchel weithiau'. Ar ddiwedd y stori clyw'r ferch y meddyg yn dweud wrth ei mam nad oes gobaith iddi, a byddai'n well gan Kate Roberts pe bai'r stori wedi dod i ben cyn hyn, ond dywed 'os yw hyn yn frycheuyn, brycheuyn ydyw ar stori wych iawn'.

Efallai nad oedd Kate Roberts yn hoff o'r condemniad ar Dduw yn y frawddeg olaf: "Rwyf i wedi dysgu sut i fyw. Mi yfwn i o harddwch dy gread cysegredig â'm holl synhwyrau, â'm holl galon, â'm holl enaid, O Dduw, pa fodd y gelli fod mor greulon?'

A Kate yn greadigol fyrlymus, mentrodd eto ar eni plentyn, a'r tro hwn ganwyd Robert Paul, ail blentyn Kate a Gwyn, yn llwyddiannus ar 27 Chwefror 1943. Maes o law daeth Robat Gruffudd yn sefydlydd gwasg y Lolfa, a dyfodd yn un o weisg mwyaf llewyrchus Cymru. Dair blynedd wedyn, ar ôl y rhyfel, y'm ganwyd i, yn frawd bach iddo, ychydig cyn iddyn nhw symud i Abertawe. Wedi geni Robert, a enwyd ar ôl ei ddau dad-cu, mae dyddiadur Kate yn y Gymraeg. Mae'n rhoi'r teitl 'Teithio mewn gwlad estron' iddo, gyda'r is-deitl 'Dyddiadur Robert Paul'. Mae'r dyddiadur yn sôn am fisoedd cyntaf ei mab a'i meddyliau ond hwnt ac yma ceir blas o'i bywyd hi a Gwyn yn y Rhondda. Dyma beth o gofnod 8 Gorffennaf 1943:

> Cael tipyn bach o ddadlau gyda Gwyn am fagu y baban.
>
> Gwyn neithiwr yn Treorci mewn cyfarfod awyr agored y Blaid gyda Edna [gwraig Gwilym, ei frawd]. Yr oedd tipyn bach o drafferth mewn cyfarfod arall yn Ynyshir, dydd Mawrth. Heddgwn yn dod a gofyn am identity card Gwyn ac Oliver Evans am 'obstructing road'.
>
> Bydd cyfarfod eto yn Mardy yfory. A Pennar yn siarad hefyd. Cawsom lythyr heddiw. Yn ddigon hwylus. Yr oedd y cyfarfod

cyntaf yn y Ton, a'r ail gyfarfod yn Treherbert. Siaradodd Gwyn
yn Ton a Treherbert hefyd.

Ysgrifennodd Kate bamffled yng nghyfres Heddychwyr Cymru,
ar fudiadau heddwch yr Almaen. Cafodd lythyr o werthfawrogiad
gan Gwynfor Evans, a ddywedodd ar 27 Medi 1943:

> Cefais gyfle o'r diwedd heno i ddarllen eich pamffled. Y mae'n
> waith gwych dros ben, a theimlaf yn ddiolchgar iawn am gael y
> fraint o'i gyhoeddi ar ran yr Heddychwyr. Bydd yn dda i'r Cymry
> wybod bod yn yr Almaen rai a safodd yn ddigyfaddawd yn erbyn
> rhyfel. Yr oedd y cwbl bron o'ch ffeithiau yn newydd i mi, ac yn
> wir buoch yn hynod ddyfal yn eich ymchwil...
>
> Gwyn fyd na bae mwy o'ch tebyg yn ein plith i ddwyn Cymru
> a gwledydd y Cyfandir yn nes at ei gilydd, ac felly eangu ein
> gorwelion a dyfnhau ein cydymdeimlad â chenhedloedd eraill.
>
> Gobeithiaf y byddwch yn hapus iawn yn y Bala. Y mae rhai o
> bobl orau Cymry [sic] yn byw yn y cylchoedd hynny o gwmpas
> Llyn Tegid.

Yn hydref 1943 fe gafodd Gwyn swydd ddysgu yn Ysgol
Ramadeg y Bala, a symudodd yntau yno gan adael Kate yn y
Rhondda am gyfnod. Erbyn hyn yn Gymraeg mae eu llythyrau,
ac eithrio un mewn Lladin.

Erbyn 1944 roedd y ddau wedi symud i fyw i'r Bala, a
hwythau'n byw ym Manod, Stryd Arennig.

Cafodd Kate gais gan Morris Williams i gyhoeddi llyfr o storïau
byrion, a Kate yn diolch iddo ef ac i Kate Roberts am ganmol ei
gwaith. Cyhoeddodd Kate ei chyfrol gyntaf o storïau byrion, *Fy
Chwaer Efa*,[23] yn 1944. Yn hon roedd y stori a fu'n fuddugol yn yr
Eisteddfod a hefyd dair stori arall a gyhoeddwyd yn y cylchgrawn
Heddiw.

Roedd y Bala yn bellach o drafferthion y rhyfel, ac eto bu
Kate yn weithgar yno'n cadw cysylltiad â charcharorion rhyfel
o'r Almaen. Ymhen dwy flynedd roedd y rhyfel yn tynnu at ei
derfyn, ac roedd Kate, gyda chymorth Gwyn, wedi meistroli'r

Gymraeg ac wedi dod yn un o lenorion newydd addawol Cymru. Dyma, debygwn i, a'i cadwodd yn gall ar adeg pan oedd ei theulu mewn perygl enbyd.

Aeth aelodau Cylch Cadwgan yn eu blaen i fod yn hynod gynhyrchiol, er bod y ganolfan yn y Rhondda wedi diflannu. Cyhoeddodd Gwyn ei gyfrol gyntaf o gerddi, *Yr Efengyl Dywyll*, yn 1944, a sefydlwyd cylchgrawn *Y Fflam* gyda Gwyn, Pennar ac Euros Bowen yn olygyddion yn 1946.

Prin y bu modd cysylltu â'r Almaen, ac ym mis Rhagfyr 1944 mae Kate yn holi Stina am y teulu, gan ofni cael newyddion drwg.

> How are all the families in Wittenberg getting on? I must confess I fear to have bad news about them while I am unable to see them. Give them my warmest greetings.

Cafodd Kate ateb gan Stina ar 18 Ionawr 1945. Wedi diolch am lythyr Kate, a hithau heb glywed ganddi ers tipyn, dywed Stina,

> But now I'm sorry, then I have no glad news to write to you. Both your mother and Fritz are dead. Oma through bomb attack and Fritz in war. I don't know at what time. Then Edith wrote only this in November. And in her last letter was Günther very ill, so she was despaired.[24]

Hwn oedd y newyddion gwaethaf posibl. Ond roedd hefyd yn anghywir. Nid oedd Fritz yn farw. Ni laddwyd ei mam Kaethe mewn cyrch awyr. Mae'n amlwg bod gwybodaeth gywir yn anodd ei chael adeg rhyfel, hyd yn oed rhwng perthnasau a chyfeillion.

Mae'n chwithig meddwl am Kate yn gorfod ateb fel hyn, ar 18 Ebrill 1945:

> The sad news you gave me in your letter do not come unexpected but only slowly they become reality to me. The more I try to understand that Mutti and Fritz are dead the more they become

alive to me in my recollection and in my dreams. The people here have been very kind and sympathize with me. In some way it is good that my little son takes so much of my attention...

Cywirwyd yr wybodaeth a gafodd Kate mewn llythyr gan Edith, ei chwaer-yng-nghyfraith, ar 13 Mehefin:

I am with my two children for five weeks in Sweden, but I don't know where about Opa, Günther and Fritz are. Fritz is not dead, he has been in K.Z. Zöschen by Merseburg, in there Günther as sanitor laboured. After three months in Halle prison, is G. send to Zöschen as sanitor! 20 July 1944 is the family but Georg and I not sent to prison. Dolly and Opa after six weeks free. Oma is coming to Ravensbrück K.A, and there is she killed 16 Dez. 1944. The Klinik had Dr Korth. Opa is to O'T. by Osterode/Harz as Doctor. Perhaps you can hear something through Red Cross or Legation... Dolly is with four children to Dr Dolde, Wimpfen/Würtenberg. We have had a very hard time.

Mae'r llythyr yn ceisio crynhoi misoedd lawer o ddioddef nifer o aelodau'r teulu, a'r tro hwn roedd yr wybodaeth yn gywir. Ceir llythyrau pellach gan Edith yn ystod y flwyddyn. Mae un yn dweud bod ei gŵr Günther a Paul Bosse yn gweithio mewn clinig yn Osterode, ond heb wybod pryd y byddai Günther yn cael dod yn ôl i Sweden. Daeth y cyfan yn gliriach wedi i'r rhyfel ddod i ben.

Kurt Ledien
a'r Rhosyn Gwyn

YN YSTOD YR UGAIN mlynedd a mwy diwethaf, mae ymdrechion wedi'u gwneud yn yr Almaen i roi sylw i'r mudiadau niferus a geisiodd wrthwynebu grym Hitler a'r Natsïaid cyn ac yn ystod yr Ail Ryfel Byd. Yn ystod yr wythdegau cychwynnwyd ar y gwaith o drosi adeilad y Bendlerblock yn Berlin yn amgueddfa ar y gwrthwynebiad i Natsïaeth. Yma roedd swyddfeydd y fyddin, ac yma roedd nifer o'r rhai a oedd yn gysylltiedig â'r ymgais i ladd Hitler ar 20 Gorffennaf 1944 yn gweithio.

Yma heddiw mae'r *Gedenkstätte Deutscher Widerstand*, Cofadail Gwrthsafiad yr Almaen. Mae cofeb i Stauffenberg yn yr iard, ac mae ystafelloedd yr adeilad yn cynnwys arddangosfeydd ar ryw 25 o wahanol sectorau'r gwrthwynebiad, gan gynnwys mudiadau'r gweithwyr, yn eu plith y Comiwnyddion, Plaid Gweithwyr Sosialaidd yr Almaen a'r Democratiaid Sosialaidd. Amcangyfrifwyd bod tua 350 o wahanol grwpiau gwrthsefyll yn yr Almaen ar wahanol adegau. Ceir adran ar y Cristnogion a wrthwynebodd Hitler mewn cyfnod pan oedd cynifer o arweinwyr eglwysi wedi plygu mewn ufudd-dod. Mae yma adran ar rai a ymfudodd, a hefyd ar yr Iddewon a geisiodd wrthwynebu. O safbwynt yr hanes hwn, mae dwy adran o'r arddangosfa'n ddiddorol, y naill yn adran ar fudiad y Weiße Rose, a weithredai'n bennaf yn Munich a Hamburg, a'r llall yn rhoi sylw i John Heartfield, un o'r artistiaid alltud enwocaf.

Iard y Bendlerblock

Plac yn nodi'r fan lle saethwyd Stauffenberg ac eraill

Helmut Herzfeld: John Heartfield

Ar wefan achau'r teulu, meddir am fy mherthynas i â John Heartfield, 'deg cam i ffwrdd, trwy briodas'. Gall y berthynas hon gynnwys rhai miloedd o bobl, mae'n siŵr, ond nid yn ddifeddwl y gallwn ei gynnwys ymysg y teulu. Mae perthynas iddo, Justus Mannchen, y soniwyd amdano eisoes yng nghyswllt Erika Viezens, yn dod i aduniadau teuluol; daeth yn ddiweddar i Wittenberg i ddathlu fy mhen-blwydd i a phen-blwydd Käthe fy nghyfnither. Er mai o ochr gymharol bellennig o'r teulu y daw, bu yntau'n briod ag Ingrid, merch Günther, am gyfnod.

Roedd Helmut Herzfeld[25] yn artist a Chomiwnydd o argyhoeddiad. Cafodd ei eni yn Berlin yn 1891. Wrth weld imperialaeth yr Almaen yn ystod y Rhyfel Byd Cyntaf, penderfynodd wrthwynebu'r gwallgofrwydd a gwneud hynny ar lefel bersonol iawn, trwy newid ei enw'n John Heartfield yn 1916. Ar ddiwedd y rhyfel ymunodd â chlwb Dada Berlin, grŵp o artistiaid gwleidyddol a dychanol, a dod yn un o'i brif dalentau, ac ymunodd hefyd â Phlaid Gomiwnyddol yr Almaen. Gydag eraill sefydlodd gylchgrawn dychanol *Die Pleite*, ac ar ôl cwrdd â'r dramodydd Bertolt Brecht yn 1924 aeth ati i ddatblygu *photomontage* yn fynegiant gwleidyddol.

Pan ddaeth y Natsïaid i rym, gadawodd yr Almaen a symud i Brag, ond â'r Almaen yn bygwth Tsiecoslofacia yn 1938, ymfudodd i Loegr, a byw yn Hampstead. Dychwelodd i Ddwyrain yr Almaen ar ôl y rhyfel, a gweithio gyda chyfarwyddwyr theatr yno.

Hwre, mae'r menyn ar ben!, John Heartfield, 1935

Photomontage yn dychanu propaganda'r Natsïaid

Esgob y Reich yn unioni Cristnogaeth,
John Heartfield, 1934
(Galwodd y Pastor Protestannaidd,
Dr Ludwig Müller, am droi'r eglwys
yn un Natsïaidd)

Ac eto mae'n symud,
John Heartfield, 1943

Mae ei gynnyrch grymus yn dychanu militariaeth yr Almaen yn ystod rhan gyntaf y ganrif, ac yna Hitler yn arbennig, a'r system ryfel nad oedd yn cynnig dim i bobl yr Almaen ond dioddef a lladd. Does dim angen dweud i'w waith gael ei wahardd yn yr Almaen yn ystod y cyfnod Natsïaidd, a chafodd ei ymdrechion eu cydnabod fel brwydr un dyn yn erbyn Hitler.

Y Rhosyn Gwyn

Mae mudiad y Weiße Rose – y Rhosyn Gwyn – wedi cael tipyn o amlygrwydd trwy rai ffilmiau diweddar. Cychwynnodd yn fudiad cyfyngedig i nifer fach o fyfyrwyr ym Mhrifysgol Munich, heb fod modd i neb ymuno ond trwy gyswllt personol, a lledodd wedyn i rai o ddinasoedd eraill yr Almaen, gan gynnwys Hamburg. Er bod gan y mudiad y bwriad o gychwyn chwyldro a fyddai'n disodli Hitler, ni lwyddodd fwy na nifer o ymdrechion eraill. Swm a sylwedd gweithgarwch y grŵp o fyfyrwyr Cristnogol yn Munich rhwng 1942 ac 1943 oedd cyhoeddi chwech o daflenni a'u dosbarthu yn y brifysgol i ddechrau, ac yna mewn dinasoedd eraill. Daliwyd yr aelodau, a chawsant eu dienyddio.

Cafwyd ffilm ar hyn yn 1982, ac un arall, *Sophie Scholl – Die letzten Tage* [Y dyddiau diwethaf] yn 2005. Roedd y brawd a'r chwaer Hans a Sophie Scholl yn ganolog yn ymdrech y myfyrwyr, ond ar lefel gydradd mae'n debyg ag eraill, gan gynnwys yr Athro Kurt Huber, Willi Graf, Alexander Schmorell a Christoph Probst. Cofnodwyd yr hanes gan chwaer Hans a Sophie Scholl mewn llyfr[26] er bod Jürgen Wittenstein, un arall o'r mudiad, o'r farn bod eu rhan hwy wedi'i darlunio'n rhy ganolog ganddi.

Dim ond 22 oed oedd Sophie Scholl pan gafodd ei dedfrydu i farwolaeth, a'i brawd Hans yn 25 oed. Gyda nhw roedd Christoph Probst, yn 24 oed. Cafodd tri arall eu dienyddio'n ddiweddarach. Seicoleg ac Athroniaeth oedd pynciau'r Athro Kurt Huber, a gafodd ei ddienyddio ac yntau ar fin cyrraedd ei 50 oed.

Cafwyd trydedd don o arestio a dienyddio. Ymysg y rhain roedd Kurt Ledien a phedwar arall o gyffiniau Hamburg.

Doedd ganddyn nhw, meddai Inge Scholl, ddim syniadau eithafol, doedden nhw ddim wedi dilyn amcanion mawr; eu nod syml oedd byw yn ddynol mewn byd dynol.[27]

Dosbarthu taflenni lled athronyddol wnaeth y mudiad yn bennaf, gan gyfeirio at ddiwylliant a hanes yr Almaen, ac at ddyheadau Goethe a Schiller am yr Almaen a rhyddid. Mae'r daflen gyntaf yn dyfynnu llinellau Goethe am obaith o 'Des Epimenides Erwachen':

Nun begegn' ich meinen Braven,
Die sich in der Nacht versammelt,
Um zu schweigen, nicht zu schlafen,
Und das schöne Wort der Freiheit
Wird gelispelt und gestammelt,
Bis in ungewohnter Neuheit
Wir an unsrer Tempel Stufen
Wieder neu entzückt es rufen:
Freiheit! Freiheit!

Cyfarfod wnaf yn awr â'm dewrion,
Wnaeth fin nos ymgasglu,
I ymdawelu, nid i gysgu,
A chaiff gair hyfryd rhyddid
Ei sibrwd a'i led-yngan;
Nes mewn newydd-deb anghyfarwydd
Cawn ar risiau'n teml
Weiddi eto'n orfoleddus:
Rhyddid! Rhyddid![28]

Aeth rhai myfyrwyr ati i beintio'r gair 'Rhyddid' mewn llythrennau tair troedfedd o uchder ar draws mur Prifysgol Munich, a chreu cynnwrf yn y dref.[29]

Mae'r ail daflen yn feirniadol o'r celwyddau a ledaenwyd gan y Natsïaid, ac o lyfr Hitler, sydd wedi'i ysgrifennu mewn

Almaeneg gwael iawn, meddir. Mae'n nodi hefyd fod tri chan mil
o Iddewon wedi'u llofruddio yn y modd mwyaf bwystfilaidd ers
i'r Almaen feddiannu Gwlad Pwyl. Ac yn wyneb hyn a rhagor,
medd y daflen, mae pobl yr Almaen yn dal i gysgu'n fud a ffôl.

Ymgais sydd yn y taflenni hyn i apelio at wareidd-dra
Almaenwyr, a chymryd cam yn ôl i weld yn wrthrychol ac o'r
newydd sut roedd yr Almaen adeg y rhyfel wedi cael ei hudo
gan Natsïaeth, gan ddioddef yn foesol yn sgil hyn. Trwy beidio
gwrthdystio'n erbyn y giwed droseddol, trwy fod yn ddi-hid,
mae'r Almaenwyr, meddir, yn gyd-euog.

Mae'r drydedd daflen yn galw am wrthsefyll goddefol yn wyneb
unbennaeth ddrwg. Mae'n rhagweld y byddai gan fuddugoliaeth i
ffanatigrwydd Almaenig yn y rhyfel ganlyniadau ofnadwy. Mae'n
argymell polisi difrodi – *sabotage* – er mwyn rhwystro'r peiriant
rhyfel.

Noda'r bedwaredd daflen fethiannau mawr Hitler yn y rhyfel,
yn yr Aifft ac yn Rwsia. Dywed fod 'pob gair a ddaw o enau
Hitler yn gelwydd. Pan ddywed heddwch, mae'n golygu rhyfel,
a phan fo yn y modd mwyaf halog yn enwi'r hollalluog, mae
e'n golygu grym yr un drwg, yr angel syrthiedig, Satan. Llwnc
drewllyd uffern yw ei geg, ac mae ei rym yn cael ei wrthod yn y
pen draw. Mae'n wir bod rhaid i ddyn ymladd y frwydr yn erbyn
y wladwriaeth ddychryn Natsïaidd â dulliau rhesymol; ond os oes
rhywun heddiw yn amau presenoldeb real y grym demonig, nid
yw wedi deall o bell ffordd gefndir metaffisegol y rhyfel hwn.'[30]

Mae'r daflen hon yn datgan mai nod y Weiße Rose yw adfer
iechyd yr ysbryd Almaenig a glwyfwyd gan Hitler a'i system.
Mae'n floedd o wrthwynebiad yn erbyn yr holl drefn, ond nid yw
wedi'i seilio ar unrhyw ideoleg ac eithrio adfer parch a moesoldeb
yr Almaen.

Cyhoeddwyd y bumed daflen, sy'n fyrrach, ym mis Ionawr
1943. Mae'n datgan na all Hitler ennill y rhyfel, ond ei hirhau'n
unig. Nid yn enw'r Weiße Rose y cyhoeddwyd hwn, ond yn enw

'Widerstandsbewegung in Deutschland' – y Mudiad Gwrthsefyll yn yr Almaen. Mae'n gofyn eto beth mae'r Almaenwyr yn ei wneud, ac yn apelio am ryddid i lefaru, rhyddid cred, ac am warchod yr unigolyn rhag nerth gwladwriaethau grym troseddol. 'Yn hyn y bydd seiliau Ewrop newydd.'[31] Mae'n rhagweld y bydd yn rhaid i Almaen y dyfodol fod yn wlad ffederal ddatganoledig. Roedd y daflen hon yn fwy penodol yn ei galwad i'r Almaen godi yn erbyn Hitler, gyda'r teitl 'Aufruf an alle Deutsche!' – 'Galwad i holl bobl yr Almaen!' Cafodd rhai miloedd o gopïau o'r daflen hon eu cyhoeddi, a'r mwyafrif wedi eu hanfon i wahanol drefi. Erbyn mis Chwefror 1943 roedd Hans a Sophie Scholl wedi'u harestio.

Roedd cylch Hamburg o'r Rhosyn Gwyn wedi'i sefydlu o dan ddylanwad y daflen gyntaf gan fyfyrwyr Munich. Bu cysylltiad rhwng grŵp Munich a Hamburg trwy Traute Lafrenz, myfyrwraig meddygaeth o Hamburg a fu'n astudio ers 1941 yn Munich a dod yn gyfaill agos i Hans a Sophie Scholl. Yn hydref 1942 trosglwyddodd y taflenni a oedd yn weddill ar ôl haf 1942 i dri o aelodau'r grŵp yn Hamburg. Bydden nhw'n gwrando'n anghyfreithlon ar ddarllediadau o Brydain, ac yn cwrdd yn rheolaidd mewn nosweithiau trafod mewn dwy siop lyfrau yn Hamburg.

Wedi cyhoeddi dedfryd o farwolaeth yn erbyn y myfyrwyr o Munich, aeth myfyriwr Cemeg, Hans Conrad Leipelt, ati i ddosbarthu chweched daflen yn ehangach. Un o Fienna oedd ef, ond cafodd ei fagu yn Hamburg, a'i fam o deulu Iddewig. Cafodd ei daflu o'r brifysgol yn Hamburg yn 1941 am fod ei fam o dras Iddewig, ond cafodd ei dderbyn i sefydliad cemegol yr Athro Heinrich Wieland yn Munich, a roddai le'n benodol i rai a oedd yn gwrthwynebu'r drefn Natsïaidd. Yn ôl Jürgen Wittenstein, nid oedd Hans Leipelt yn aelod o'r Weiße Rose fel y cyfryw, ac yntau wedi'i warchod gan y sefydliad yn Munich.[32] Yr oedd, serch hynny, yn aelod o fudiad gwrthsefyll yn Hamburg a oedd yn cynllwynio i ffrwydro pont, ymysg pethau eraill. Taflen un ochr oedd y chweched, yn galw ar fyfyrwyr i godi yn erbyn Hitler gan ddatgan, 'Bydd enw'r Almaen wedi ei ddifwyno am byth oni bai bod ieuenctid yr Almaen o'r diwedd yn codi, yn dial ac yn gwneud iawn yr un pryd, yn chwalu eu poenydwyr ac yn adeiladu Ewrop newydd, ysbrydol.'[33]

Ym mis Ebrill 1943 daeth Hans Leipelt a'i gariad Marie-Luise Jahn â chweched daflen y Weiße Rose – yr un olaf – i Hamburg. Aeth ef ati ymhellach i gasglu arian i Frau Clara Huber, gweddw'r Athro Kurt Huber a gafodd ei grogi am wrthwynebu'r drefn. Condemniodd Gestapo Munich ef am hyn, ac ar 8 Hydref cafodd ei arestio. Cafodd ei ddedfrydu i farwolaeth, a chrogwyd ef ar 29 Ionawr 1945.

Roedd Kurt Ledien yn ail gefnder i Kaethe Bosse, gan fod Max Ledien, ei thad, yn gefnder i Gertrud Levin, mam Kurt. Er bod Kurt o dras Iddewig, fel gweddill y teulu, roedd e wedi'i dderbyn i'r eglwys Gristnogol. Ganwyd ef yn Berlin-Charlottenburg, yn ail blentyn Louis a Gertrud Levin. Fel gyda'r teulu yn Wittenberg, newidiwyd cyfenw'r teulu o Levin i Ledien mewn ymgais i fod yn fwy Almaenig. Symudodd y teulu i ardal Altona, Hamburg ac yno y cafodd ei addysg yn y *Christianeum*, hen ysgol ramadeg. Bu'n ymladd fel milwr yn y Rhyfel Byd Cyntaf, ac yna astudiodd y gyfraith yn Lausanne, Munich a Kiel a graddio yn Göttingen.

Priododd â Martha Liermann a hanai o Winsen an der Luhe, a oedd yn cadw siop lyfrau yn Hamburg, ac aethant i fyw mewn fflat yn Gieserstraße 9, lle y cawson nhw ddwy o ferched, Ilse ac Ulla. Erbyn 1927 roedd Kurt yn farnwr yn y llys lleol.

Wynebodd anawsterau fel gweddill y teulu wedi deddfau Nürenberg 1933. Cafodd ei symud i Dortmund, ond oherwydd y gwaharddiad ar rai o dras Iddewig rhag dal swydd gyhoeddus, collodd ei swydd. Dychwelodd i Hamburg a chael gwaith yn adran gyfreithiol Bragdy Bavaria St Pauli. Ymhen peth amser ni chafodd barhau yno chwaith a gweithiodd wedyn gyda chwmni o gyfreithwyr Iddewig, Wilhelm Gutmann a Dr Samson, ar faterion ymfudo. Wrth weithio yno llwyddodd i drefnu i nifer o deuluoedd Iddewig ymfudo. Oherwydd yr erlid ar Iddewon yn yr Almaen llwyddodd ei chwaer i fynd i Fienna ac ymfudodd ei frawd a'i deulu yn 1938 i America. Ni lwyddodd ef ei hun, fodd bynnag, i gael caniatâd i fudo i Loegr tan ddiwrnod cyhoeddi'r rhyfel.

Aeth Ulla i'r *Volksschule* yn Klopstockplatz, ac yna yn 1940 i ysgol uwchradd *Klosterschule*, ond ar ôl cyrch awyr caewyd yr ysgol honno ac aeth wedyn i'r *Bertha-Lyzeum* yn Othmarschen[34] cyn gorfod gadael yr ysgol honno pan oedd yn yr wythfed dosbarth am ei bod yn *Mischling*, o waed cymysg. Yn yr un modd bu'n rhaid i Ilse, y chwaer hynaf, adael y *Klosterschule* yn 1942, ac aeth hi wedyn i ysgol dechnegol a gweithio fel teipydd gyda chwmni yswiriant.

Roedd Kurt a'i ferch Ilse'n gyfeillgar â'r teulu Leipelt, ac Ilse'n ffrind personol i Maria, chwaer Hans Leipelt. Trwy Hans a'i fam, Dr Katharina Leipelt, daethant i mewn i gylch y Weiße Rose yn Hamburg. Daeth Kurt yn gyfaill personol i Hans, a bydden nhw'n trafod ymysg pethau eraill sut Almaen a geid ar ôl cwymp y Natsïaid. Bydden nhw ac eraill oedd yn gwrthwynebu'r drefn Natsïaidd yn cyfarfod yn eu fflat, ac yn ystod y rhyfel yn seler y siop lyfrau yn 50 am Jungferstieg. Byddai'r grŵp yn darllen llenyddiaeth a oedd wedi'i gwahardd gan y Natsïaid, yn trafod hyn ac yn ei ddosbarthu. Byddai myfyrwyr a deallusion yn cymryd rhan er

Siop lyfrau yn Hamburg lle y byddai aelodau'r Weiße Rose yn cyfarfod

mwyn cael mynegi barn yn rhydd mewn trafodaethau agored. Ar ôl llofruddio'r brawd a'r chwaer Scholl, argraffodd y grŵp daflenni'r Weiße Rose, dosbarthu taflenni 'Yn erbyn Hitler a'r Rhyfel', a gwneud copïau o'r chweched daflen a ddaeth trwy law Hans Leipelt yn Ebrill 1943.[35] Trwy eu gwaith hwy, dosbarthwyd y daflen i sawl gwlad, gan gynnwys Sweden, Norwy, Lloegr a'r Swistir. Gollyngodd awyrennau Prydeinig gopïau o'r daflen hon dros yr Almaen. Oherwydd hyn y daeth y cylch o gyfeillion i'w galw'n *Hamburger Zweig der Weißen Rose* – Cangen Hamburg o'r Rhosyn Gwyn – ar ôl yr Ail Ryfel Byd.

Plac ar y siop lyfrau yn Hamburg yn nodi enw Dr Kurt Ledien a gweddill yr aelodau a fu farw

Dr Kurt Ledien

Enw Kurt Ledien ar y gofeb yn Hamburg-Niendorf

Gydag Iddewon yn cael eu cymryd i wersylloedd carchar, llwyddodd Kurt Ledien i achub ei fam, a oedd yn byw gydag e yn Hohenzollerring, rhag cael ei chludo ymaith. A hithau'n 76 oed, a chlefyd y galon arni, ac yn dioddef o glun ddrwg, dadleuodd Kurt yn llwyddiannus na fyddai'n goroesi cael ei chludo i wersylloedd carchar yng Ngwlad Pwyl, a llwyddodd hefyd yn achos nifer o Iddewon eraill.[36] Ond erbyn 1943 cafodd ei fam ei chludo i Theresienstadt, Terezín heddiw, y gwersyll-garchar a ddefnyddiodd Hitler i geisio twyllo awdurdodau gwledydd estron trwy esgus bod bywyd gwâr yn bosibl mewn sefydliadau o'r fath. Roedd y gwersyll hwn yn cynnwys rhyw fath o geto, ac ar 23 Ebrill 1945 roedd mam Kurt ymysg y rhai a lwyddodd i gael ei chludo i'r Swistir, gan oroesi'r rhyfel.

Rhwng mis Tachwedd 1943 a mis Mawrth 1944 cafodd 30 o aelodau'r Weiße Rose yn Hamburg eu harestio. Crogodd Dr Katharina Leipelt ei hun ar 9 Ionawr 1944.

Ym mis Medi 1943 cymerodd yr awdurdodau Kurt, ynghyd â chyfreithwyr Iddewig eraill, i wersyll gwaith i Iddewon, i wneud gwaith gorfodol ar adeiladu bynceri yn Berlin o dan oruchwyliaeth yr SS. Disgrifiodd un o'r gweithwyr eraill o dan orfodaeth y gwaith: 'Roedd yn rhaid i ni wneud y gwaith concrit mwyaf trwm, a symud cerrig a sachau sment. Doedd Dr Ledien ddim mewn unrhyw fodd yn addas i'r gwaith... Roedd yn waith dinistriol.' Meddai un arall, 'Roedd yn rhaid i ni weithio ar brif swyddfa diogelwch y Gestapo yn Kurfürstenstraße gan adeiladu bynceri. Dynion yr SS, y *Sturmführer* a'r *Obersturmführer* oedd yn goruchwylio. Roedd yr *Obersturmführer* Tuscha [Lishka, mae'n debygol] yn enwedig wedi cam-drin llawer a'u cicio. I Dr Ledien, a fu cyn hyn yn farnwr rhanbarth, ac yn wir nad oedd yn ei fyw wedi bod â morthwyl yn ei law, roedd y gwaith yn arbennig o anodd. Roedden ni'n gweithio gyda'n gilydd, ond doedd e ddim yn gallu gweithio o gwbl, ond roedd yn rhaid iddo. O lythyrau ei ferch roedden nhw wedi dod i wybod pethau amdano a chafodd

ei arestio. Gan ei fod yn sâl, aethon nhw ag e i orsaf heddlu'r
Jüdischen Krankenhaus – yr Ysbyty Iddewig. Roedd yno adran i
garcharorion ac roedd y rhai a oedd wedi'u cipio'n cael eu gwylio.
Daeth e i fan hyn ddiwedd Tachwedd 1943.'[37] Y llythyrau hyn,
mae'n debyg, a roes wybod i'r awdurdodau am ei gysylltiad â'r
grŵp o wrthwynebwyr Hitler.

Yng ngorsaf yr heddlu yn Berlin roedd ei wraig yn gallu
gofalu am ei ddillad a derbyn llythyrau oddi wrtho. Ond ar
29 Chwefror 1944 cafodd ei arestio gan Gestapo Hamburg a'i
gymryd i'r gwersyll-garchar yn Fuhlsbüttel. Roedd y carchar
yno erbyn diwedd y rhyfel wedi'i droi'n wersyll-garchar. Roedd
yr awdurdodau wedi dod i wybod am gyfarfodydd y grŵp a'r
cysylltiad â'r teulu Leipelt. Am fod cyhuddiad o deyrnfradwriaeth
yn cael ei baratoi, roedd Kurt Ledien yn dal yng ngharchar heb
achos llys yn ei erbyn. Ychydig cyn diwedd yr Ail Ryfel Byd,
cafodd 13 o wragedd a 58 o ddynion, y rhan fwyaf yn perthyn i
grŵp gwrthsefyll Hamburg, a charcharorion tramor yn eu plith,
eu cymryd o Fuhlsbüttel i wersyll-garchar Neuengamme. Cafodd
enwau'r 71 eu gosod ar restr ladd y Gestapo. Rhwng 21 a 23
Ebrill, ar orchymyn Graf von Bassewitz-Behr, yr arweinydd
heddlu ac uwch-arweinydd SS, cawson nhw eu lladd heb fod
dedfryd yn eu herbyn. Cafodd Kurt Ledien ei grogi mewn bwncer
yn Neuengamme ar 23 Ebrill.[38]

Roedd y Gestapo wedi cymryd ei ferch, Ilse Ledien, ym mis
Mawrth 1944 a'i charcharu oherwydd teyrnfradwriaeth yng
ngwersyll-garchar Fuhlsbüttel, a'r misoedd cyntaf ar ei phen ei
hun yn llwyr. Goroesodd hi'r rhyfel, fel y gwnaeth gwraig Kurt
Ledien.

Katharina Leipelt
geboren 28. Mai 1893
Freitod 9. Dezember 1943

Elisabeth Lange
geboren 7. Juli 1900
Freitod 28. Januar 1944

Reinhold Meyer
geboren 18. Juli 1920
umgekommen 12. November 1944

Hans K. Leipelt
geboren 18. Juli 1921
ermordet 29. Januar 1945

Frederick Geussenhainer
geboren 24. April 1912
umgekommen April 1945

Margaretha Rothe
geboren 13. Juni 1919
umgekommen 15. April 1945

Margarethe Mrosek
geboren 25. Dezember 1902
ermordet 21. April 1945

Curt Ledien
geboren 5. Juni 1893
ermordet 23. April 1945

Plac yn y *Gedenkstätte Deutscher Widerstand* er cof am Kurt Ledien, Hans Leipelt ac eraill o Hamburg

Cerflun yng ngwersyll-garchar Neuengamme

215

Erlid, carcharu a lladd

ROEDD Y RHWYD A oedd yn cau ar aelodau'r teulu cyn y rhyfel yn cau'n dynnach wrth i'r rhyfel fynd yn ei flaen. Yn achos Kaethe, gwraig Paul, fel y gwelwyd, roedd cyfyngu ar y rhan y gallai ei chwarae yn y clinig. Doedd dim hawl ganddi bellach i weithio yno, a gofalai am yr ardd i dyfu bwyd i'r clinig ac i'r teulu. Yn 1941 cafodd rhai a oedd yn gweithio i weinyddiaeth y dref eu gwahardd rhag mynychu'r clinig, ac roedd bygythiad y byddai'r rhai a wnâi hynny'n cael eu hanfon i flaen y gad.

Cymylodd pethau ymhellach i Paul Bosse. Cafodd ef, Günther, Dolly a Georg eu gwahardd rhag defnyddio car ar gyfer ymweld â chleifion. Roedd y swyddfa feddygol leol wedyn yn gwneud ei gorau glas i barddu ei broffesiynoldeb ef a'i deulu. Fe'i cyhuddwyd o fod wedi heintio menywod â chlefyd gwenerol er mwyn achosi niwed i weithlu'r Almaen. Daeth yr achos gerbron swyddfa feddygol y Reich ar 5 Awst 1942, yn Halle. Mae nodiadau'r achos yn dweud ei fod yn briod ag Iddewes, ac nad oedd yn aelod o'r NSDAP (*Natsionalsozialistische Deutsche Arbeiterpartei* – y Blaid Natsïaidd) na chylch meddygon yr NSD. Barnodd llys meddygol fod Paul Bosse wedi trafod y claf yn gwbl broffesiynol.

Cyhuddwyd Dolly o fod wedi defnyddio offer pelydr X dwfn ar gleifion yn anghywir. Fodd bynnag, nid oedd ganddi offer o'r fath, ond yn hytrach offer pelydrau tonnau byr.

Roedd Günther a Paul a meddyg arall wedi bod yn cydweithio ar lyfr meddygol, a gyhoeddwyd yn 1943 gan dŷ cyhoeddi yn Stuttgart, ond cafodd hwn ei wahardd gan swyddfa gyhoeddiadau'r

Reich, am fod yr awduron yn Iddewig. Ysgrifennwyd llythyr ar 10 Mai 1943 gan swyddfa llywydd llenyddiaeth y Reich yn gwahardd Günther rhag bod yn awdur oherwydd ei fod o dras cymysg Iddewig, Gradd 1. Nodai'r llythyr, fodd bynnag, oherwydd y clwyfau a ddioddefodd Günther yn y rhyfel, y gallai wneud cais am ganiatâd arbennig, ond byddai'n rhaid iddo roi manylion y clwyfo a hefyd fanylion ei achau. Roedd hyn yn gyfystyr, wrth gwrs, â gwrthod caniatâd eto. Heb y caniatâd hwn, byddai'n cael ei gosbi yn unol â pharagraff 28 isadrannau deddf swyddfa ddiwylliant y Reich.

Roedd y cyhoeddiad yn ymwneud â defnyddio swlffonamid i drin clwyfau. Yn dilyn y ffrwydrad yn 1935 a gwaith Paul Bosse yn trin y cleifion, cafodd brofiad o'i ddefnyddio ar rwymynnau, a gwelodd fod hyn yn ddull effeithiol o atal heintiau. Byddai hyn yn ddefnyddiol yn arbennig yn y cyd-destun milwrol. Digon eironig yw bod y Natsïaid wedi bod yn fodlon i Günther fod yn rhan o'r fyddin, ond yn gwrthod iddo gyhoeddi gwaith a allai arwain at liniaru clwyfau.

Trwy gydol y cyfnod cafwyd ymosodiadau cyffredinol gan y Natsïaid ar enw da'r clinig a Paul Bosse. Câi ei alw ganddyn nhw yn llabwst Iddewig ymysg pethau eraill. Ym mis Ebrill 1944 gwnaed ymdrech i ddanfon yr holl deulu i ffwrdd i weithio fel cloddwyr beddau. Ceisiwyd cael Paul i roi'r gorau i'r clinig.

Dywedodd Dr Senst o Wittenberg[39] fod y Gestapo wedi ymgartrefu mewn tŷ cyfagos er mwyn gwylio Paul Bosse a'r clinig, i geisio cael tystiolaeth yn ei erbyn. Trwy'r holl gyfnod, yn ôl Dr Senst, ni wnaeth cymdogion Paul Bosse ei fradychu mewn unrhyw fodd, a bu'n rhaid i'r awdurdodau aros tan ymgais Stauffenberg i ladd Hitler cyn arestio'r teulu cyfan.

Arestiwyd Kaethe a Paul Bosse, a mynd â nhw i garchar heddlu'r Gestapo yn Wittenberg, ynghyd â Fritz a Dolly a'i gŵr Georg, neu Schorsch fel y'i gelwid. Digwyddodd hyn ar 21 Gorffennaf 1944, ddiwrnod ar ôl ymgais Stauffenberg i ladd Hitler.

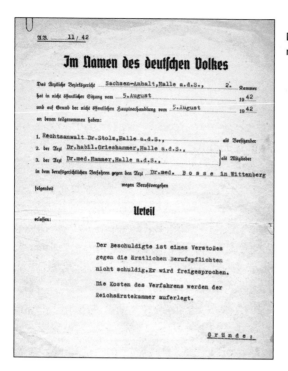

Dedfryd ddieuog y llys meddygol

Y llyfr meddygol gan Paul Bosse a'i fab Günther a Karl-Heinz Jaeger: *Die örtliche Sulfonamidtherapie*. Cyhoeddwyd yn Stuttgart, Wissenschaftliche Verlagsgesellschaft, 1943, 149 tt.

Cafodd Georg ei ryddhau y diwrnod canlynol.[40] Ysgrifennodd ar ran y teulu at bencadlys y Führer yn Berlin i ddadlau dros ryddhau'r lleill. Gwnaeth apêl arbennig dros ei wraig, am fod ganddyn nhw bump o blant. Ddechrau mis Medi 1944 rhyddhawyd Dolly, a hithau wedi bod yng ngharchar y Gestapo am chwe wythnos heb reswm. Wrth gael ei rhyddhau gosodwyd dwy amod, yn gyntaf na fyddai'n gadael Wittenberg, ac yn ail na fyddai'n gweithredu fel meddyg.

Roedd hi i gael gwaith yn cloddio tir mewn ffatri sebon yn Wittenberg. Erbyn hynny roedd Dolly wedi datblygu salwch difrifol, a bu'n rhaid i feddyg y Natsïaid gydnabod hynny, a chafodd ei rhyddhau, ond nid oedd i adael Wittenberg. Nid oedd chwaith i gael morwyn yn ei chartref, a gorfu i forwyn adael ei gwaith.

Cafodd Georg ei orchymyn i weithio fel cloddiwr i'r corff Todt (corff milwrol-beirianegol y Drydedd Reich), 'Gweithredu B'. Ond yna cafodd ei anfon i'r gad i weithredu fel meddyg, a'i ymrestru fel 'dyn B'.

Roedd Dolly'n ofni y byddai'r Gestapo'n llwyddo i'w lladd cyn diwedd y flwyddyn, a ffoes gyda'i phlant ar draws yr Almaen, i Bad Wimpfen, tref braf ar afon Neckar, lle roedd ganddi gyfaill agos.

Dioddefodd hi a'i phlant yn enbyd yn ystod y cyfnod hwn o ffoi. Roedd yr ychydig eiddo y llwyddodd i'w gymryd gyda hi yn cael ei gludo mewn pram, a bydden nhw'n ceisio lloches mewn adeiladau fferm a hwythau ar eu cythlwng. Dioddefodd ei hiechyd hithau a'r plant.

Cafodd Paul Bosse ei gadw yng ngharchar am naw wythnos tan ddiwedd mis Medi heb unrhyw gyhuddiad. Cafodd yntau hefyd ei ddanfon wedyn i weithio gyda'r hyn a elwid yn 'Weithredu B'. Cafodd ei benodi'n feddyg i drin tramorwyr yn unig, heb yr hawl i ysgrifennu papurau meddyg.

Cafodd gyngor gan y Gestapo i ysgaru ei wraig. Gwrthododd wneud hyn ac o'r herwydd bu ymdrechion pellach i'w ddiraddio a'i erlid.

Yn ôl Günther, roedd swyddogion y Gestapo wedi dweud wrtho, 'Yn ôl sut mae eich mam wedi ymddwyn, welwch chi mohoni hi byth eto.' Yn ôl Kate, roedd rhywun wedi dweud rhywbeth tebyg wrth Fritz.

Yn y carchar yn Wittenberg y bu Kaethe Bosse gyntaf. Cafodd ei symud wedyn i garchar yn Halle a elwid 'Zum Roten Ochsen', yr ychen coch, ddiwedd mis Medi mae'n bosibl. Mae'n adeilad mawr heb fod ymhell o ganol y dref. Oddi yno symudwyd hi i Leipzig a chafodd ei symud i Ravensbrück ar 1 Tachwedd 1944, ar *Transport*, sef trên cludo yn ôl pob tebyg. Mae'n bosibl bod hwn yn drên teithwyr, ond roedd symud pobl mewn trên nwyddau yn gwbl gyffredin. Erbyn 16 Rhagfyr yr oedd wedi marw. Yn araf deg y cafodd y teulu wybod am fanylion y farwolaeth yn Ravensbrück.

Dwy ddogfen sydd ar gael heddiw'n cadarnhau i Kaethe Bosse fod yn Ravensbrück. Dogfen y daith *Transport* yw'r naill a llythyr yn rhoi gwybod am ei marwolaeth yw'r llall. Mae dogfen y *Transport* wedi'i pharatoi gan yr SS, ac mae'n nodi pwy gafodd ei symud i'r gwersyll ar 1 Tachwedd 1944. Ger enw Kaethe mae 'polit', sy'n golygu 'politisch' – 'gwleidyddol'. Nid am resymau gwleidyddol yr oedd hi yno, wrth gwrs, ond oherwydd ei thras.

Ar y ddalen hon nodir ei henw fel Sara Kaethe Bosse. Nid oedd 'Sara' yn rhan o'i henw, wrth gwrs. Roedd yr SS yn ychwanegu'r enw Sara i nodi bod carcharor benywaidd o dras Iddewig. Mae'r daflen hefyd yn nodi ei rhif yngharchar.

Y cyfan a wyddom am gyfnod Kaethe Bosse yn Ravensbrück yw iddi gyrraedd yno'n holliach a chael y rhif 80 911. Byddai hi hefyd wedi cael bathodyn trionglog melyn, sef yr un a roddid i Iddewon, i'w wisgo. Yno y bu am chwe wythnos.

1.	Baumgartner, Franciska	1.3.25	polit.	80	9-7	Vert.
2.	Braun, Johanna	15.3.04	B.V.	80	908	Mld
3.	Baranova, Anna	27.3.82	polit.	80	909	Tschech
4.	Portone, Giuseppina	3.12.25	polit.	80	910	Ital
5.	Bosse, Sara-Käthe	12.2.86		84	911	Jüdin
6.	Bieuvelet, Marie-Louise	5.1.20	polit.	80	912	Franzt..
7.	Chagne, St.Milara	24.12.24	polit.	80	913	Poln
8.	Cifka, Maria-Magdalena	1.11.89	polit.	80	914	Tschech
9.	Edelmann, Franciska, geb. Gembauer	1.3.87	polit.	80	915	
10.	Glaserova, Kaplanova, Jumila	7.4.06	polit.	80	916	Tschech
11.	Herold, Emma, geb. Glück	20.11.09	polit.	80	917	Vert.u.Fran
12.	Huber, Elfriede	15.4.08	polit.	80	918	
13.	Helerova, Libuse	27.6.98	polit.	80	919	Tschech
14.	Hegy, Marie	3.3.09	polit.	80	920	Ungaris
15.	Kajay, Kouba, Anna	18.6.05	polit.	80	921	Tschech
16.	Mentschel, Gizella	16.2.09	polit.	80	922	Vert.u.Ungar
17.	Jedrys, Stragar, Eleonora	13.4.16	polit.	80	923	Poln
18.	Kmdsia, Sabina	29.10.08	polit.	80	924	Poln
19.	Kaliba, Emilie	25.4.16	polit.	80	925	Poln
20.	Kohak, Aloisia	5.8.94	polit.	80	925	Tschech

Dalen *Transport* yr SS yn nodi enw Kaethe Bosse, rhif 5 ar y ddalen

I ddeall mwy am yr hyn ddigwyddodd i Kaethe Bosse yn Ravensbrück, mae llawer o'r ateb yn y dystiolaeth am yr amodau yn y gwersyll yr adeg y bu hi yno. Mae tystiolaeth o'r fath ar gael mewn nifer o lyfrau a gyhoeddwyd gan rai a fu yn y carchar ac a oroesodd. Mae eraill wedi ysgrifennu am y carchar ar ôl ymchwilio i ddogfennau'r sefydliad.

Mae gwersyll Ravensbrück tua hanner can milltir i'r gogledd o Berlin. Cafodd ei leoli ger rheilffordd, ac ychydig i ffwrdd o'r dref agosaf, Fürstenberg. Mae'r dref hon ar lan llyn braf, ac roedd yr ardal yn un hardd, ac yn ganolfan gweithgareddau hamdden. Roedd lleoliad y gwersyll hwn, yn un o gannoedd o wersylloedd, yn golygu ei bod yn hawdd ei gyrraedd, ond eto ei fod yn gymharol guddiedig.

Fel yr 'uffern i fenywod' y cafodd Ravensbrück le yn hanes gwersylloedd crynhoi y Natsïaid. Hwn oedd y gwersyll mwyaf i fenywod yn nhiriogaeth y Reich. Dros chwe blynedd ei fodolaeth cafodd mwy na 100,000 o fenywod o fwy nag ugain o wledydd eu carcharu yno.[41] Roedd yno hefyd isadran i ddynion, ac erbyn 1945 roedd 20,000 o ddynion wedi'u cofrestru yno.

Dechreuwyd adeiladu'r gwersyll ym mis Tachwedd 1938, gyda 500 o garcharorion Sachsenhausen yn gweithio yno. Y bwriad oedd cael gwersyll ar gyfer 3,000 o wragedd.

Gweithio i gynnal y system Natsïaidd oedd un o fwriadau'r gwersyll. Byddai'r menywod yn gweithio i gwmni tecstilau a nwyddau lledr yr SS, a oedd ar y safle. Mae'n debyg bod rhwng 4,000 a 5,000 o fenywod yn gweithio bob dydd yn y gwaith hwn. Byddai menywod eraill yn gweithio i gwmni amaethyddol yr SS, ac yn gweithio ar y tir. O fis Awst 1942 byddai llawer iawn o'r menywod yn gorfod gweithio yng ngwaith Siemens gerllaw. Erbyn 1943 roedd cwmni Siemens & Halske wedi adeiladu 20 o neuaddau gweithio er mwyn hyrwyddo'r gwaith o arfogi'r Almaen. Ym mis Rhagfyr 1944 roedd rhwng 2,000 a 3,000 o wragedd yn gweithio yno. Roedd gweithfeydd arfau eraill yn yr ardal a fyddai hefyd yn manteisio ar lafur rhad y menywod. Nod y Kommandos oedd torri ysbryd y menywod trwy waith.

Mae'n werth cofio bod llawer o gwmnïau diwydiannol adnabyddus yr Almaen wedi ymgyfoethogi adeg y rhyfel trwy lafur rhad dynion a menywod y gwersylloedd crynhoi.

Roedd yn Ravensbrück hefyd fan i arbrofi â gwahanol feddyginiaethau. Yn iaith y gwersyll, byddai'r menywod yr arbrofwyd arnyn nhw'n 'gwningod arbrawf'.[42]

Fel y dywedwyd, symudwyd Kaethe i Ravensbrück ar 1 Tachwedd 1944. Yr hydref hwnnw roedd y gwersyll yn Ravensbrück wedi'i orlenwi'n enbyd. Meddai'r Iarlles Karolina Lanckorońska am yr hydref hwnnw yn y gwersyll:

Roedd y blociau erbyn hyn wedi'u gorlenwi hyd at bwynt nes bod rhaid gosod bynciau tair haen yn y neuaddau bwyta, fel bod y carcharorion yn bwyta ac yn treulio'u holl amser rhydd ar eu bynciau, yn cysgu tri mewn bync. Roedd hyn, a mynychder wlseri a briwiau, yn ffiaidd y tu hwnt i sôn amdanynt...

Roedd y draeniad, a oedd wedi'i gynllunio i ddelio â 15,000 o bobl, yn gorfod gwasanaethu tair gwaith y nifer honno. O ganlyniad, roedd y system bron yn ddi-dor heb weithio. Roedd carcharorion felly'n gwacáu'r corff yn yr awyr agored, ger unrhyw floc ond eu bloc eu hunain. Byddai carcharorion yn cael eu cosbi'n llym pe bai swyddog a fyddai'n mynd heibio yn penderfynu cosbi'r bloc a lygrwyd.

Doedd hyn i gyd yn ddim oll o'i gymharu â'r hyn oedd yn digwydd yn y babell. Yno, ddiwedd yr hydref, rhoeson nhw fwy na 4,000 o fenywod a oedd wedi eu symud o Auschwitz (Oświecim), yn wragedd Iddewig o Hwngaria yn bennaf. Doedd dim lle i anadlu am nad oedd awyr; doedd dim lle i orwedd am nad oedd lle; a dim unman i ryddhau'r corff am nad oedd y tai bach dros dro'n weithredol. Oherwydd hyn, byddai llif o wrin a charthion yn ymdreiglo allan o dan y babell, gan ei hamgylchu, fel petai, mewn torch o byllau drewllyd. At hynny, ddydd a nos byddai udo a bloeddio 4,000 o fenywod yn codi o'r babell yn ddiddiwedd.[43]

Mae hyn yn awgrymu nad i'r babell hon yr aethpwyd â Kaethe Bosse, ond pe bai yn y cabanau a oedd wedi'u gorlenwi, heb system garthffosiaeth, nid yw'n anodd dychmygu bod aflendid yn debygol o fod wedi'i threchu. Serch hynny, roedd y babell yn cael ei defnyddio fel bloc derbyn yr union adeg ag yr aeth Kaethe Bosse i Ravensbrück.

Meddai Nadine Heftler am ei phrofiad yn y babell,

Roeddwn i'n gorwedd yn y babell, heb flanced, heb sach wellt, ynghanol carthion. Mewn chwe diwrnod cawson ni ddarn o fara tua 250 gram dim ond tair gwaith. Mewn 14 diwrnod ni chefais i gawl na choffi o gwbl.[44]

Yn ôl adroddiadau'r SS, roedd 17,300 o garcharorion yn y gwersyll ddechrau 1944. Erbyn dechrau 1945 roedd 45,637 yno.[45]

Safle'r babell yng ngwersyll-garchar Ravensbrück

Mae'r nifer yn amrywio yn ôl gwahanol awdurdodau, gan fod rhwng 20,000 a 30,000 yn cael eu cadw mewn is-wersylloedd. Gall fod y cyfanswm yn 65,000 erbyn diwedd 1944.

Ym mis Tachwedd 1944 cyrhaeddodd mwy na hanner cant o drenau cludo'r gwersyll, gyda mwy na 7,000 o garcharorion newydd y mis hwnnw. Ar 1 Tachwedd, yr un diwrnod ag y cludwyd Kaethe Bosse i Ravensbrück, anfonwyd 1,717 o fenywod a 634 o ddynion o Auschwitz i Bergen-Belsen a Ravensbrück. O'r garfan hon, ar 3 Tachwedd, cyrhaeddodd 800 o Iddewon Hwngaraidd a 400 o rai Pwylaidd y gwersyll.

Medd Jack Morrison, sydd wedi manteisio ar ddogfennau'r gwersyll,

> Cafodd y rhan fwyaf o'r newydd-ddyfodiaid eu gollwng yn y blociau oedd wedi'u gorlenwi. Y carcharorion a oedd yn rhannu bync â dwy neu dair gwraig arall oedd y rhai lwcus yn awr, gan fod rhaid i lawer o fenywod gysgu ar y llawr...

Yn Awst 1944, wrth i boblogaeth y carcharorion fynd y
tu hwnt i reolaeth, cafodd yr awdurdodau babell fawr gan y
Wehrmacht [y fyddin] a'i chodi mewn ardal agored rhwng Blociau
24 a 26, a'i galw'n Floc 25. Roedd i fod i gael ei defnyddio dros
dro fel y Bloc Derbyn newydd, ond roedd 'dros dro' yn yr achos
hwn yn amser hir, am nad oedd terfyn ar y llif o rai newydd ac
am nad oedd cynlluniau i adeiladu barics ychwanegol. Am mai
dros dro yr oedd i fod, ni osodwyd trydan na phlymwaith ar y
cychwyn, a'r unig wres oedd yr hyn a gynhyrchid gan y llu o gyrff
a wasgwyd yn agos at ei gilydd. Doedd dim tai bach – disgwylid
i garcharorion ddefnyddio tai bach wedi'u palu yn union y tu
allan i'r babell. Am ei bod yn anodd cael mynd atynt yn y nos,
byddai carcharorion o'r barics eraill yn anfon bwcedi jam atynt i'w
defnyddio fel potiau.

Doedd menywod a neilltuwyd i'r babell ddim yn gweithio.
Doedden nhw ddim yn cael gadael y babell ond am y galw cofrestr
yn y bore a fin nos, er bod rhai carcharorion yn ceisio mynd yn
llechwraidd i farics cyfagos i ddefnyddio'u hystafelloedd ymolchi.
Cafodd ei drin yn Floc Derbyn, ond doedd dim ymgais i gyfeirio'r
carcharorion newydd, yr oedd gan lawer ohonyn nhw brofiad o
wersyll crynhoi cyn hyn beth bynnag...

Yn y cyfamser, roedd yr amgylchiadau mor ddifrifol yn y
babell, yn enwedig wedi i'r tywydd oer gychwyn, fel nad oedd gan
garcharorion a oedd yn glaf neu'n wan unrhyw siawns o oroesi.
Doedd y goruchwylwyr byth yn dod i mewn; roedd arnyn nhw
ofn.

...

Gwragedd o Wlad Pwyl oedd preswylwyr cyntaf y babell,
wedi'u dwyn i Ravensbrück ddiwedd haf 1944... Ym mis Hydref,
wrth i dywydd Mecklenburg droi'n arw, daethpwyd â nifer fawr o
Iddewon o geto Budapest. Cyrhaeddodd y rhan fwyaf yn rhesymol
o iach, ac felly roedd y gyfradd oroesi am yr ychydig wythnosau
cyntaf yn eithaf uchel... Yna, ym mis Rhagfyr, daeth *Transport*
enfawr o ddwy i dair mil o Iddewon o Auschwitz a'u gollwng
yn y babell. Doedd dim blancedi gan lawer, heb sôn am ddillad
cynnes. Pe baen nhw ddim yn llwgu, bydden nhw'n rhewi. Dyma
pryd y daeth y babell, yng ngeiriau un carcharor cydymdeimladol,

'yn orsaf olaf ar yr heol i farwolaeth'. Roedd y menywod llwglyd, truenus hyn wedi'u tyrru at ei gilydd, yn gorwedd ar wellt wedi'i wlychu gan eu carthion eu hunain, wedi'u condemnio, ac roedd pawb yn gwybod hynny. Yn ôl Antonina Nikiforowa, yr uwch-feddyg carcharorion Rwsiaidd, 'Roedden nhw'n marw fel clêr. Bu farw bron yr holl *Transport* o ddwy fil o bobl.'[46]

Beth bynnag oedd achos marwolaeth Kaethe yn Ravensbrück, teg dweud bod mynd i Ravensbrück yn gyfystyr â dedfryd marwolaeth. Ar ôl chwe wythnos yn y gwersyll-garchar, roedd yn farw.

Derbyniodd y teulu ryw ddeufis wedyn lythyr yn nodi i Kaethe Bosse farw oherwydd niwmonia, er i'r awdurdodau, yn ôl y nodyn, wneud eu gorau i'w gwella rhag y salwch.

Dyma'r llythyr:

> Ravensbrück, 10 Chwefror 1945
>
> Annwyl Dr Bosse,
>
> Cyflwynodd eich gwraig, Sara Kaethe Bosse, ganed Ledien, ar 17.11.1944 ei hun yn glaf ac yna derbyniwyd hi i'r clafdy lleol i gael triniaeth feddygol. Rhoddwyd iddi'r gofal a'r feddyginiaeth orau posibl. Er gwaethaf pob gofal meddygol a roddwyd ni lwyddwyd i drechu'r clefyd.
>
> Rhoddaf i chi fy nghydymdeimlad am y golled hon. Nid oedd eich gwraig wedi mynegi unrhyw ddymuniad olaf.
>
> Rwyf wedi cyfarwyddo swyddfa eiddo carcharorion fy ngwersyll i anfon yr eiddo at y rhai sydd â hawl i dderbyn etifeddiaeth.
>
> [llofnod arweinydd adran SS]

Yn ddiweddarach, anfonwyd llwch Kaethe Bosse i gartref ei theulu. Ond a ellid credu mewn gwirionedd mai llwch Kaethe Bosse oedd y llwch, fwy nag yr oedd modd rhoi unrhyw gred yn y llythyr hwn?

Daethpwyd i sylweddoli'n ddiweddarach fod llythyr hynod debyg wedi ei anfon at filoedd o deuluoedd ym mhob rhan o'r

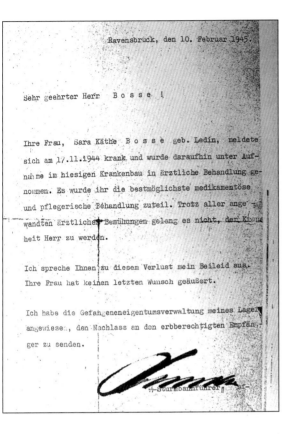

Llythyr o Ravensbrück yn rhoi gwybod am farwolaeth Kaethe

Ravensbrück, den 10. Februar 1945.

Sehr geehrter Herr B o s s e !

Ihre Frau, Sara Käthe B o s s e geb. Ledin, meldete sich am 17.11.1944 krank und wurde daraufhin unter Aufnahme im hiesigen Krankenbau in ärztliche Behandlung genommen. Es wurde ihr die bestmöglichste medikamentöse und pflegerische Behandlung zuteil. Trotz aller angewandten ärztlichen Bemühungen gelang es nicht, der Krankheit Herr zu werden.

Ich spreche Ihnen zu diesem Verlust mein Beileid aus. Ihre Frau hat keinen letzten Wunsch geäußert.

Ich habe die Gefangeneneigentumsverwaltung meines Lagers angewiesen, den Nachlass an den erbberechtigten Empfänger zu senden.

SS-Sturmbannführer

Dokumente aus dem Dritten Reich

Herrn Albert Reichert,
Stuttgart-Gablenberg,   Dachau 3/V, 26. 11. 42.
Hauptstr. 111.

Sehr geehrter Herr Reichert!

Ihr Vater Albert Reichert, geb. 11. 3. 76, zu Stuttgart, meldete sich am 6. 11. 42 krank und wurde daraufhin unter Aufnahme im Krankenhaus in ärztliche Behandlung genommen. Es wurde ihm die bestmögliche medikamentöse und pflegerische Behandlung zuteil.

Trotz ärztlicher Bemühungen gelang es nicht, der Krankheit Herr zu werden.

Ich spreche Ihnen zu diesem Verlust mein Beileid aus. Ihr Vater hat keine letzten Wünsche geäußert.

Die Zusendung des Nachlasses wird mit der Staatspolizeileitstelle Stuttgart geregelt. Sie erhalten Bescheid.
                          (gez.) Weiß,
                          SS-Sturmbannführer

Llythyr tebyg a anfonwyd at deuluoedd ledled yr Almaen

Almaen ynghylch rhai a fu farw mewn gwahanol wersylloedd carchar. Roedd y llythyr, felly, yn un a luniwyd yn ganolog, a'i ddefnyddio gan lawer o wersylloedd carchar. Sylweddolwyd, os na wnaed o'r blaen, nad oedd gwirionedd yn y llythyr.

Mewn llythyr tebyg a gyhoeddwyd mewn papur newydd, gwelir bod y geiriad cyffredinol yn union yr un fath, ond bod dyddiadau geni, salwch a pherthynas wedi eu newid.

Fisoedd yn ddiweddarach derbyniodd Dr Paul Bosse lythyr gan wraig yr oedd ei gŵr wedi bod yn y carchar yn Zöschen gyda'i fab Fritz. Roedd anwybodaeth gyffredinol am garcharorion. Cyfeiriwyd y llythyr at Kaethe Bosse, a'r awdur, Emmy Schlegel, yn amlwg heb wybod am dynged Kaethe Bosse.

> 16.9.1945 –
> Annwyl Frau Dr Bosse,
> O'r diwedd rwy'n cael cyfle i ysgrifennu rhai llinellau. Gobeithio eich bod chi, fel fi, yn ôl gyda'ch perthnasau annwyl. Mae llawer o oriau anodd gyda ni'n gyffredin y tu ôl i ni. A yw eich mab Fritz hefyd gartre? Fe welais i e ddiwethaf yn Zöschen, ger Leipzig. Roedd e gyda fy ngŵr. Rhoddais yn gyson i'r ddau gyfran ychwanegol o fwyd. Dw i ddim wedi clywed gan fy ngŵr ers dechrau Rhagfyr, efallai y gall eich Fritz chi roi rhyw wybodaeth am fy ngŵr. *Dylai* fe fod wedi ei ryddhau ddechrau Rhagfyr. Efallai ei fod wedi dod yn filwr. Felly tybed a allai fe gofio? Roedd fy ngŵr yn gweithio yn stabal y ceffylau, ac roeddwn i yn y gegin a'r barics lluniaeth (bara, menyn, selsig). Bydden ni [y gofalydd Marta ac Emmy] yn aml yn dod â bwyd i fyny at Fritz, roedd e yn yr ystafell wisgo. Os yw e yno, anfonaf i lun ohonon ni.
>
> …
>
> Cyfarchion fil,
> Emmy Schlegel
> Neutz,
> Halle

Aeth blwyddyn heibio cyn i Dr Paul Bosse dderbyn llythyr gan Frau Salzmann, o Großtreben, heb fod ymhell o Wittenberg. Roedd hyn yn gryn syndod, er bod Dr Paul Bosse wedi gwneud sawl ymdrech i ddod i wybod am amgylchiadau marwolaeth ei wraig.

Großtreben, 5.7.1946

Annwyl Herr Bosse,

Gan fy mod i wedi cael gwybod heddiw eich bod chi gartref, a wnewch chi ganiatáu i mi ysgrifennu rhai llinellau.

Roeddwn i fy hun wedi bod gyda'ch gwraig yn Halle ac yn Ravensbrück. Roedd hi bob amser wedi gofyn i mi a allwn i fynd atoch chi ond ni chefais i fy rhyddhau chwaith tan fis Gorffennaf y llynedd a gan i mi fod yn ddifrifol o sâl doedd hi ddim yn bosibl i fi deithio. Mae'r ffaith na fydd eich annwyl wraig yn dod yn ôl eto'n peri loes mawr i fi. Roedd hi bob amser wedi dweud na fyddai hi'n goroesi. Yr oedd wir yn ofnadwy iawn. Roedden nhw wedi achosi gormod o boen iddi. Os gallaf fe ddof yn y dyfodol agos atoch chi os yw hynny'n iawn i chi. Y pryd hwnnw fe ddywedaf wrthych sut oedd hi ar eich gwraig. Atebwch os gwelwch yn dda. Cyfarchion, Fr. Salzmann

Mewn llythyr a ysgrifennodd at ei ferch Kate ar 1 Awst, mae Dr Paul Bosse yn nodi rhan o'r sgwrs a gafodd gyda Frau Salzmann. Meddai hithau wrtho:

Rwy'n fam i 6 o blant. Mae fy merch hynaf yn 17 mlwydd oed. Mae fy ngŵr o hyd yng ngharchar. Yn Ebrill 1944 cefais i fy arestio, am fy mod i wedi trosglwyddo llythyrau i bobl dramor. Des i i Halle ac yno cwrddais i â'ch gwraig ddiwedd Gorffennaf. Gwnaeth argraff arnaf drwy ei natur ddiymhongar ac encilgar a'i hymdrech i'w chadw'i hun a'i gwisg yn lân bob amser. Gan fy mod i'n ofalydd, roedd gen i dipyn o ryddid cymharol, roeddwn i'n gallu gweld yn ffeil eich gwraig ei bod hi wedi ei chymryd i'r ddalfa yn unig am ei bod hi'n hanner Iddewes, a bod rhaid iddi fynd i wersyll... [Roedd Paul Bosse wedi canfod bod Llyngesydd Ffrengig, a oedd yn 'Ariad' pur, ymysg cyndadau ei wraig.]

Roedd rhaid i mi hefyd archwilio eich gwraig am lau pen ac roeddwn i fod i dorri ei gwallt i ffwrdd. Gwrthodais wneud hyn. A chan fod ein cell i 30 o wragedd wedi ei gorlenwi, cefais i ganiatâd i ddewis dwy wraig y gallwn i rannu cell lai gyda nhw. Cefais i ganiatâd i gymryd eich gwraig gyda mi. Yma roedd pethau'n gymharol dda i ni, gan nad oedd y gell fyth wedi ei chloi, am fy mod i fel gofalydd yn gallu mynd allan ac i mewn yn barhaus. Roeddwn i hefyd yn gallu rhoi gwahanol bethau i'ch gwraig. Cafodd eich gwraig y gwaith o atgyweirio pethau, ond roedd rhaid iddi weithiau drafod budreddi. Dim ond ar ôl rhai wythnosau yr oedden ni'n gallu golchi a newid dillad. Unwaith llwyddais i i smyglo llythyr gan eich gwraig. Ond am ei bod hi wedi ysgrifennu'r danfonwr arno, daeth y llythyr yn ôl. [Mae'n debyg bod un llythyr gan Kaethe Bosse wedi cyrraedd, wedi ei anfon at Knubben, ond doedd Frau Salzmann felly ddim yn gwybod am y llythyr a dderbyniwyd.]

Roedd Frau Bosse bob amser wedi gofyn am groesholiad, ond roedd hi bob tro wedi cael ei hanfon ymaith â'r geiriau, 'Mae gennym bethau gwell i'w gwneud na phoeni am bethau dibwys felly.'

Pan ddywedais wrthi yn y pen draw ein bod ni i fynd i wersyll, wylodd hi'n chwerw. Roedd hi'n ofni y byddem yn cael ein cludo i Auschwitz...

A Paul Bosse wedi chwilota ymhellach, daeth llythyr ato gan Erika Buchmann, o Stuttgart, dyddiedig 9 Mawrth 1946. Roedd hi wedi bod yn gweithio yn yr adran i gleifion yn Ravensbrück. Meddai hi,

Mae'n flin gen i nad oes dim newyddion gen i i'w rhoi i chi am eich annwyl wraig. Rydych chi'n gwybod mor orlawn oedd ein gwersyll a chyn lleied o adnabyddiaeth oedd gan y carcharorion unigol o'i gilydd. Roeddwn i fy hun yn gweithio yn yr adran i gleifion, ond roeddwn i yn y rhan i rai â salwch ysgyfaint, ac nid yn y brif adran. Galla i ddweud yn gwbl sicr nad oedd eich gwraig yn dioddef o dwbercwlosis – dydw i ddim wedi anghofio enwau unrhyw un o'm cyfeillesau o'r bloc hwn...

Rwy'n cael yr argraff, ar sail eich sylwadau chi, eich bod chi wedi derbyn nodyn gan weinyddiaeth y gwersyll, a oedd yn rhoi gwybod i chi am farwolaeth eich annwyl wraig. Os felly mae'n rhaid eu bod wedi nodi achos ei marwolaeth. Gallai'r diagnosis 'gwendid calon' fod yn wir – oherwydd yn ystod yr wythnosau a'r misoedd hyn bu farw miloedd o'n cyfeillesau o hyn. Gan eich bod chi am wybod y gwir, mae'n rhaid i fi ddweud wrthych chi bod mwyafrif y gwragedd wedi bod yn brin o fwyd, fel bod llawer ohonyn nhw wedi dioddef o deiffws, ac felly gyda rhyw wirionedd gallai dyn ddweud eu bod hefyd yn dioddef o wendid calon, oherwydd yn y rhan fwyaf o achosion ni fyddai calon y rhai a oedd yn dioddef o'r salwch hwn yn gallu dal. Arbedwch i chi'ch hun ac i'ch plant, ac yn yr un modd i mi, ddisgrifiad manwl o'n bywyd ac o'n marw yn Ravensbrück.... Ond cymerwch un cysur: roedd y cyfeillgarwch yn y gwersyll yn fawr iawn, yn enwedig ymysg y carcharorion gwleidyddol, a rhaid i'r tebygolrwydd na fu i'ch gwraig farw ar ei phen ei hun eich helpu...

A gaf i ddweud i orffen, barchus Ddoctor, ein bod ni sydd wedi goroesi'r rhyfel a'r gwersyll yn byw yn awr mewn cof am ein meirwon. Rydyn ni wedi cymryd y cyfrifoldeb o'u gweddïau

Gwersyll-garchar Ravensbrück

wrth farw am y frwydr i sicrhau na fydd gwersylloedd carchar na Natsïaeth na rhyfel byth eto'n codi yn yr Almaen.

Ni chawn wybod y gwir bellach. Mae'n bosibl i Kaethe Bosse gael salwch marwol yn y babell neu yn y barics. Mae'n bosibl iddi dderbyn cosb gan oruchwylwyr y gwersyll. Erys posibilrwydd arall, sef y siambr nwy. Yng nghyfnod olaf y gwersyll dinistriodd yr SS lawer o'r dystiolaeth a allai eu cyhuddo o ymddwyn yn annynol. Mae tystiolaeth, serch hynny, bod siambr nwy wedi ei chodi yn Ravensbrück. Byddai menywod yn cael gwybod eu bod yn cael eu hanfon i wersyll arall o'r enw Mittwerda. Ond nid oedd Mittwerda yn bod. Mae'n debygol bod y rhain wedi eu hanfon i'r siambr nwy a oedd wedi'i chodi ger y crematoriwm, ychydig y tu allan i furiau'r gwersyll. Mae rhestr yn bodoli o 480 o fenywod a anfonwyd i 'Mittwerda', yn enwedig rhai o dras Iddewig, Sinti a Roma.

Meddai'r swyddog SS Schwarzhuber:

Byddai bob tro 150 o fenywod yn cael eu gorfodi i'r siambr nwy yr un pryd. Gorchmynnodd yr *Hauptscharführer* Moll i'r menywod ddadwisgo a dweud wrthyn nhw y bydden nhw'n cael triniaeth yn erbyn llau. Bydden nhw wedyn yn cael eu hanfon i'r ystafell nwy a chaeid y drws. Byddai dyn o garcharor, yn gwisgo mwgwd nwy, yn dringo i'r to ac yn taflu cynhwysydd i mewn i'r agoriad, y byddai ef wedyn yn ei gau ar unwaith. O'r tu mewn byddai dyn yn clywed griddfan a chwynfan. Ar ôl dwy, tair munud byddai popeth yn dawel. Alla i ddim dweud a oedd y menywod yn farw neu'n anymwybodol oherwydd doeddwn i ddim yn bresennol pan fyddai'r ystafell yn cael ei chlirio.[47]

Canfuwyd tuniau Zyklon-B ar dir y gwersyll ar ôl y rhyddhau. Roedd rhai o'r carcharorion yn cofio arogli nwy melys, a dioddef o gur pen. Meddai Marie-Claude Vaillant-Couturier,

Un diwrnod aethon ni i'r Barics, a oedd ond rai metrau o'r amlosgfa, er mwyn nôl powdr golch ar gyfer y golch... Roedd yr ystafell wedi'i llenwi ag arogl melys, a chawson ni gur pen cas wedi hynny. Doedd dim amheuaeth: yma, yn ail hanner y Barics, roedd y siambr ofnadwy, lle roedd cannoedd o bobl yn marw bob dydd.[48]

Ofer yw ymchwilio ymhellach.

Araf y cyrhaeddodd gwybodaeth am hyn oll Gymru. Nid oedd Kate wedi gweld ei rhieni ers cyn y rhyfel, ac roedd gohebu'n hynod o anodd adeg y rhyfel, gyda llythyrau neu negeseuon brys achlysurol iawn yn gallu cael eu cyfnewid trwy'r Groes Goch.

Ar 31 Ionawr 1945 anfonodd Paul Bosse nodyn at ei ferch yng Nghymru, a'r nodyn yn cael ei gyfyngu i 25 o eiriau:

F'anwylaf Kathrinchen, Ebrill. Wedi cael llythyr. Bu farw Oma ar 16.12. Cyfarchion canolog i chi'ch tri oddi wrth Knubben, Ingrid, Stina, Dolly a'i 5 o blant,

Dy dad,
Paul Bosse

Mae peth dryswch am y dyddiadau. Anfonwyd llythyr yn rhoi gwybodaeth am y farwolaeth at Paul Bosse ar 10 Chwefror. Mae nodyn Paul Bosse'n nodi 31.1.45 fel dyddiad, ond mae'n sôn am fis Ebrill.

Ar 30 Ebrill mae Kate yn anfon ateb at ei thad:

Mae'n anodd credu na wela i ein mam annwyl na Fritz byth eto. Ydy Günter yn dal yn fyw? Yn llawn hiraeth,

Dy dri,
Kate Griffiths

Yn ei nodyn yntau, nododd Paul Bosse rai o aelodau'r teulu, gan gynnwys Knubben (gwraig Günther), Ingrid a Stina (merched Günther a Knubben) a Dolly (chwaer Kate) a'i phump o blant. Nid oes sôn am Fritz, ac mae Kate yn cymryd yn ganiataol bod Fritz felly'n farw.

Eisoes ym mis Rhagfyr 1941 a Ionawr 1942 roedd 1,400 o ddynion a menywod, y rhan fwyaf o dras Iddewig, wedi eu cymryd i'w lladd yn siambr nwy Bernburg ger Magdeburg. Ar

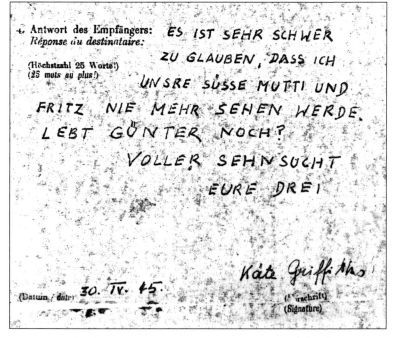

Nodyn gan Paul Bosse at Kate yn nodi marwolaeth ei wraig

Nodyn gan Kate at ei thad yn derbyn bod ei mam a'i brawd Fritz yn farw hyd y misoedd canlynol byddai carcharorion yn cael eu cludo i'w lladd mewn gwersylloedd eraill gan gynnwys Majdanek ac Auschwitz.

Roedd Ravensbrück, felly, yn cymryd ei rhan yn y rhaglen eang o ddifa Iddewon. Ceir amcangyfrif bod 60 o deithiau cludo wedi digwydd i Ravensbrück, a bod rhwng 60 a 1,000 ar bob un o'r teithiau hyn.

Yn ystod misoedd olaf y carchar roedd yr amodau hylendid yn ddifrifol a haint teiffws wedi gafael. Ym mis Ionawr 1945 roedd 45,070 o fenywod yno a 7,848 o ddynion, a'r gorlenwi'n arswydus. Ar 3 Ebrill 1945 roedd 300 o fenywod o Ffrainc wedi cael mynd i'r Swistir o dan ofal y Groes Goch Ryngwladol. Ar 8 Ebrill roedd menywod o Lychlyn wedi cael eu rhyddhau, a mynd i Neuengamme ar eu taith. (Fel y gwelwyd mewn pennod arall, yn Neuengamme y lladdwyd Kurt Ledien.) Ar 22 Ebrill cafodd rhai cannoedd o fenywod o Sweden eu rhyddhau, ac aeth y trên nwyddau olaf, gyda 3,960 o fenywod o Wlad Pwyl yn bennaf, i gyfeiriad Denmarc a Sweden ar 26 Ebrill. Rhyddhawyd tua 7,500 o fenywod trwy'r dulliau hyn.

O'r rhai a oedd yn weddill, cychwynnodd dros 20,000 ar orymdaith angau tua'r gorllewin. Wedi iddyn nhw adael ar 29 Ebrill, a diffodd y trydan a throi'r dŵr i ffwrdd, gadawyd 2,000 o gleifion yn y carchar. Ar 30 Ebrill roedd mintai flaen y Fyddin Goch ar y stryd ger y gwersyll a chafodd y gwersyll ei ryddhau. Disgrifiodd is-sarsiant yn y Fyddin Goch yr hyn a glywodd ac a welodd:

> Mae'r Rwsiaid wedi dod! Lledodd y newyddion fel mellten trwy'r gwersyll. Ar bob tu daeth menywod aton ni'n rhedeg, gan sychu dagrau llawenydd o'u llygaid, a oedd yn llifo'n ddigymell. Cannoedd o fenywod, pob un yn denau, yn sâl, mewn dillad streipiog brwnt. Ar bob llaw roedd dwylo tenau'n estyn ataf i. Ym mhob iaith llifai geiriau o gyfarch ac o ddiolch. Doeddwn i ddim yn deall y geiriau hyn, roeddwn i fy hun wedi fy nghorddi a'm hysigo gan yr olygfa.

WEDI'R RHYFEL

Paul Bosse

AR ÔL EI RYDDHAU o'r carchar yn 1944, anfonodd y Gestapo Paul Bosse i Osterode, tref fach brydferth o ryw 25,000 o bobl ym mynyddoedd yr Harz. Wedi ymgynghoriad gyda'r awdurdodau cafodd weithio fel meddyg gynaecolegol ac yna treuliodd beth amser yn feddyg o dan y system newydd wedi'r rhyfel. Yr oedd, serch hynny, yn dioddef o salwch ei hun, a chymerodd Günther at y gwaith a chafodd Paul fynd wedyn at Dolly yn Bad Wimpfen am beth amser cyn cael ailgydio yn ei waith fel meddyg yn Wittenberg.

Mae dyddiadur Paul Bosse o'r cyfnod hwn yn awgrymu ei bod hi'n anodd arno. Ar 25 Tachwedd 1945 dywed gymaint y mae'n colli Kaethe:

> Dim cartref, neb i ofalu amdanaf, does neb am fy nghael. Mae pawb hefyd yn brysur gyda'u gofidiau mawr a'u rhai llawer mwy fel na allan nhw gymryd fy maich ychwanegol i. Rhaid imi drio bod yn annibynnol unwaith eto ac ymddiried mewn cymorth dieithriaid am dâl, hyd at y diwedd chwerw.

Meddai Paul Bosse mewn llythyr at Kate, o Bad Wimpfen:

> Mae hi'n rhewi'n galed yma ers tro. Gobeithio y gallwn ni bara trwy'r cyfan. Fe gafod Dolly beth coed ddoe. Wn i ddim am faint y bydd yn para. Mae glo gan Günther ac mae hynny'n para'n well. Rwyt ti'n hollol iawn. Mae'n rhaid i fi fynd yn ôl i Wittenberg; ar 16.12 bydd dy fam eisoes yn farw ers blwyddyn, rwy wedi gwneud pob ymdrech i fod yn Wittenberg y diwrnod hwnnw ond yn anffodus dw i ddim wedi cael caniatâd i deithio... Ac yn y tywydd hwn alla i ddim teithio. Byddai'r straen yn ormod i mi.

Yn union wrth i mi orffen y llythyr hwn, daeth negesydd o Wittenberg gyda llythyr oddi wrth yr Oberbürgermeister, bod Paul-Gerhardt-Stift am fy nerbyn yn ôl. Byddaf yn teithio yno ar 13.12...

Ar 6 Rhagfyr cyhoeddodd swyddfa Maer Wittenberg dystysgrif yn galw am ddychweliad Paul i Wittenberg ac am iddo gael pob cymorth ac amddiffyniad wrth gael ei gludo'n ôl. Dywedir bod poblogaeth Wittenberg yn tyfu'n sydyn wrth i bobl symud o diroedd y dwyrain, a dymunir bod Paul Bosse'n cael ei hen swydd fel prif feddyg y Paul-Gerhardt-Stift yn ôl.

Doedd y cynnig ddim yn un mor hael, fodd bynnag. Yn ei ddyddiadur, sy'n llawn manylion am drefniadau cymhleth yr ysbyty a'r clinig, dywed Paul bod y Paul-Gerhardt-Stift wedi cynnig iddo fod yn brif feddyg – ond mewn isadran o'r ysbyty yn rhif 26 Heubnerstraße, sef ei gartref ei hun. Medd Paul:

... dyna beth yw haerllugrwydd bugeiliol rhyfedd – prif feddyg fy nghlinig fy hun trwy ras P.G.St. Yna cynigion nhw adran enedigaethau yn P.G.St i mi... rwy'n gwybod pam rwy am aros yn rhydd.[1]

Roedd yr ysbyty wedi meddiannu'r clinig ac wedi cymryd eiddo'r clinig yn ystod ei absenoldeb, a bu'n rhaid iddo frwydro i gael faint a allai yn ôl. Meddai Paul eto:

... roedd P.G.St. wedi gadael y clinig mewn picil yn y dyddiau caled, a'r holl ddrysau ar agor, a neb ynddo, fel bod y lle'n rhydd i'w ysbeilio.

Daeth yr ychydig obaith am y dyfodol wrth i'r Nadolig ddod yn fuan, a pherthnasau a chymdogion yn dathlu'r ŵyl yng nghwmni'i gilydd, a Paul yn gofyn i bawb adrodd hanesion am eu priodas.

Roedd y clinig, ar ôl y chwalfa, wedi'i adael yn wag, er iddo gael ei ddefnyddio yn y cyfamser i roi llety i estroniaid. Roedd rhaid ailddodrefnu'r cyfan, a dechrau o ddim unwaith

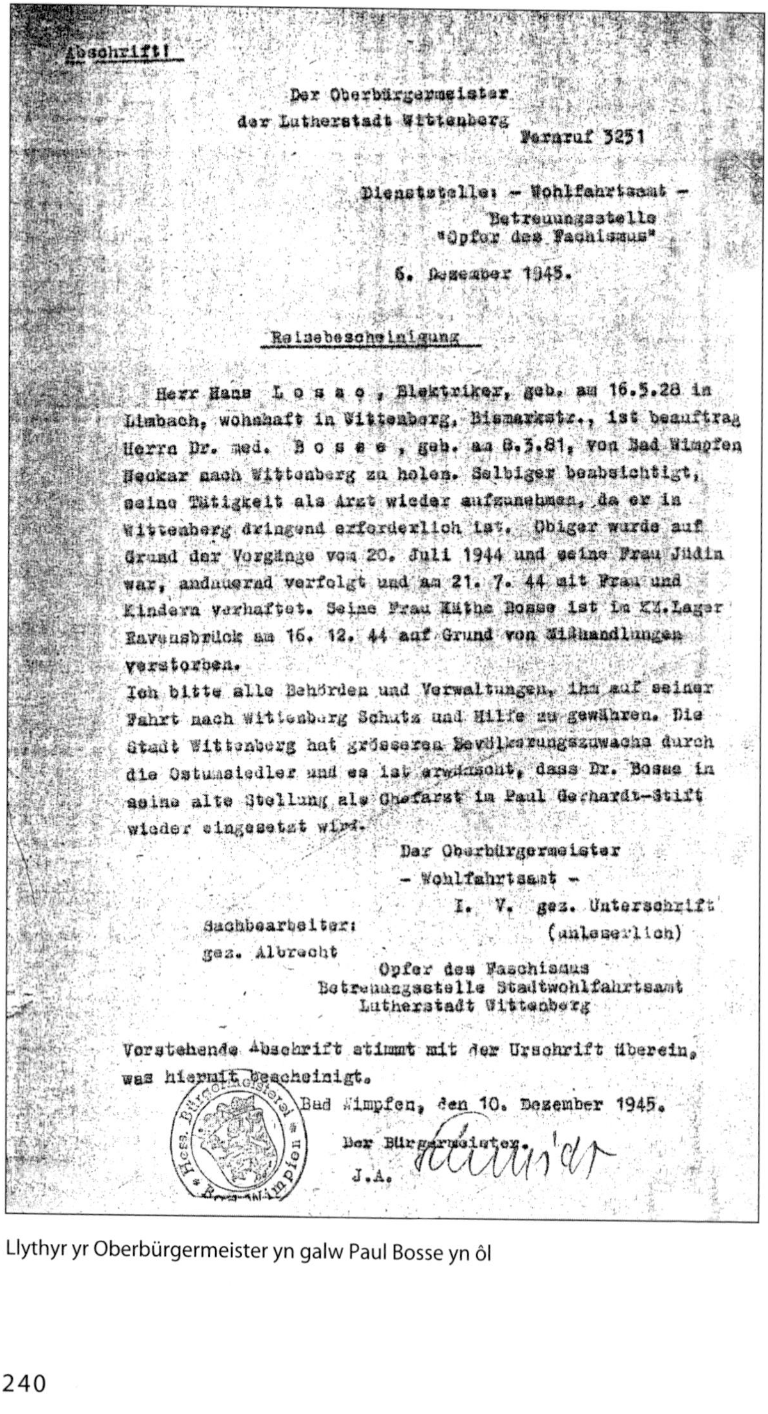

Abschrift!

Der Oberbürgermeister
der Lutherstadt Wittenberg
Fernruf 3251

Dienststelle: – Wohlfahrtsamt –
Betreuungsstelle
"Opfer des Fachismus"

6. Dezember 1945.

Reisebescheinigung

Herr Hans L o s s o , Elektriker, geb. am 16.5.28 in Limbach, wohnhaft in Wittenberg, Bismarkstr., ist beauftrag Herrn Dr. med. B o s s e , geb. am 8.3.81, von Bad Wimpfen Neckar nach Wittenberg zu holen. Selbiger beabsichtigt, seine Tätigkeit als Arzt wieder aufzunehmen, da er in Wittenberg dringend erforderlich ist. Obiger wurde auf Grund der Vorgänge vom 20. Juli 1944 und seine Frau Jüdin war, andauernd verfolgt und am 21. 7. 44 mit Frau und Kindern verhaftet. Seine Frau Käthe Bosse ist im KZ.Lager Ravensbrück am 16. 12. 44 auf Grund von Mißhandlungen verstorben.
Ich bitte alle Behörden und Verwaltungen, ihm auf seiner Fahrt nach Wittenberg Schutz und Hilfe zu gewähren. Die Stadt Wittenberg hat grösseren Bevölkerungszuwachs durch die Ostumsiedler und es ist erwünscht, dass Dr. Bosse in seine alte Stellung als Chefarzt im Paul Gerhardt-Stift wieder eingesetzt wird.

Der Oberbürgermeister
– Wohlfahrtsamt –
I. V. gez. Unterschrift
(unleserlich)

Sachbearbeiter:
gez. Albrecht

Opfer des Faschismus
Betreuungsstelle Stadtwohlfahrtsamt
Lutherstadt Wittenberg

Vorstehende Abschrift stimmt mit der Urschrift überein, was hiermit bescheinigt.

Bad Wimpfen, den 10. Dezember 1945.

Der Bürgermeister.
J.A.

Hess. Bürgermeisterei Bad Wimpfen

Llythyr yr Oberbürgermeister yn galw Paul Bosse yn ôl

eto. Ar 31 Rhagfyr 1945 mae Paul Bosse'n ysgrifennu at ei blant i ddweud ei fod wedi cael ei glinig yn ôl, a'i fod yn brif feddyg adran debyg yn y Paul-Gerhardt-Stift, a'i fod yn gallu rhoi llawdriniaethau yno gyda'r chwiorydd. Yr oedd hefyd yn brif feddyg ysbyty'r dychweledigion o'r rhyfel, gyda mwy na 450 o welyau. Yn ystod y flwyddyn hon mae'n ysgrifennu llythyrau hir at Kate a'i blant eraill, yn amlwg yn colli'i wraig yn fawr, ond hefyd yn llawn cynlluniau at y dyfodol.

Ar 6 Ebrill 1946, ddeng mlynedd yn union ar ôl sefydlu'r berthynas gyda'r *Marienschwestern*, daeth y fam gyntaf i roi genedigaeth yn y clinig. Cynyddodd nifer y cleifion yn gyflym, a dechreuodd Paul Bosse gynnal meddygfeydd yn y clinig.

Dywed Dr Jonas, fodd bynnag, ei fod erbyn hyn yn ŵr toredig. Ar 15 Rhagfyr 1946, cafodd drawiad ar y galon. Roedd yn byw ar y pryd yn Schatzungsstraße gyda'i fab Fritz a dyna gyfeiriad Günther hefyd, er bod cyfeiriad 14 Lutherstraße hefyd gan Günther. Galwodd ef Dr Jonas ato, a gofyn iddo gydio yn awenau'r clinig yn ei le. Bu fyw am ryw dri mis wedyn a marw ar 5 Mawrth 1947. Meddai Dr Jonas, 'Bu'n llawfeddyg a meddyg mamau campus, yn weithredwr sicr a chyflym, ac yn bennaf, yn ddyn caredig a hoffus.'

Cafwyd gwasanaeth angladd yn y clinig. Daeth perthnasau a chyfeillion di-rif. Rhoddwyd anerchiad o barch mawr gan Dr Wachs, a fu'n gydweithiwr iddo ac yn bennaeth yn y Paul-Gerhardt-Stift.

Doedd Günther y mab ddim yn gallu cymryd meddiant o'r clinig am nad oedd wedi gorffen ei astudiaethau fel meddyg gynaecolegol, ond byddai'n dod yn aml o Osterode i Wittenberg er mwyn cynorthwyo gyda'r triniaethau. Roedd llawer o waith gynaecolegol i'w wneud ar y pryd, a byddai llawdriniaethau'n cael eu cynnal ddau ddiwrnod yr wythnos. Yn fuan wedyn ymfudodd Günther i Sweden, a mynd yn feddyg yno.

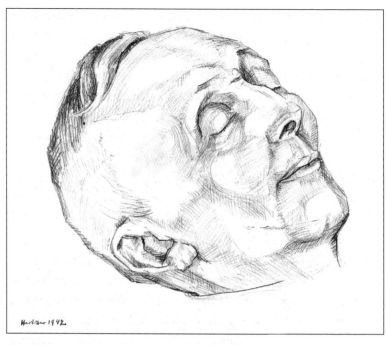

Braslun o fasg marw Paul
Bosse, 1947

Bedd y teulu yn Wittenberg

Dr Jonas oedd yr unig feddyg mamau a oedd yn Wittenberg ar y pryd; roedd wedi astudio yn adran clinig menywod Prifysgol Leipzig ac wedi gweithio yn Wittenberg ers 1936, ond treuliodd y rhyfel yn feddyg milwyr ac yn feddyg i uned symudol, gan gynnwys cynnal ysbyty ar faes y gad yn Rwsia o 1941 i 1945. Dr Jonas a arweiniodd y clinig tan 1973.

Newidiwyd gofal y clinig o'r *Marienschwestern* i'r *Caritasverband*, sefydliad Catholig, gyda Dr Jonas yn arwain. Daethai Dr Erhard Sauer i'r ysbyty yn 1970, a chymerodd ef yr awenau ar ôl Dr Jonas a pharhaodd y trefniant hwn tan flynyddoedd ailuno'r Almaen wedi chwyldro 1989.

Roedd yr ailuno'n golygu bod hawl gan deuluoedd a gollodd eu cartrefi i gael iawndal am hyn. Gwrthododd Kate dderbyn ei hiawndal hi, ar yr amod fod yr enw 'Bosse' yn parhau ar y clinig. Yn dilyn anawsterau ariannol, cafodd yr ysbyty ei drosglwyddo i ddwylo'r *Alexanierbrüder*, hen urdd Gristnogol yn tarddu o'r bymthegfed ganrif. Cychwynnwyd adran seiciatrig o'r Klinik Bosse yn Puschkinstraße 7, adeilad yn null *Jugendstil*, a daeth y defnydd o'r clinig yn Heubnerstraße at ddibenion genedigaethau i ben ym mis Mehefin 1996. Yn sgil problemau hen adeiladau, a'r ffaith bod newidiadau meddygol yn gosod galwadau am safonau newydd, cychwynnwyd adeiladu ysbyty newydd ym mis Medi 1997 yn Hans-Lufft-Straße. Agorwyd hwn ym mis Ebrill 1999, a'r enw 'Bosse' arno.

Yn 2009, gosodwyd carreg goffa fach o flaen y clinig gwreiddiol yn Heubnerstraße yn Wittenberg yn nodi tynged Kaethe Bosse.

Nona a'i merched, Greta a Gwenllian, o flaen y Klinik Bosse newydd, 2010

Plac yn coffáu Kaethe Bosse yn Wittenberg

Dolly

Roedd hanes cythryblus i Dolly, chwaer Kate, ar ôl cyfnod ei harestio. Fe gafodd ei rhyddhau ar ôl bod yn y carchar yn Wittenberg am bum wythnos, wedi i Georg wneud apêl i'r awdurdodau Natsïaidd, er nad oes sicrwydd ai ei apêl ef a achosodd ei rhyddhau. Roedd ei mab bach Peter eisoes yn farw ar ôl iddo gael damwain â chyllell, pan oedd y teulu ar bicnic.

Cafodd Dolly amser anodd yn bersonol yn ystod y rhyfel. Doedd dim modd iddi briodi ag Alfred Dolde, ei chariad mawr cyntaf, a phriododd â Georg, a oedd yn athro. Diswyddwyd ef am fod yn briod â Dolly, ond aeth i astudio i Freiburg i fod yn ddeintydd. Rhoddwyd yr enw Georg ar eu mab cyntaf, a rhoddodd hwn yr enw 'Tippen' arno'i hun, enw a barhaodd trwy'i fywyd. Datblygodd y clefyd melys yn ei flynyddoedd cyntaf, ac er iddo gael bywyd llawn, dod yn feddyg, priodi a chael mab, Juri, sy'n byw yn Berlin, parodd y clefyd melys iddo golli ei olwg, a dioddef wedyn o fethiant arennau, a bu farw'n ifanc, yn 37 oed. Tippen oedd eilun Paul Bosse, a ddaeth yn ail dad iddo.

Roedd perthynas Paul Bosse â Georg yn un anodd. Mae'n debyg y gallai fod yn feirniadol ohono, am nad oedd yn meddu ar ysfa weithredol Paul. Yn sgil hyn o bosibl, dioddefai Dolly o drafferthion stumog; efallai mai poenau seicosomatig oedden nhw, ond rhai digon difrifol serch hynny. Cafodd ei thrin â morffiwm am flynyddoedd, ond lleddfu heb ddatrys wnâi hyn. Cafodd Georg a Dolly dri o blant; merch, Barbara, oedd y trydydd.

Gwaethygodd y berthynas rhwng Dolly a Georg trwy gydol y rhyfel, a daeth y rhwyg rhyngddynt yn amlwg – roedd tystiolaeth yn nes ymlaen fod Georg yn caru â rhywun arall yn Wittenberg.

Roedd Dolly yn y cyfnod anodd hwn wedi ailgynnau perthynas â'i chariad cyntaf, Alfred Dolde, ac yn ystod y blynyddoedd cyn diwedd y rhyfel cawsant dri o blant, Ecke, Ute a Roswitha, a'r olaf yn cael ei magu ganddo ef. Daeth hyn yn gefndir nofel Kate, *Mae'r Galon wrth y Llyw*, a gyhoeddwyd yn 1957.

A'r rhyfel yn dod i ben, fe gyrhaeddodd y Rwsiaid Wittenberg, ac ymddwyn yn ffyrnig a bwystfilaidd. Rhoddwyd gwaharddiad ar bawb rhag gadael y dref, ond fe ffoes Dolly gyda'i phlant tua'r gorllewin. Ar un adeg aethant hebio i orymdaith ffoaduriaid, ac awyren fomio'n hedfan mor isel nes y gallent weld llygaid y peilot. Saethodd hwnnw'n ddidrugaredd at y ffoaduriaid.[2]

Cyrraedd naill ai Baden-Baden neu Bad Wimpfen, tref ddymunol ar lan y Neckar, ryw hanner can milltir o Heidelberg, oedd nod Dolly. Yno, mewn tŷ ar dir gwastad, heb fod ymhell o'r afon ac o dan gysgod muriau'r dref, roedd cartref Alfred Dolde, a oedd yn bennaeth ffatri halen. Roedd Alfred bellach wedi dyweddïo â'r ferch a ddaeth yn wraig iddo, a thua'r adeg y cyrhaeddodd Dolly Bad Wimpfen fe symudodd Alfred Dolde i ardal Köln. Cafodd Dolly dŷ ym mhen pellaf y dref, ychydig y tu allan i furiau'r hen dref, sy'n dref o dai *Fachwerk* – tai fframwaith pren – a dwy eglwys ynddi, a'r cyfan o fewn yr hen furiau ar y bryn. Daeth Georg gyda Dolly i Bad Wimpfen.

Mae Dolly'n disgrifio peth o hyn mewn llythyr at Kate, o Bad Wimpfen, dyddiedig 2 Rhagfyr 1945:

> Roedd cael dy lythyr cyntaf di ar ôl 6 blynedd yn brofiad ysgytwol... Go brin y gelli di, er gwaetha pob gwybodaeth, ddychmygu gymaint mae'r byd wedi newid i ni. Does dim un ohonon ni'r un person ag yr oeddem chwe blynedd yn ôl. Rydyn ni'n byw mewn byd sydd wedi trawsnewid yn llwyr, byd o ansicrwydd parhaus, byd lle y mae dyn yn ymlafnio eto i adeiladu dyfodol, ond heb allu ymddiried mewn diwrnod.
>
> Rhedais i i ffwrdd ddiwedd mis Mawrth gyda thri phlentyn

Dolly, o'i chyfnod diweddarach yn Baden-Baden

Bad Wimpfen

(roedd Tippen gydag Opa yn Osterode, Roswitha gyda'r Doldes
yn Wimpfen) yn Wittenberg oddi wrth y Gestapo a'r Rwsiaid
gyda Baden-Baden yn nod. Ond chyrhaeddon ni ddim ond
Bafaria, gan fod y rhyfel wedi dod yn ôl yn rhy agos aton ni. Yno
ar Sul y Pasg, mewn maes agored daeth ymosodiad mawr, yn
para ugain munud – gyda'r tri phlentyn, roedd yn erchyll. Gyda
thanciau'n symud yn nes ac yn nes, a chyrchoedd awyr cryfach o
hyd, fe wnaethon ni brofi diwedd y rhyfel, a ddaeth, ar ôl i mi ffoi
i fan trin cleifion am y trydydd tro a'r tro olaf, yn eithaf heddychol.
Fe es i ar daith 150 cilometr, gyda'r pram a'r plant mor bell â
Wimpfen. Roedd ein cynlluniau ar gyfer Baden-Baden wedi mynd
i'r gwellt am y tro ac felly arhoson ni yn Wimpfen.

Yma rydyn ni'n byw mewn tŷ bychan dymunol ond bron heb
gelfi mewn gwlad braf ymysg pobl hanner call. Mae Opa'n byw
gyda Tippen yng nghartref y Doldes. Rydyn ni, ac Opa'n bennaf,
yn ymladd â'r syniad o fynd yn ôl i Wittenberg, lle y byddai
popeth yn llawer symlach ac yn fwy sicr yn economaidd, ond yn
anffodus mae'r Rwsiaid yno.

Atgof cyntaf Barbara, merch hynaf Dolly, a hithau'n 7 oed – ni
all gofio dim cynt – oedd bod milwyr Americanaidd oedd wedi
meddiannu Bad Wimpfen wedi gorchymyn y trigolion i'w tai. Heb
glywed, neu heb ddeall, neu heb ymateb, safai Oma Dolde (mam
Alfred) ar y stryd, a gwelodd Barbara hi'n cael ei saethu'n gelain.

I Ute, fodd bynnag, roedd y deng mlynedd a dreuliodd yn Bad
Wimpfen yn baradwysaidd.

Eisoes yn ystod y dauddegau, roedd Paul Bosse wedi prynu tŷ
yn Baden-Baden, yn ne'r *Schwarzwald* – y Fforest Ddu – gyda'r
bwriad o roi'r tŷ i Kate. Roedd y tŷ wedi bod ym meddiant
milwyr Ffrainc am gyfnod wedi'r rhyfel, ond pan ddaeth yn
rhydd, symudodd Georg a Dolly yno, a Dolly wedyn yn sefydlu
ei meddygfa a'i fflat ei hun yn Salbach.

Bu Dolly fyw yn hir, yn feddyg. Daeth ei phlant Barbara ac
Ecke yn feddygon, ac Ute yn seiciatrydd.

Bu farw ar 3 Gorffennaf 1993.

Günther

CYN Y RHYFEL CAFODD Günther ei alw i wneud gwasanaeth milwrol, rhwng mis Mawrth a mis Mai 1938, ac yna ar gychwyn y rhyfel cafodd ei alw i'r fyddin, gyda Flak.Regt. 43, a gweithio'n swyddog meddygol. Fel y gwelsom, cafodd ei glwyfo'n ddrwg yn ei frest, a'i ryddhau wedyn yn 1940 a gweithio wedyn tan 1942 yn y clinig. Cafodd ei alw'n ôl i'r fyddin ym mis Tachwedd 1942 tan 1943 a gweithio fel meddyg cynorthwyol yn Eilenburg, ac yna o 1 Tachwedd 1943 i 6 Tachwedd 1944 mewn ysbyty i filwyr yn Eisleben yn gynorthwywr llawfeddygol, yn trafod milwyr a oedd wedi'u hanafu'n wael. Yn ddiweddarach cafodd eirda gan Dr H. Harttung, y prif feddyg yno, yn canmol ei waith (16 Mehefin 1945).

Ym mis Tachwedd 1944, fel y soniwyd, cafodd ei daflu o'r fyddin gan y Gestapo a mynd wedyn i wersyll-garchar Zöschen ar 30 Tachwedd 1944. Ar ôl rhai misoedd yno cafodd fod yn 'swyddog iechyd', ac yno y bu tan ei ryddhau ym Mai 1945.

Arhosodd yn Zöschen o dan ofal gweinyddiaeth newydd yr Americaniaid am gyfnod byr.

Pan ddaeth modd i adael Zöschen, chwiliodd Günther am ei dad yn Osterode a bu yno wedyn yn gwasanaethu'r drefn newydd. Ym mis Rhagfyr 1945 cafodd ei benodi'n gynghorydd i'r Llywodraeth Filwrol yn ardal Osterode.

Roedd yn bosibl cysylltu bellach ag aelodau'r teulu a oedd wedi mynd i Bad Wimpfen, ac ar 18 Hydref 1945 mae llythyr yn gofyn i Günther alw arnyn nhw cyn pen y mis gyda chyflenwad o blastr gan fod prinder mawr.

Dogfen dinasyddiaeth
Günther, 1937

Cerdyn cydnabod clwyfau
rhyfel Günther

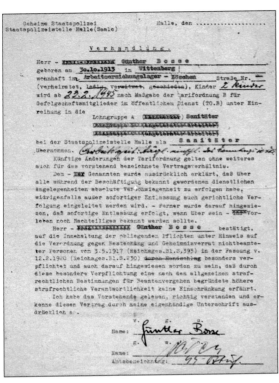

Dalen y Gestapo (Halle) yn rhoi swydd i Günther yn Zöschen fel swyddog iechyd. Dywedir bod yn rhaid iddo arddel cyfrinachedd yn llwyr neu gael ei erlyn, 23 Chwefror 1945. Roedd gweithio 70 awr yr wythnos yn arferol.

Tystysgrif preswylio Günther yn Zöschen, a gwaharddiad rhag gadael y dref, 22 Mai 1945

Military Government - Germany

(Militärregierung - Deutschland)

LETTER OF APPOINTMENT OF COUNCILLOR

(Ernennung zum ~~Gemeindevertreter~~/Ratsherrn)

To _____ Herr Günther B o s s e _____
(an)

of _____ OSTERODE _____
(wohnhaft in)

1. Having been suggested your name in dealing with the formation of the Representative Council of Kreis Osterode, after consultation with the Landrat of this Kreis you are hereby appointed Councillor of the Kreistag

(Für die Bildung des Kreistages Osterode ist Ihr Name in Vorschlag gebracht worden und, nachdem der Herr Landrat darüber befragt worden ist, werden Sie hiermit zum Ratsherrn für den Kreistag ernannt.)

2. It is expected that your activity as a member of that Council will contribute to the efficiency and smooth running of the Administration of this Kreis to the benefit of all its inhabitants.

(Es wird der Erwartung Ausdruck gegeben, daß Sie in Ihrer Eigenschaft als Mitglied des Kreistages dazu beitragen werden, die Verwaltung des Kreises tatkräftig und reibungslos zum Wohle aller Einwohner zu gestalten.)

_____ 11 Dec 45 _____

Osterode/Harz

(F. G. CORIN)
Lt. Col. S. O. I
Comd 608 (K) Det. Mil. Gov.

Llythyr penodi Günther ar gyngor Osterode

Günther a Lotte, ei ail wraig, yn Rhosili am y tro olaf, 1995

O fis Mawrth 1946 roedd Günther yn gweithio yn ysbyty'r dref yn Osterode fel cynorthwywr llawfeddygol ac yn yr adran gynaecolegol, ond roedd yn dal i gael anhawster cael ei gydnabod gan yr awdurdodau yn feddyg gynaecolegol am nad oedd ganddo brofiad digonol yn dilyn ei astudiaethau. Â statws meddyg wedi ei wrthod iddo o dan y drefn Natsïaidd, roedd awdurdodau'r drefn newydd yn methu cydnabod y cyfnod y bu'n gweithio yng nghlinig ei dad na'i waith cyffredinol yn y fyddin ac yn y gwersyll; mynnid bod ganddo brofiad o ddau ysbyty mwy (llythyrau, 13 Awst 1945 a 19 Tachwedd 1945). Roedd y methiant hwn i gael ei gydnabod yn golygu nad oedd wedyn yn gallu mynd i'r afael â'r Klinik Bosse yn Wittenberg. Bu yn Osterode tan 1948.

Penderfynu mynd i Sweden wnaeth Günther, a sefydlu meddygfa yn Karlshamn, ar arfordir deheuol y wlad. Dysgodd Swedeg, a magu pedwar o blant, Ingrid, Christina, Ingegerd a Polle. Daeth yn feddyg lleol adnabyddus, a chyda'i ddiddordeb mewn chwaraeon daeth yn feddyg y tîm pêl-droed lleol. Ymwelodd ag Abertawe sawl gwaith, a'i hoff olygfa yn y byd oedd gweld traeth Rhosili o ben y clogwyn. Gwyddai un tro na fyddai'n cael gweld yr olygfa honno eto, ac ymhen blwyddyn neu ddwy, ac yntau'n gwybod nad oedd amser hir yn weddill iddo, gofynnodd imi fynd ato yn Karlshamn – gwell mynd yno ac yntau'n fyw na mynd i'w angladd, meddai. Dyna pryd yr adroddodd wrthyf, mewn sgyrsiau hir, beth o'i hanes, ac yntau am i'r stori gael ei chofnodi.

Pwysleisio a wnaeth y nerth rhyfedd a oedd gan aelodau'r teulu a oroesodd a'i gwnaeth hi'n bosibl iddyn nhw ymdaflu i fywyd cadarnhaol a chreadigol, er eu bod wedi cael blas go hallt o enbydrwydd system fwyaf uffernol y byd gorllewinol, a elwir mor aml ac mor gelwyddog yn un wâr.

Fritz

Bu Fritz yn aelod brwd o'r *Pfadfinder* – sefydliad tebyg i'r Sgowtiaid – ddechrau'r tridegau, a phan ddaeth y rhyfel ymunodd â'r fyddin a gwasanaethu yng Ngwlad Pwyl. Cafodd ei ollwng o'i wasanaeth ym mis Mawrth 1940, a'i neilltuo i waith tir, a chael ei arestio gan y Gestapo gyda gweddill y teulu, fel y gwelsom.

Ysgrifennodd Fritz lythyr at Kate ar 1 Tachwedd 1945 yn nodi'n gryno yr hyn ddigwyddodd i aelodau'r teulu ddiwedd y rhyfel. Erbyn hyn, meddai, ef a'i wraig oedd unig aelodau'r teulu oedd ar ôl yn Wittenberg. Dywed mewn llythyr diweddarach, 27 Ionawr 1946, iddo ddod o hyd i'w gariad Sophie ar ôl iddo gael ei ryddhau o'r carchar, ac iddyn nhw briodi ar 20 Mai 1946, a mynd yn ôl i Wittenberg. Roedd hithau wedi gorfod gadael Wittenberg ym mis Ionawr 1943, am na châi fod mewn perthynas â pherson o dras Iddewig.

Roedd y drefn Sofietaidd ar waith, a dywedodd ei fod wedi cael swydd *Oberleiter*, uwch-arweinydd, y fasnach amaeth yng nghylch Wittenberg, gyda gofal am dri chwmni. Roedd ei waith yn cynnwys mynd mewn car o'r naill fusnes i'r llall, a gofalu am waith swyddogion ac arolygwyr. Byddai Sophie'n cael mynd gydag ef. Lleihaodd faint ei fferm ei hun, ond tyfai ddigon i fwydo'r teulu. Roedd yn weddol dda ei fyd, meddai, ond am ddiffyg coffi o ffa. Roedd wedi cael fflat braf, ac wedi prynu set o gelfi i'w fflat eisoes yn hydref 1939. Ganwyd eu plentyn cyntaf, Kaethe, ym mis Mai 1946.

Yn ystod y tair blynedd a dreuliodd yn Wittenberg ar ôl

y rhyfel, cynyddodd ei ofal o dri i saith busnes amaeth yn Sachsen-Anhalt, a dod â threfn amaethyddol i diroedd oedd wedi'u difa yn Klebitz a Destenberg. Yn ddiweddarach daeth busnes Bösewig o dan ei ofal. Rhwng y cyfan roedd yn gyfrifol am ffermio dofednod, caeau llysiau, perllannau, ceffylau a gwartheg.

Nid oedd modd i'w lythyrau, fodd bynnag, ddatgelu ei fwriad i adael Wittenberg a'r rhanbarth Sofietaidd. Erbyn 7 Gorffennaf 1947, mae'n ysgrifennu o Gehlenbeck, yn ardal Lübbecke yn y gorllewin, yn y rhanbarth Prydeinig, ac mae'n canmol trefn a glendid y milwyr Prydeinig. Ond gwahanol iawn oedd yr amodau byw. Roedd pethau ar chwâl, a swyddogion yn llwgr. Nwyddau oedd y gyfradd gyfnewid yn hytrach nag arian. Byddai potel o *Schnaps* neu 25 sigarét yn prynu 20 litr o betrol. Doedd dim llwyddiant chwaith ar roi trefn ar y boblogaeth. Doedd dim breintiau i Iddewon a oedd wedi goroesi. Hap a damwain oedd cael caniatâd i adael y wlad. Nod Fritz, fodd bynnag, oedd cael caniatâd i fynd i mewn i'r wlad. Yr amod cyntaf oedd cael fflat yn y rhanbarth Prydeinig.

Er mor ddymunol oedd ei waith yn y rhanbarth Rwsiaidd, roedd pwysau parhaus ar y trigolion yno. Yn awr, fodd bynnag, roedd y dyfodol yn ymddangos yn eithaf cymhleth. Doedd dim llawer o obaith i'w weld yn y byd amaeth yn y rhanbarth Prydeinig. Roedd y swyddi wedi'u rhannu eisoes rhwng yr hen Natsïaid a oedd wedi'u 'dadnatsieiddio' a'r ffoaduriaid Almaenig o'r dwyrain, a doedd dim blaenoriaeth i hanner Iddew. Mae Fritz yn holi Kate am amgylchiadau amaethu yn Lloegr, ac yn tybio, gyda'i brofiad o ffermio ac o ofalu am fusnesau, y gallai fod yn well ei fyd yn Lloegr. Dychwelodd, fodd bynnag, am y tro, i Wittenberg.

Roedd Kate yn awr yn anfon pecynnau o ddanteithion at Fritz, gan gynnwys coffi a siocled.

Roedd Fritz yn ôl yn Gehlenbeck ar ddiwedd Hydref 1947,

gyda chwaer Sophie, ac wedi cael hawl teithio. Fe aeth yno i'r Regional Office Exit and Entry Branch i holi am bosibiliadau gadael y wlad, a chael caniatâd i weithio yn Lloegr. Roedd ei ddiddordeb hefyd mewn peiriannau fferm, ac mae'n gofyn i Kate anfon taflenni peiriannau amaeth Ford ato.

Yna'n sydyn mae pethau'n newid wrth iddo gymryd y cam beiddgar a gadael y cyfan a oedd ganddo yn Wittenberg. Ar 13 Gorffennaf, meddai Fritz,

> Heb gymryd rhan mewn gwleidyddiaeth gomiwnyddol fyddwn i ddim wedi gallu para mwy. Rwyf felly wedi dewis gollwng pethau'n araf ond yn ddiogel. Rwyf wedi llogi'r clinig. Rwyf wedi achub pethau o werth personol, dillad a'r car. Mae'r pethau sy ddim gennym yn aros amdanom yn Berlin... Os oes rhywun am fwrw eu golygon tua'r dwyrain, allwn ni wneud dim ond argymell iddyn nhw fynd yno eu hunain. Mae amgylchiadau yno'n rhai na all dyn eu disgrifio'n hawdd. Doedd hi ddim yn hawdd gadael y gwaith braf oedd gen i yno, ond doedd dim modd dal ati gyda'r ewyllys gorau. Y cwestiwn mwyaf anodd yn naturiol yw beth sy'n cychwyn yn awr. Mae'n edrych yn eitha main o ran gwaith, gan fod y llif o ffoaduriaid yn cynyddu. Rhaid imi felly feddwl am ymfudo, gan nad oes gen i gymaint o arian â hynny er mwyn byw am fisoedd.

Aeth Fritz at y llywodraeth filwrol yn Lemgo, a holi'r Manpower Division, German Movement Branch. Dywedwyd wrtho pe bai rhywun yn dod o hyd i waith iddo yn Lloegr ac yn gwneud cais i'r Weinyddiaeth Lafur, ac yn trefnu a thalu am y daith i Loegr, y gallai gael caniatâd i fynd i Loegr yn fuan, gan fod angen mawr am weithwyr tir yno. Pe baent wedi aros yn Wittenberg byddai Sophie'n cael ei hystyried yn 'ddinesydd cyfalafol, Cristnogol y rhanbarth Sofietaidd, a fu'n cyfnewid llythyrau â gwledydd imperialaidd'.

Mae Fritz yn disgrifio sut yr aeth ati i baratoi i ffoi mewn llythyr ar 2 Awst 1949:

Roedden ni wedi paratoi i adael ers misoedd ac wedi teithio'n gyson i Berlin, i fynd â phethau yno. Fel hyn roedden ni'n gallu mynd â dillad, porslen, arian, lluniau, ffeiliau a phethau eraill gwerthfawr yn ddiogel... Pe bawn i wedi aros yn arweinydd busnes y wladwriaeth byddai'r hen ffermwyr wedi gwneud yr un cyhuddiad yn fy erbyn ag y gwnaethon ni yn erbyn y Natsïaid... Ymysg pethau eraill cawsom ein beirniadu am ein bod yn dweud gras cyn bwyd. Fel arweinydd busnes y wladwriaeth byddai'n rhaid i fi fynd i ysgol yr SED [y Blaid Gomiwnyddol]. Daeth hi'n bryd felly...

Beth ddaw i'n rhan ni? Cynlluniau eraill? Y nod yn y pen draw: gadael yr Almaen.

Mae llythyr arall ganddo ddiwedd mis Awst, y 27ain, yn sôn am bosibiliadau ymfudo i UDA neu Awstralia, ac roedd eisoes wedi cysylltu â'r gonswliaeth Americanaidd yn Bremen.

Dyma'r cyfnod y bu Fritz wrthi'n dyfeisio peiriannau amaethu. Meddai,

Yn y cyfamser rwy wedi datblygu math newydd o dreiler ffarm, ac wedi cysylltu'r enw Bosse â chwmni cerbydau. Caiff prototeip ei adeiladu'n fuan a dylai fod yn barod ar gyfer yr arddangosfa bresennol.

Cafodd syniad arall ar gyfer modelau trên.

Bu Kate yn holi ar ei ran yn Lloegr, a chael ateb gan Undeb Cenedlaethol y Ffermwyr ar 9 Medi yn dweud bod angen dod o hyd i ffermwr a fyddai'n fodlon derbyn Fritz ac i hwnnw wneud cais i'r Weinyddiaeth Lafur. Roedd yn amlwg na fyddai'r broses yn un hawdd. Byddai angen cael Caniatâd Gwaith, ac yna byddai angen i Fritz gael teitheb a fisa, mewn cysylltiad ag Awdurdodau Cuddwybodaeth Prydain a fyddai'n sgrinio pobl o ran eu gwleidyddiaeth. Tua'r un pryd cafodd Fritz wybod bod sefydliad eglwysig Americanaidd yn mynd ati i chwilio am waith, a chlywodd hefyd o Awstralia. Byddai angen iddo weithio am ddwy flynedd ar waith a roddid iddo cyn gallu mynd ati ei hun.

Hysbyseb am wagen a ddyfeisiwyd gan Fritz

Am y tro mae'n bodloni ar fyw yn Gehlenbeck, ac yn gwahodd Kate a'i theulu i ddod am wyliau gan aros yng nghartref ei berthnasau. Dyna ddigwyddodd, ac mae gen i atgofion plentyn bach am hyn: byddai fan hufen iâ'n dod at y stryd bob dydd, a mawr oedd y disgwyl am hon. Cawsom daith i lyn cyfagos, a minnau'n syrthio i mewn. Wyddwn i ddim oll ar y pryd fy mod wedi dod i blith teulu a oedd yn ceisio rhoi trefn ar y llanast a achosodd y rhyfel.

Ymsefydlu yn Lübbecke wnaeth Fritz, a sefydlu ei fusnes cerbydau fferm. Bu farw'n annhymig, yn 50 oed, pan oedd Gwyn a Kate yn treulio misoedd yn yr Aifft.

Kate

Bu rhan helaeth o'r llyfr hwn yn ymwneud â Kate. Yn y Rhondda byddai'n cynorthwyo gyda gweithgareddau ieuenctid ac yn mwynhau'r bywyd diwylliannol a oedd yn rhan o ddiwylliant y capel. Cafodd ei bedyddio yng nghapel Moreia, Pentre, gan dad Gwyn, Robert Griffiths. Roedd bywyd yn y Bala'n gyfoethocach eto'n ieithyddol, a hithau'n cael dod yn rhan o gymuned Gymraeg. Ond yr un pryd, ychydig iawn o gyswllt fu'n bosibl rhyngddi hi a'i theulu trwy gydol blynyddoedd y rhyfel. Roedd yn dal heb glywed ble roedd ei thad ym mis Hydref 1945 ac anfonodd at adran cysylltiadau tramor y Groes Goch ac Urdd Sant Ioan, heb gael ateb tan 28 Rhagfyr 1945.

Yn y Bala cymerodd Kate y cyfle i roi cymorth i garcharorion rhyfel o'r Almaen a oedd mewn gwersyll yno. Rhoddodd gymorth ymarferol o ran hanfodion bywyd, a datblygodd cyfeillgarwch oes rhyngddi a rhai.

Mewn llythyr at Kate dyddiedig 25 Mawrth 1947, medd Dolly wrthi:

Mae carcharor rhyfel o'r Almaen, a gafodd ei ryddhau, wedi dweud wrthyf dy fod ti'n cael dy alw'n 'angel y Bala'. Mae hynny'n braf iawn, Kathrinchen. Mae'r teimlad hwn o fod yn gyfrifol am lawer yn sicr yn un o'r nodweddion sydd wedi'u hetifeddu oddi wrth Opa.

Datblygodd ei gyrfa fel awdur, a'i chynnyrch yn cynnwys *Anesmwyth Hoen* (1941), *Fy Chwaer Efa a Storïau Eraill* (1944), *Bwlch yn y Llen Haearn* (1951), cyfrol yn cynnwys rhaglen nodwedd waharddedig ar daith anghyfreithlon a wnaeth i'r Almaen ar ôl y rhyfel, ac *Mae'r Galon wrth y Llyw* (1957), nofel ar thema perthynas pobl. Casglwyd rhai o'i storïau yn y gyfrol *Cariadau* (1995). Wedi iddi hi a Gwyn symud i Abertawe daeth yn gyfrifol am adran archeolegol Amgueddfa Abertawe, ac ysgrifennodd ugeiniau o ysgrifau i'r *South Wales Evening Post* ar hanes lleol. Parhaodd i ysgrifennu ar faterion llenyddol i gylchgronau Cymraeg, a chyhoeddi cyfrol ar Rwsia a Berlin, *Taith i Rwsia a Berlin* (1962), ar yr Aifft fodern a'r hen Aifft yn *Tywysennau o'r Aifft* (1970) ac astudiaeth o swyngyfaredd a meddygaeth yn *Byd y Dyn Hysbys* (1977). Casglwyd nifer o'r ysgrifau hyn yn *Teithiau'r Meddwl* (2004).

Cymerodd ran amlwg hefyd gyda mudiadau cenedlaethol, yn enwedig y Blaid, gan drefnu digwyddiadau codi arian ac ymgyrchu mewn etholiadau. Pan ddaeth Cymdeithas yr Iaith i fod, aeth ati hefyd i gefnogi'r Gymdeithas a chael ei dirwyo am wrthod talu tocyn parcio Saesneg. Roedd ei lletygarwch yn dal, a daeth y cartref yn Abertawe'n ganolfan gymdeithasol i Gymry, yn llenorion a chenedlaetholwyr.

Gellir dweud na chychwynnodd gwaith mawr ei bywyd tan iddi fod yn drigain oed. Yn 1971 trefnodd Gwyn fod Prifysgol Abertawe'n cael meddiant ar gannoedd o wrthrychau o'r hen Aifft, nad oedden nhw wedi cael eu hagor ers tridegau'r ganrif. Gweithiodd Kate yn ddyfal ar eu dehongli a'u trefnu, ac ar sail ei gwaith sefydlwyd Amgueddfa Eifftolegol ar gampws y Brifysgol. Bu'n guradur y casgliad a'r Amgueddfa tan 1993. Yn 1998 agorwyd yr Amgueddfa mewn adeilad newydd, ychydig fisoedd wedi marw Kate ar 4 Ebrill 1998, ond bu hi fyw i weld y gwaith ar y datblygiadau hyn.

Kate yn gweithio ar wrthrychau o'r Hen Aifft ym Mhrifysgol Abertawe

Agoriad yr Amgueddfa Eifftaidd

Disgynyddion Paul a Kaethe Bosse o Gymru, gyda'u teuluoedd, o flaen hen gartref y teulu yn 26 Heubnerstraße, Wittenberg, Ebrill 2010

Nodiadau

Rhan 1: Y Cefndir

1   Gwraig Pennar Davies.

2   W. Marchewka, M. Schwibbe ac A. Stephainski, *Journey in Time*, Medien, Göttingen, 2009.

3   Martin Luther, trosiad J. Morgan Jones, *Traethodau'r Diwygiad*, Hughes a'i Fab, Wrecsam, 1926, t. 59.

4   Cymerwyd y llun o wynebddalen y gyfrol, a rhai eraill, o Ronny Kabus, *Jews of the Luthertown Wittenberg in the Third Reich*, State Center of Political Education Saxony-Anhalt, [d.d.].

5   Ceisiodd Lewis Edwards guddio methiant Faust i gael cysur mewn crefydd gyda'r cyfieithiad hwn: 'Yn awr y wyddor athronyddol, / Y gyfraith hefyd a meddygaeth, / Efrydais drwyddynt yn dra manol, / Heblaw, ysywaeth duwinyddiaeth.' Y gwrthwyneb sydd gan Goethe: 'Habe nun, ach! Philiophie/ Juristerei und Medizin / Und leider auch Theologie / Durchaus studiert' – 'Rwy wedi astudio'n drylwyr, och, athroniaeth, y gyfraith a meddygaeth, ac yn anffodus hefyd ddiwinyddiaeth'. Gw. H. Gruffudd, 'O Goethe i Gymru', *Taliesin*, 78–9, Rhagfyr 1992, 121–132.

6   Günther Bosse, *Erinnerungen an meinen Vater-Bruchstücke*, papurau'r teulu, 1996.

7   Ceir disgrifiad o'r seremoni yn Kate Bosse-Griffiths, *Teithiau'r Meddwl*, gol. J. Gwyn Griffiths, Y Lolfa, Talybont, 2004, t. 9.

8   Ceir dogfen 120 tudalen gan Kate ar y daith hon, sydd ymysg papurau'r teulu.

Rhan 2: Yr Erlid

1   *Wittenberger Tageblatt*, 11 Mawrth 1933. Codwyd o Ronny Kabus, *Jews of the Luthertown Wittenberg in the Third Reich*, State Center of Political Education Saxony-Anhalt, [d.d.].

2   Cymerir llawer o'r wybodaeth sy'n dilyn o ddogfen Paul Bosse,

Chronological description of the persecution of the family Bosse (and Maier) at Wittemberg/Luthertown by the NSAP and Gestapo during the years 1933/45 because of the marriage of Dr.Med. Paul Bosse (Aryan) to Kaethe Levin (Jewess) in 1906, 9 Tachwedd 1945, papurau'r teulu.

3 'Zeittafel zur Geschichte der Universität in Wittenberg': *www.hof.uni-halle.de*; cyrchwyd 2 Chwefror 2007; hefyd 'Chronik der Lutherstadt Wittenberg': *http://underkunft.wittenberg.de*; cyrchwyd 2 Chwefror 2007.

4 Gwefan *www.mdr.de*; cyrchwyd 2 Chwefror 2007.

5 Klinik Bosse, adroddiad teipiedig, papurau'r teulu, tua 1981, 17tt.

6 Ymddangosodd llun o'r achlysur yn y *Wittenberger Tageblatt*, 26 Mehefin 1935.

7 Adroddwyd y stori hon wrthyf gan Dr Senst, a oedd yn un o'r plant, Ionawr 2010.

8 *Lebenslauf*, 3 Gorffennaf 1946, papurau'r teulu.

9 Landesarchiv Sachsen-Anhalt.

10 Mae ei yrfa i'w gweld ar *www.geocities.com/~orion47/WEHRMACHT/HEER/Generalleutnant/BOROWIETZ*; cyrchwyd 9 Mai 2008.

11 Samuel W. Micham, *The Panzer Legions*, Stackpole Books, 2007, t. 125.

12 Hunanladdiad oedd achos ei farwolaeth, yn ôl archif ar-lein y Deutsches Afrikakorps; cyrchwyd 19 Medi 2011.

13 Cafwyd yr hanes yn *usmbooks.com/borowietz.html*; cyrchwyd 9 Mai 2008.

14 Yr hanes oedd bod Herschel Grynszpan, llanc o Iddew o'r Almaen, yr hanai ei rieni o Wlad Pwyl, wedi saethu swyddog Natsïaidd o'r enw Ernst vom Rath ym Mharis ar 7 Tachwedd 1938. Daeth y dial Almaenig yn sydyn iawn, gyda *Kristallnacht*.

15 Ceir y manylion hyn yn Kate Bosse-Griffiths, *Teithiau'r Meddwl*, gol. J. Gwyn Griffiths, Y Lolfa, Talybont, 2004, t. 9–19.

16 Ceir y manylion hyn yn Kate Bosse-Griffiths, *Teithiau'r Meddwl*, t. 9–19.

17 Llythyr D'Arcy W. Thompson, St Andrews, 15 Medi 1936.

18 Ymysg papurau Kate Bosse-Griffiths mae deunydd llyfryn Almaeneg ar fywyd yn Lloegr (yn hytrach na'r Alban), *This Country*, 52 tt.

19 Caiff plant yr Almaen anrhegion ar ŵyl San Niclas, 6 Rhagfyr.

20 'Yn wyneb tragwyddoldeb'.

21 Mab hynaf Dolly, merch Kaethe.

22 Hedwig Hache, morwyn y teulu.

23 Mae peth gwybodaeth am hyn yn Kate Bosse-Griffiths, *Teithiau'r Meddwl*, t. 19.

24 Mae'n debygol fod Gwyn yn aros ar y pryd yng nghartref ei chwaer
 Augusta – Ogi fel y'i gelwid – gan fod gan ei gŵr Stephen swydd
 ddysgu yno. Symudon nhw oddi yno wedyn i Glanrafon ger y Bala, a
 chael chwarter canrif o baradwys.

25 Drama a gyflwynwyd yn Shaftesbury Avenue oedd hon, yn addasiad o
 nofel Jack Jones.

26 Roedd Gwyn yn paratoi ar gyfer annerch Undeb y Bedyddwyr yn
 Nhreharris.

Rhan 3: Y Rhyfel yn Gafael

1 Erika Viezens, *Aus ihrer Kindheit in Wittenberg, und Dessau, Dritter Riech
 bis DDR*. Papurau'r teulu, [d.d.].

2 'J. Gwyn Griffiths yn ateb holiadur llenyddol Alun R. Jones', *Yr Aradr*,
 Cylchgrawn Cymdeithas Dafydd ap Gwilym, Rhydychen, Rhifyn 7,
 Nadolig 1996, 57-8.

3 Cyhoeddwyd gan Weidenfeld & Nicolson, Llundain, 2009.

4 Gw. Martin Pabst, *Und Ihr wollt nichts gehört noch gesehen haben*,
 Taschenbuch, 2008.

5 Adroddiad Fritz Bosse, *Bericht über das Arbeitserziehunglager Zöschen*, heb
 ei gyhoeddi, papurau'r teulu, ysgrifennwyd ddiwedd 1945.

6 Brenin yn chwedloniaeth Groeg a orfodwyd i rolio carreg i fyny bryn,
 ond iddi rolio i lawr eto.

7 Codwyd o *Honoring American Liberators*, United States Holocaust
 Memorial, t. 3. Cymerwyd y llun o'r ddogfen hon.

8 Cefais yr hanes ar lafar gan Günther.

9 Nodiadau a gefais gan Ulrich, 3 Awst 2010.

10 'J. Gwyn Griffiths yn ateb holiadur llenyddol Alun R. Jones', *Yr Aradr*,
 Cylchgrawn Cymdeithas Dafydd ap Gwilym, Rhydychen, Rhifyn 7,
 Nadolig 1996, 52.

11 Gweler ysgrifau Llinos Angharad, 'Cylch Cadwgan', *Barn*, 312, Ionawr
 1989, 32-4 a *Barn*, 313, Chwefror 1989, 30-1.

12 Cyhoeddwyd y rhain yn *Seren Cymru* (nid *Seren Gomer* fel y nodir yn
 J. E. Caerwyn Williams gol., *Ysgrifau Beirniadol XXV*, Gwasg Gee, 1999,
 t. 108) yn ystod 1940–2.

13 Gw. Nia Mai Williams, 'Cynnyrch aelodau Cylch Cadwgan a
 ymddangosodd mewn detholiad o gylchgronau rhwng 1935 ac 1945',
 Ysgrifau Beirniadol XXV, t. 105–11.

14 Gruffydd Davies, 'Sais yn ymosod ar Hywel Harris', *Heddiw*, cyf. 6, rhif 2, Gorffennaf 1940, 43–7.

15 Christopher Davies, Abertawe, 1972. Mae trafodaeth ar y ddwy nofel yma gan Nia Mai Williams, 'Nofelau am gylch Cadwgan gan ddau aelod', yn *Ysgrifau Beirniadol XXV*, t. 86–111.

16 Llyfrau'r Dryw, Llandybïe, 1968.

17 'J. Gwyn Griffiths yn ateb holiadur llenyddol Alun R. Jones', 58.

18 Roedd y bryddest 'Atgof' yn feiddgar yn ei dydd am awgrymu perthynas gnawdol rhwng dau ddyn.

19 Ceir peth trafod ar y nofel yn nhraethawd M.A. Bethan Eleri Hicks, 'Astudiaeth o Yrfa Lenyddol Kate Bosse-Griffiths', Prifysgol Cymru Abertawe, 2001. Gweler hefyd Williams, Nia Mai, 'Cylch Cadwgan', traethawd M.A., Prifysgol Cymru Bangor, 1994.

20 Mae Densil Morgan yn sôn am garwriaeth Pennar Davies â'r 'Fadfall Lwyd', merch Indiaidd o Fecsico, yn *Pennar Davies*, Gwasg Prifysgol Cymru, Caerdydd, 2003, t. 28–9.

21 'Credaf am nad oes modd ei adrodd.'

22 *Cyfansoddiadau a Beirniadaethau*, Eisteddfod Genedlaethol 1942, t. 144.

23 *Fy Chwaer Efa*, Llyfrau Pawb, Gwasg Gee, Dinbych, 1944.

24 Mae'n bosibl mai'r llythyr hwn, wrth i Kate gyfleu ei neges i Rosemarie a Pennar, yw sail yr wybodaeth anghywir am dynged y ddau a gafwyd yn llyfr D. Densil Morgan, *Pennar Davies*, Gwasg Prifysgol Cymru, 2003, t. 69.

25 Gweler casgliad o'i luniau a'i bosteri yn John Willet, *Heartfield versus Hitler*, Hazan, Paris, 1997.

26 Inge Scholl, *Die Weisse Rose*, Fischer Taschenbuch Verlag, Frankfurt, 1982; 10fed argraffiad Mai 2003.

27 Ibid, t. 12.

28 Ceir copïau ffotostat yn *Austellung Widerstand gegen den Nationalsozialismus*, ffeil ddeunyddiau'r *Gedenkstätte Deutscher Widerstand*.

29 Ein Gespräch mit Jürgen Wittenstein: 'Einer Mußte es doch machen', gwefan *haGalil.com*; cyrchwyd 22 Mawrth 2011. Ceir yma sgwrs â J.W., a oedd yn un o aelodau'r Weiße Rose.

30 Inge Scholl, *Die Weisse Rose*, t. 88–9.

31 Inge Scholl, *Die Weisse Rose*, t. 93.

32 Ceir y dystiolaeth hon gan Jürgen Wittenstein, gw. uchod.

33 *Sechstes Flugblat der Weißen Rose, Februar 1943*, o gasgliad *Austellung Widerstand gegen den Notionalsozialismus*, Adran 16.9 F.

34 Birgit Gewehr, *Hamburger Abendblatt*, cafwyd o wefan *Stolpersteine in Hamburg*; cyrchwyd 23 Mawrth 2011.

35 Cafwyd peth o'r hanes o Christiane Benzenberg, 'Denkmäler für die Widerstandsgruppe, "Weiße Rose" in München und Hamburg', traethawd M.A., Prifysgol Bonn, 1993.

36 Gwybodaeth o wefan *Gymnasium-ohmoor.de*; cyrchwyd 23 Mawrth 2011.

37 Ceir y dyfyniadau hyn gan Birgit Gewehr, gw. uchod.

38 Mae gwefan *Gymnasium-ohmoor.de* yn dweud nad oes sicrwydd ai cael ei grogi neu ei saethu oedd ei dynged, a gallai fod rhwng 20 a 23 Ebrill 1945.

39 Cefais sgwrs ag ef ym mis Ionawr 2010.

40 Cafwyd y ffeithiau hyn gan Ute Stummeyer, merch Dolly, ym mhapurau'r teulu, a'u cyfleu i mi mewn llythyr ar 22 Gorffennaf 2010.

41 Claus Füllberg-Stolberg ac eraill, *Frauen in Konzentrationslagern*, Edition Temmen, Bremen, 1994, t. 13.

42 Ibid., t. 15.

43 *Michelangelo in Ravensbrück*, Da Capo Press, 2006, t. 262–3.

44 Codwyd o Claus Füllberg-Stolberg ac eraill, *Frauen in Konzentrationslagern*, t. 17.

45 Jack G. Morrison, *Ravensbrück*, Markus Wiener Publications, Princeton, 2000, t. 276–7.

46 Jack G. Morrison, *Ravensbrück*, t. 278–81.

47 Codwyd o Claus Füllberg-Stolberg ac eraill, *Frauen in Konzentrationslagern*, t. 22.

48 Ibid., t. 21.

Rhan 4: Wedi'r Rhyfel

1 Ceir hanes y clinig yn *Chronik der Klinik Bosse Wittenberg*, Nicolaus Särchen, K. Jonas a Torsten Sielaff, Wittenberg, 2009.

2 Cofnodwyd yr hanesion hyn gennyf ar ôl sgwrs gyda fy nghyfnither, Ute, merch Dolly, rhwng 2 a 4 Mai 1998.

Hefyd o'r Lolfa:

£12.95

KATE BOSSE-GRIFFITHS

Cariadau

£5.95

HOG DY FWYELL

CASGLIAD CYFLAWN O GERDDI

J. GWYN GRIFFITHS

GOLYGWYD GAN HEINI GRUFFUDD

£19.95